China's Dignity

中国尊严

——还要跨越多少门槛

叶海林 著

图书在版编目（CIP）数据

中国尊严/叶海林著.——北京：华夏出版社，2011.1
ISBN 978-7-5080-6263-1
Ⅰ.①中… Ⅱ.①叶… Ⅲ.①时事评论-中国-文集 Ⅳ.①D609.9-53
中国版本图书馆CIP数据核字（2011）第012824号

版权所有，翻印必究

中国尊严——还要跨越多少门槛

叶海林 著

责任编辑：李欣利

出版发行：华夏出版社（北京市东城区东直门外香河园北里4号 邮编：100028）	
经销：新华书店	
印刷：北京集惠印刷有限责任公司	开本：720X1030 1/16开
装订：三河市李旗庄少明装订厂	印张：24.25　　插页：1
版次：2011年1月北京第1版	字数：381千字
印次：2011年3月北京第1次印刷	定价：42.00元

本版图书凡印刷、装订错误，可及时向我社发行部调换

序言 1

第一篇 崛起战略篇

第一章 战略与文化：大战略、中西文化、中西价值观的冲撞 3
北京奥运冲击西方价值自信 5
世界的汶川 8
为中国梦寻个坐标 11
多重唱应对西方大合唱 13
学学孔子的软实力 16
中国要习惯"被敌人" 18
中国外交：事关利益，无关强硬 21
中国外交须摆脱身份纠结 23
用"预防外交"还治其人之身 26
崛起的中国如何扩展外援？ 28
中国正呈现强国的三大标志 31
中国外交应明确有限目标 34
为什么不该抵制家乐福 36
他们总有的说 39
"圣地"也要现代化 41

第二章　国际责任：与中国有关的其他国际问题　45

哥本哈根的遗憾和遗产　47

哥本哈根不是童话天堂　49

不能躺在历史的功劳簿上　51

新游戏老规则　53

8 + 5 = ?　55

半杯水以后　58

"三级跳"难跳出半岛漩涡　61

力拓案不能承受之重　64

中澳间的"生意经"　66

仅仅退出还不够　68

在"阿富巴"帮助谁？　70

越来越清晰的影子　73

麦帅不再来　76

2014 年以后　79

哈德良长墆与信丹德基地　82

喀布尔的抢钱大战　85

阿富汗会议：淡、淡、淡　88

一块金砖远远不够　91

"金砖"：看上去挺美　93

"新"欧洲的老态　99

亚阿隆的使命　101

世间多少副萨达姆面孔　104

普京巧走钢丝的胜利　106

第三章　新边疆新挑战　109

向西也是海洋　111

有"分"才有"合"　113

中国如何应对海上危局　115

向卡普兰同志学习　118

探月路上的 50 步与 100 步　121

九星逐月？算了吧　123

要太空站，不要太空战　125

奥古斯丁报告：从童话回到现实　127

战神茫然　130

日太空军事化有多远走多远　133

飞向太空的第三副翅膀　136

欢迎来到太空武器时代　139

火星叔叔奥巴马　142

第二篇　大国外交篇

第四章　G2 幻象：中美关系及台湾问题　147

中国接好"美国球"需要平常心　149

进步和固步　151

怎么看美国的变脸　153

要敢于向美国提要求　155

不遏制后又如何　157

对美外交以俄为师　159

要行动自由还是要办事公平？　162

给美国航母点"礼遇"　164

中美主要矛盾处在关键调整期　167

小心观赏南海戏码　170

见彩虹勿忘风雨　172

东南亚不需要"救世主"　175

不可将"反华"标签化　178

60 年和 7 个月的教训　181

"第三只手"操控"独竹之争"　184

"龟儿子"也是儿子　186

"统一法"是招先手　188

"听其言"可以休矣　191

赚钱是有代价的　193

霸权之后？　195

重建帝国威严？　197

胡德堡的罗生门　200

八年后的OBL和W　203

别捣乱，伯曼　206

帕内塔的烦恼　209

第五章　中日关系　213

拆除慰安所，会拆掉什么？　215

靖国神社知错能改？　218

且看日本猴子七十二变　220

台湾有事，关日本什么事　223

小岛国的大梦幻　225

小把戏掀不起大风浪　227

等待鸠山　229

日本如何补历史课　231

咱们"饶"了丰田吧　233

中日美不是三国游戏　236

日本的惯性与恐惧　239

船长回家不是结束　242

钓鱼岛风波的拐点效应　245

第六章　龙象之争：中印关系　249

中印：感情是谈出来的　251

光靠善意成不了好邻居　253

印度大选"中国热"的背后　255

印度战略司令部的梦想　261

印度打卫星，又一个"技术民族主义"　264

奥巴马来电话了 267
印度纪事之小事一件 270

第七章 周边国家：中国的参照与镜鉴 273
亚洲新戏剧 275
巴基斯坦：煞费苦心维护中国形象 277
仅仅一年 280
我为巴基斯坦海军当摄像师 283
贝·布托走了，穆沙拉夫怎么办？ 286
"俾路支解放军"的算盘 288
谢里夫要拿谁的未来换总理位 291
尼泊尔：红旗还能打多久 294
香格里拉：疲惫的红旗 298
"雷龙"民主化 301
准备好了么，普拉昌达同志 304
虎殇 306

第三篇 崛起发展篇

第八章 社会病：发展过程中的问题 311
不能总是比大 313
厕所这问题 316
美国神话之后是中国神话吗 318
燃烧的现代化 320
高飞的技术民族主义精灵 322
把真相摊在阳光下 324
被贫困，还是被富有 327
"云媒体"时代的挑战 330
奔跑不能迷失方向 333
我们为什么会受骗？ 336

社会富贵病怎么治 339
瞒，骗，还是忘了告诉你？ 341
历史的背影不可删除 344
权力的二次污染 346
自我迷恋的"毒源" 349
长子们，拿出点儿大哥样 352

第九章 爱国主义与民族主义 355
爱国主义也分新旧？ 357
网络民族主义吹响新号角 359
爱国主义的大脚印如何走到今天 363
每一个中国人都是当代英雄 366
文化突厥的幻梦 368
"东突"、"藏独"轮番变脸 371

序 言

在国家积贫积弱生死存亡系于一线的时候，很少会有人讨论民富抑或国强哪一个应当成为民族复兴的优先目标。在那种情况下，国权和人权、国家尊严和人的尊严作为一枚硬币的两面只能并求而无从舍弃其一。但当国家安全基本得到保证国民经济长期处在上升通道时，先民富还是先国强，先保证人的尊严还是先实现国家的尊严就成为了很多人讨论的热闹话题——这一话题在2010年因为十二五规划而再度成为热词，且看来讨论必将持续下去。

这个命题和有关中国体育的一个同样争论了好些年的问题非常相似，那就是群众体育和竞技体育之间到底哪一个应该处在优先顺位。而且，人们在讨论这两个问题的时候往往也都在一定程度上存在着偷换概念各取所需的倾向。

的确，群众体育和竞技体育在我们经济实力非常有限的那个时代曾经被人为进行过取舍。而如今再强调发展竞技体育而忽视群众体育，或者鼓吹放弃"金牌计划"都是没有必要的，不但是因为逻辑上群众体育和竞技体育本来就存在着不可分割的互为条件的关系，而且还因为我们现在已经有了足够的人力物力能够推动体育事业的全面发展，而不必有所取舍。

民富和国强之间，与群众体育和竞技体育之间颇为类似，差别只在于民富和国强在任何时候都不是非此即彼舍此就彼的关系，而是对于民族复兴同等重要必须同步追求的两个目标，是让我们这个民族充满尊严感地生活在这个星球上的基本条件。

2010年的网络上流传着一个经典段子："一个国家的文明程度，不在于能不能办奥运会、世博会、亚运会，也不在于能买多少美国垃圾国债，更不在于能去国外几十亿几百亿下订单，而是在于让公民坐在家里不会被烧死，上街摆摊不会被扇耳光，走路不会被李刚家的宝马车撞，想吃什么都不用担心会有毒。"

扣除这段言论中的不准确细节和情绪性表达，应该承认这段话指出了当下中国社会发展的一个尖锐问题，即改革开放的成果并没有让社会公众产生与之相适应的心理满足感。原因在于持续多年的经济增长和经济分配的不协调关系，在于我们的社会进步远远落后于我们的经济进步，在于我们以效率之名忽视了保证建立在公平基础上的人的尊严。不管我们能发射多少颗卫星和航天员，不管我们的巨型计算机能领先其他国家多少个月，只要中国大地上还有赵作海、还有王鹏、还有大喊"我爸是李刚"的肇事司机、还有"为领导服务"的交通警察，我们就谈不上是一个有尊严的社会，我们的民众就谈不上是有尊严的大国公民。

但是，这并不意味着我们的文明程度和奥运会乃至亚运会毫无关系，甚至断言我们到国外下订单买国债的能力是完全不值得追求的。恰恰相反，我们这种能力的增强不但是民族复兴成就的表现，而且是我们进一步复兴的能力基础。

问题只在于我们的对外能力是否只用于办奥运会和替别人还债，还是同时也要用于维护我们的国家主权、领土以及民族复兴外部条件的可持续供给，概言之，就是捍卫中华民族作为集团概念的整体尊严。

如果我们的能力只是用来树立中国在世界的温顺形象，不但我们会毫无尊严感可言，我们的能力实际上也是不能持久的——我们还能在保护主义盛行的市场上延续多长时间出口神话呢？这种神话原本就是以我们的工人对低工资低福利低尊严的容忍能力保证的，即使我们的工人还能容忍，外部市场却已经不再打算赞叹中国工人的忍耐能力。

此外，我们的经济增长还能消化多少海外能源、原材料价格不断创下的记录呢？我们企业的利润不断被国际上游原料供应商和下游采购商摊薄，同时还要承担越来越沉重的环境成本。我们的出口模式早已不是我们的骄傲，而在一定程度上成了危害中国经济发展的鸦片——先是在氤氲中制造出"世界工厂"的神话让人飘飘欲仙,再让我们在精神上越来越依赖实际上在不断贬值的美元,同时在身体上逐步习惯于力气的过度透支和空气的日渐恶化。

最后,我们还能用多少自我克制来维持我们周边地区的和平与稳定?特别是在不少国家把我们的容忍理解为退让,把我们的和平政策看作是可以无限透支的空头支票的情况下?自2010年大半个世界都在解读为什么中国外交变"强硬"了,而中国却在讨论何以金融危机后中国的国际环境突然黑云压城。固然,是谁问对了问题本身是可以争论的,从中所体现出的问题却必须引起中国人的足够重视。那就是我们长期奉行的政策随着中外实力相对关系的变化正在遭受前所未有的挑战,既没能消除外国对中国的疑虑,也没能巩固中国的安全,更谈不上提高我们的尊严,因而调整极为必要。

回顾以往我们所走过的风风雨雨中,至少有一部分是与我们在处理内外事务时不太习惯将尊严作为首要追求目标密切相关的。我们因为追求更有效率的发展而忽视对人的尊严的保证,由此,那些"谁和投资者过不去,就是和XX人民过不去"的言论不绝于耳。失去了对人的尊严的保证,国强很容易沦为垄断阶层与民争利以图自肥的幌子,像我们的"长子们"先低价外销柴油再对内哭穷喊涨。实际上,民众对海外签大单的不满很可能并非因为大单本身,而是由于中国企业走出去时大手大脚和对国内民众锱铢必较所形成的反差。而相应地,我们也曾经为了获得有利的发展环境而搁置了我们对民族尊严的要求,因此才会有人试图利用中国的战略机遇期为自己谋求战术及战略利益。放松了对国家尊严的坚守,人的尊严如何才能得到保证?这个问题不止和詹其雄及他的水手有关,还和我们的子孙后代紧密联系在一起——因为倘若今天我们把稀土卖作白菜价而明天当他们不得不用黄金价购回的时候,他们能有什么尊严可言?

尊严应该成为2010年乃至以后中国人在思考和自己有关的任何问题时都置于优先地位的一个词汇。国富国强民富民强,原本就是一枚金币的两面,而这枚金币的计量单位就是两个字:尊严,国家的尊严和人的尊严。忽视了对尊严的渴望,最终连发展都保障不了,对个人和国家都是如此。

对内建立人的尊严，对外追求国家尊严，唯有如此，中国的发展才是可持续的，也才是有意义的。

那么，如何才能实现国家和人的尊严？我们曾经一度认为这是一个道路问题或者说方向问题，即选择怎样的道路能够将中国和中国人带入到一个美好的新世界。然而对于今天的中国人来说，至少具有同等重要性的另外一个问题则是，我们应该以怎样的方式以怎样的速度行走在我们的道路上。某种程度上，前者是一个价值问题，而后者则是一个技术问题。人不可能通过一条"错误"的道路取得"正确"的结果，但是我们也要注意到，人即使在"正确"的道路上也不一定能避免"错误"的出现。更何况"正确"和"错误"很多时候本身就不是非此即彼的。

颇为耐人寻味的是，在当下的中国，无论是在所谓知识阶层——体制内的以及体制外的，抑或是所谓的普罗大众——统计学上的以及互联网上的，以及偶尔在两个群体之间，就任何一个问题进行的立场往往截然相反的争论越来越具有一种终极化的倾向。即喜欢将问题的讨论——通常是争吵甚至是互相谩骂——推向寻求得出根本性的结论，往往倾向于认为今天中国的一切问题都是制度问题，差别只在于是用一种别人正在使用的制度还是用一种我们曾经使用过的制度来取代现行制度。当然，也有人从阴谋论的视角认为所有针对制度的讨论都是某种看不见摸不着的"势力"在背后推动。

这种争论是不是有意义，并不是我要讨论的。或许有，但至少这不是当下中国唯一需要得到解答的问题。很多问题，在任何制度下，或者说选择任何道路，都是存在的，而且都可能会很严重——就像高速公路隔离带两面都可能会发生车祸一样。这当然是一个不精确的比喻，实际上，比喻本来就是一种非常危险的论证方法。但以下问题可不是比喻：医疗资源和教育资源的公平有效配置、城市化进程与城市病、全球市场与产业结构调整、技术进步与技术产业化、国防现代化与军备竞赛……任何一个作为集团意义的国家以及更应该作为个体概念的人民，都要在现代化的进程中面临这些问题以及更多的其他一些问题，而这些问题并不是引入某种制度就会自动得到解决的——除非把"制度"抽象为宗教信条一样的原则或者具象为无所不包的全部治理政策，这两种对制度的解读显然都是没有可操作性的。

这并不是在贬低制度构建与调整的重要性，只是要主张：制度调整不会自动解决所有问题；制度调整很多情况下是要通过细节来体现的。

本书集结了我自2006年至2010年底在《国际先驱导报》、《东方早报》、《中国新闻周刊》、《瞭望东方周刊》等报刊上刊载的时事评论文章。既评点中国外交、大国关系中的折冲博弈，也观照中国的国际责任和担当；既聚焦中国自身发展的进程及其乱象，也涵盖周边国家的发展以为中国借鉴；既考量中国人实现崛起梦想过程中遭遇的现实挑战，也探究中国人的精神世界中价值观的冲撞。而"尊严"二字则是贯穿始终的关注点和主题。

叶海林

第一篇　崛起战略篇

第一章　战略与文化：大战略、中西文化、中西价值观的冲撞
第二章　国际责任：与中国有关的其他国际问题
第三章　新边疆新挑战

Chapter I

第一章 战略与文化：大战略、中西文化、中西价值观的冲撞

北京奥运冲击西方价值自信

世界的汶川

为中国梦寻个坐标

多重唱应对西方大合唱

学学孔子的软实力

中国要习惯"被敌人"

中国外交：事关利益，无关强硬

中国外交须摆脱身份纠结

用"预防外交"还治其人之身

崛起的中国如何扩展外援？

中国正呈现强国的三大标志

中国外交应明确有限目标

为什么不该抵制家乐福

他们总有的说

"圣地"也要现代化

新闻背景：2008年8月北京奥运会的成功举办，其意义远远超出了体育的范畴。"中国模式"借助奥运展示出自身的活力与生命力，令西方中心主义者的自信心受到打击。

北京奥运冲击西方价值自信

比较一番几家"非常西方"的西方媒体在北京奥运会前后的评论是一件饶有趣味的事情。在8月8日之前，相当多的西方名嘴要么一窝蜂地拿中国的"人权"说事儿，要么没完没了地盯着北京的天空。然而，正像他们其中的一位在解说开幕式时沮丧地承认的那样——"竟然什么也没有发生！"其实，还是发生了什么的，一次"truly exceptional（真正无与伦比）"的国际体育盛会在北京度过了自己的16个24小时。只不过这380多个小时内发生的事情实在让那些垄断话语权的西方媒体难以理解并且难以接受罢了。

不过，"他们"还是有话说的，"他们"也总有话说。很快，西方"裁判"——不是赛场的那些，而是演播间里面的那帮——就又发现了北京奥运会的许多"问题"：中国运动员"像章鱼一样攫取"金牌啦、北京奥运会不论在开幕式表演还是在场馆规划上都和1936年柏林奥运会神似非常啦。然而，所有这些从西方媒体嘴里堂而皇之地说出来让中国人又好气又好笑的怪论，却都无一例外地掩饰不住浓浓的一股醋味——"什么都没发生"的北京奥运会让"他们"当中的许多人感慨万端，甚至有人表示从北京奥运会开始"世界要习惯被中国主宰"。

这不是第一次在西方以外的区域举行奥运会，之前曾经有过东京和汉城的先例，然而从任何一个角度来说，北京奥运会却都是一次让西方中心主义者在心理上和情感上难以接受的"例外"。

"例外"在于之前在东方城市举办的奥运会仍然只是西方的，不过恰巧在东方举行罢了，例如东京和汉城。这两个城市和他们的国家在当时都在竭尽全力地"西方化"，用西方的标准严格地要求自己和奥运会。而在北京，东方和标签为"东方"的文化价值观和模式得到了充分的展现，前者例如步调一致的千百个群众舞蹈演员的表演，后者则是所谓的"举国体制"。

曾有人设想随着奥运会这样一个无论从远古发端还是近代复苏都来自西方的事物来到中国，其承载的大量与体育有关或者无关的西方文化价值也再次席卷东方广阔的土地。然而让他们惊讶的是，这一回东方人却并没有复制西方的模式，而是用东方的精神诠释了这次体育盛会。在北京，集体可以和个人一样精彩；"和"与在对抗中追求卓越的竞技体育精神并行不悖；奥运会并不是没有成本和代价的，但中国的绝大多数普通百姓却选择了微笑着承担，这种微笑对整个西方市场经济社会的哲学基础——"经济人假定"提出了强有力的挑战。

一言以蔽之，强调个人价值在集体中体现的东方精神并没有因为强调个人的奥运会的到来而黯然失色，相反却和奥运会一起熠熠生辉。2008年的北京用开闭幕式、用运动员、用志愿者、用观众和市民清晰地传递了一个信息，正如骄傲的《费加罗报》承认的那样"中国按自己的方式采取行动，不需要屈服于充满优越感的西方所强加的占优势的规则"。

心理支柱轰然倒塌，其实北京奥运会并不是一次纯粹东方的，或者说纯粹要体现东方意志的宣传攻势。在北京，融合远比分隔更加受到重视，用东方模式支撑起的奥运会并没有拒绝任何西方精神。奥运会是东方的——只有在东方，才能凝聚起如此整齐划一的团队；但也是西方的——没有任何人试图用任何方式否定其他人的个人价值，从运动员到普通观众概莫如此；还是南方的——来自政治地理概念的"南方国家"在赛场上掀起了黑色风暴，从而证明了北京奥运会的"地理特性"——这是一次在东方举办的世界的体育盛会。

从某种程度而言，这也是现在的一些"西方人"对奥运会之后的中国非常失望的原因——他们原本以为会发生的事情，还是"什么也没发生"，这证明了"中国模式"不但是存在的，而且至少对中国和奥运会来说也是成功的。西方人历经数百年养成的自豪感很大程度上来自于对自己唯一性的信仰，"只有西方做得到"成了许多西方人在东方昂首阔步、西方媒体对东方指手画脚的最重要的心理支柱，而这种心理支柱却在北京轰然倒塌。

他们尚未心悦诚服。然而，北京应该清楚地看到，这次东方精神支撑起的奥运会只是让西方一部分人自信心短暂地受到了冲击而已,"要习惯中国主宰"云云不过是情绪不稳定的表现,不代表说这些话的人已经失去了自信心而具备了"他信力",更不意味着从此他们将心悦诚服地承认太阳升起和落下的方向是不同的,而且各有各的精彩。就算让这个世界从体育到政治再到生活都平等起来是可能实现的梦想,北京、中国和东方要做的事情也还有很多很多,并且远比举办一次奥运会更加困难。

2008 年 8 月 28 日《国际先驱导报》

新闻背景：在 2008 年 5 月 12 日汶川地震一周年之际，回顾和缅怀那震后岁月对中国乃至整个世界的心灵余震。汶川是中国的，更属于这个世界，这既是因为那一刻的地动山摇使得中国和世界的心脏开始以同一个心律跳动，也是因为那一刻，让变化了的中国与世界的关系以一种最让人感动的方式呈现在人们面前。

世界的汶川

在比例尺为 1:24000000 的世界地图上，中国的四川省被浓缩到一张邮票大小，那上边看不到汶川，更找不到如今经纬度坐标已经改变了的北川。然而，2008 年 5 月 12 日 14 时 28 分之后，就是这一方邮票大小的土地上发生的一切，震动了整个中国，震撼了全世界，它不仅仅改变了无数中国人的生命轨迹，而且成为了世界记忆的一部分。

汶川是中国的，更属于这个世界，这既是因为那一刻的地动山摇使得中国和世界的心脏开始以同一个心律跳动，也是因为那一刻，让变化了的中国与世界的关系以一种最让人感动的方式呈现在人们面前。

汶川见证了超越国度超越政治的友谊。大地震将近一年之后的青岛海军节，巴基斯坦"纳西尔"号补给舰的舰桥上，一位中国海军军官满怀深情地向巴基斯坦驻华大使马苏德·汗阁下表示感谢，感谢巴基斯坦政府向中国提供的 22260 顶帐篷。"这本来就是兄弟之间应该做的事情"，大使平静地作答，之后大使周围一片寂静。在场的每一位中国军人和每一位记者都深知，22260 这个有零有整的数字意味着什么。

这是当时巴基斯坦全国所有的帐篷储备，而这个国家自己还在医治 2005 年南亚大地震所造成的创伤。一个平淡无奇的数字，一句淡定从容的回答，让所有对"战略伙伴关系"的国际关系解释显得如此苍白无力，汶川和 22260 就是"全天候友谊"的最精辟定义。

地震之后不久，劫后余生的汶川儿童踏上了前往俄罗斯的旅途。数年前，中国人民曾用无微不至的关怀抚慰了别斯兰儿童受伤的心灵；数年后，俄罗斯人民为汶川儿童点燃的一盏盏灯光照亮了漫漫长夜，也见证了中国与俄罗斯这两个背靠背的民族，心是怎样在一起跳动的。

汶川使中国人的眼睛更加清澈。当日本救援队在地震废墟上面对遇难者的遗骸列队致哀时，中日两个民族的记忆在那一刻呈现拐点，汶川从此成为中日关系历史记忆的主题词之一。

今天，没有人会因为"汶川"而淡忘"南京"，那是背叛和愚蠢，但我们也不会因为"南京"而否认"汶川"，那是狭隘和蒙昧。汶川帮助我们在看待我们的这个邻居时，目光中多了足以穿越仇恨的博大和深邃。

一年之后，当地震遗址上再次洒满黄色的菊花花瓣时，当逝者的音容笑貌再次在缭绕的烟雾中浮现在我们心头时，且让我们的耳边也回响起日本救援队员沉痛的自责——"很遗憾没有救到一个生者"。这句话因其充满对生命的敬畏而理应成为汶川记忆不可磨灭的一部分。

汶川也擦亮了世界的眼睛。在汶川之前，西方媒体上充斥着对"3·14"、北京奥运会的偏见与谎言，而面前汶川的大灾大难大悲大恸，西方媒体收起了傲慢的嘴脸，用恪守传媒产业道德底线的方式向生命表示了尊敬。

冒着飞落的巨石率领战士徒步向震中冲刺的中国将军、沿着被摧毁了的公路蜿蜒伸展的中国志愿者队伍、解开制服哺育孤儿的中国女警察，如果换一个情境，这些画面就会被懒得思考的西方传媒断定为作秀，而在那些日子里得到了他们基本公正和客观的反映。处在汶川的中国人用无声大爱向世界还原了一个真实的中国，赢得了西方媒体的尊敬，从而证实了敬畏生命的人值得尊敬，敬畏生命的民族能够赢得尊敬这样一个道理，这正是汶川用鲜血和伤痛告诉这个世界的。

通过汶川，世界重新认识了中国。在2008年，中国人没有像1976年那样将自尊定义为拒绝任何外来援助；在汶川，中国人用迅速而强大的动员展示了一个现代化社会对抗自然灾害的能力，在感动世界的同时，也震动了世界。此后不止一个早已进入后工业化的国家向中国提出要学习借鉴中国的救灾经验，就连素来以快反能力自豪的美国军队也通过各种渠道试图邀请中国军队就快速动员和部署开展交流。一个现代化强国的形象在汶川的废墟上浴火而生，和

"TRULY EXCEP – TIONAL"（无与伦比）的奥运会一道成为了世界在那一年的中国记忆。

汶川之后，许多事情变得不同，然而我们不想把汶川当作任何事情的所谓"新起点"。这首先是因为汶川所见证的一切并不是在14时28分那一刻之后突然来到我们中间的，汶川展示的一切不同都经历过漫长的孕育过程。

没有经济发展所奠定的物质基础、没有社会进步所累积的公民观念、没有强国崛起过程中积淀的开放心态，汶川或许一样能够涅槃重生，但最多也不过成为唐山的再现，让此后的中国人在许多年里独自品尝灾难带来的苦痛。

更重要的是，我们不愿意用汶川浸透了泪水和鲜血的石块为任何事情"奠基"。因为如果需要付出如此沉重的生命代价才能换取一个所谓"起点"的话，这个"起点"无论如何都不值得我们为之欣慰。

经过汶川，中国并没有成为另一个国家，但通过汶川和汶川之后的故事，中国和世界都看到了这个民族的延续和进步，延续的是使这个民族历尽数千年风雨而生生不息的顽强，进步的是这个民族经过30年积淀越加自信、日益开放的心态。

我们相信汶川逝者的在天之灵更希望我们永远记得的是他们在生时给予我们的快乐，而不是因他们的往生而带来的痛苦。同时，也让我们由衷地期望当他们再次进入轮回——如果有的话，他们能和那位姓萧的文学家抱有同样的信念"世界在我去世的时候，要比我出生的时候更美好"。他们的信念就在我们的手上。

2009年5月11日《国际先驱导报》

>新闻背景：2009年7月15日，广州核查外国人护照引发了上百名非洲裔人员围堵当地警局的事件，引发媒体的广泛关注。在全球化浪潮中，包括非洲人在内的越来越多的外籍人员来到中国，把这里当做第二故乡，这对中国城市管理提出了新课题。

为中国梦寻个坐标

广州的小北路、义乌的鸡鸣山，以及北京的望京，这些地方要是在1000年前或许会被那个时候的中国人，也就是大唐子民称作"蕃坊"，因为其中居住着大量挈妇将雏的外籍商贾和职员，其中有些还买房置地，将家业安置了下来。

这些"蕃坊"居民的生活大抵算得上低调。除了每年广交会和义乌小交会期间，很少有新闻媒体会将视线集中到这些连当地人都不怎么愿意一探究竟的地方。他们的故事最近一次被摆在聚光灯下，是7月中旬广州越秀区唐旗服装城的非洲裔客商到派出所门前聚集的事件。

这起因为外籍人士非法兑换外币而引发的事件早已平息，除去已经超过合法居留时限的两个非洲人正在等待裁决以外，广州数以万计的非洲商贾将继续在这座中国最早建立"蕃坊"的地方，追寻自己的中国梦。

当然，如今已经不再有人会用"蕃"和"胡"这等"政治上不正确"的称谓来称呼旅居在中国的外国人，"蕃坊"这个旧称也不大有人记得了。义乌的鸡鸣山就被称为"联合国社区"，亦算得上是一种美誉，只是写实的味道过了一些，却稍嫌少了一点通幽思古的诗意，让人很难联想起10多个世纪前阿拉伯商人穿行于大唐国都长安一百单八坊、波斯美女当垆卖酒的热闹与喧嚣。

不知道"唐旗服装城"中的唐字是否就来自中国古代那个最令人心驰神往的王朝，应该说这种可能性很大，在操白话的第一代海外华侨口中，"唐山"就是中国，而时至今日，人们还是（错误地）将对襟短衫称作"唐装"。在每一个中国人的心中，几乎都有一个大唐盛世的梦想，这个梦想用一个地名便可以概括——长安。和后世的历代都城比起来，长安的卓尔不群不只因为飞檐斗拱气宇轩昂的大明宫，更因为"胡姬春酒店，弦管夜锵锵"的喧嚣、热闹，而这种热闹背后则蕴含着一个因自信而强大、因强大而宽厚的民族的包容精神。

这种包容不仅仅体现在大唐朝廷的法度当中，用法律来约束兼保护外域商贾，并不只有李唐王朝做得到，被李家子弟夺了江山的大隋朝甚至给定居在洛阳的外国人免费提供酒食。当然，那就过了头了，成为一种不折不扣的"假大方"。另一个极端则是后世朱明的"寸舨不许下海"。

而李唐和数百年后的赵宋则刚好做到了开放和有序的兼容，一方面是碧眼黄须的"蕃坊长"需"巾袍履笏如华人"，以体现大唐法度，另一方面则是"胡姬貌如花，当垆笑春风"，给予他们充分的经商致富自由。更加难能可贵的是，当时的长安人以及广州人并没有对这些生活在比邻的"蕃胡"们报以异样的目光，而是"五陵年少金市东，银鞍白马渡春风。落花踏尽何处游，笑入胡姬酒肆中"，唐宋少年的豁达与宽容，着实应该让我们当中的一些对肤色语言过于敏感的今人暗生惭愧。

说到底，我们的城市要想实现自己的长安梦，就要以开放为经度，以法律为纬度，让这些"蕃客"们能在有序有度的坐标上去追寻他们的中国梦。

2009 年 7 月 20 日《国际先驱导报》

新闻背景：英国毒贩阿克毛2009年12月29日在新疆乌鲁木齐市被注射执行死刑。他2007年携带4000余克海洛因入境中国，适用中国法律处以死刑本毋庸置疑。但英国却对此展开了疯狂外交。布朗首相向中国领导人求情、阿克毛家人上书中国全国人大委员会，英国媒体更是大加渲染。围绕阿克毛事件，西方舆论在2009年年末及2010年年初对中国展开新一轮炮轰。

多重唱应对西方大合唱

过去的一年里，甚至在迈入新年的短短几天中，关于中国我们已经听到了太多不同版本的故事。有人赞扬中国施展妙手让全球经济"起死回生"；有人要求中国为图瓦卢50年后的灭顶之灾负道义和经济责任；有人欢呼全球外交重心向东方转移；也有人将一个毒贩的死描述成"中国名声可怕的污点"，恨不得将中国从世界贸易组织中除名。

中国到底是什么？不同的国家有不同的回答，同一个国家的不同人群理解亦千差万别，同一人群甚至同一个人，在不同时间不同地点的表述差异之悬殊也往往让人大跌眼镜。世界对于中国的描述和解读固然从未一元，但也不曾像现在这样多元过。

在伦敦、底特律、哥本哈根，2009年中国在国际舞台上"高调亮相"。这一年既是中国展示新形象的一年，恰恰也成为中国和西方对话困难重重的一年，为贸易为环境为"毒贩权"，我们陷入了一轮轮指责与辩护的循环当中。

刚刚晋升为中国外交部历史上第二位女副部长的前驻英国大使傅莹一年半之前曾经著文《如果西方能够倾听中国》，希望"西方国家有越来越多的人能够努力跨越语言和文化的障碍，更多了解真正的中国"。然而，具有良好意愿是一回事，真正让西方俯下身来倾听中国是另外一回事。有人就是素怀"有事钟无艳无事夏迎春"的机会心态，有人就是念念不忘文艺复兴时代遗留下来的祖荫，最为重要的，没有一个国家或者国家集团愿意坦然接受自己对世界其他地方的影响力甚至统治力不断下降的事实。

可以预计，2010年乃至今后的一段时间，随着中国各项经济指数继续一路飙升，东西方之间围绕着某件小事引起大争吵的可能性只会越来越大，越来越多的西方人罹患许久的心疾眼疾会越来越多地间歇性歇斯底里大爆发，年终岁尾唐宁街和"舰队街"的集体癔症可能不过是一场小小的热身罢了。

那么，我们应该如何应对这种可能的席卷而来的舆论风暴呢？

中国不能再相信"走自己的路让别人说去吧"，不能沉默是金。对于当今国际体系，我们是一位后来者。走进一间已经坐了不少人的屋子之后，我们当然应该先静悄悄地找好位子坐下。然而不管我们多谨慎小心，以我们的巨大身躯总会弄响个把椅子或者碰到什么人的膝盖，何况还会有人出于嫉妒甚至只是恶作剧而伸出脚来企图给我们下个绊子。想静若止水地融入某个地方原本就是不可能的。但这绝不意味着在听到了各种各样的窃窃私语或者公然喧嚣后我们应该沉默不语，或者滑向另一个极端，立即反唇相讥。

我们应该先坐稳，然后镇定自若地进行自我介绍，讲清楚自己是干什么来的。在这个过程中，我们应该时刻牢记的是"干得好也要说得好"这样一个原则，而"说得好"要义在让别人听得懂听得进去，至少我们得用别人的语言说话，而不是用我们自己习惯的语言说话。毕竟，作为后来者，中国必须要主动推销自己才能被这个世界所接受。

在"说别人听得懂的话"的时候，我们也要学会使用不同的声调。中国在对外发声时，只有政府、学界和媒体都用各自的语言而不是同一种语言说话，谈话的魅力才能体现，即使在同一个政府框架内，不同部门也应该有不同的发声部位。

其实，西方媒体、学界和政府三方一直擅长于"各说各话"，尽管他们说来说去，意思都差不多，但语音语调可就完全不一样了。这种巧妙的"大合唱"手段固然是老把戏，却是非常管用的战术。中国应当向西方借鉴这种技巧，以增强我们作为一个必须要发声的"新人"谈话的缓冲空间。至少可以让我们在面对西方"三位一体"的杂七杂八时不至于"管他几路来我只一路去"，如此简单的战法，努尔哈赤用来对付杜松是足够的，在21世纪对付把外交当游戏玩了数百年的西方人可就稍嫌单薄了。用多重唱对付合唱，是2010年中国对外发声的应有之音。

当然,我们不能指望随着我们发音技巧的改变,来自西方的杂音便会戛然而止。东西方对话,中国要有足够的耐心和信心。

2010 年 1 月 8 日《国际先驱导报》

> 新闻背景：近年来，我们越来越认识到软实力的重要性，陆续在世界各地创办了500多孔子学院和学堂，但软实力的传播可不是以数字为标准，其中门道我们还要多向孔圣人取取真经。

学学孔子的软实力

2500多年前，55岁的孔子率领门徒开始周游列国，缓慢的牛车载着此后20多个世纪中国人奉为精神导师的孔仲尼出鲁进卫、由曹赴宋、过郑居陈、而终入楚。

公元前496年开始的这一段旅程一直绵延到今天。2004年11月24日，全球第一家孔子学院在韩国首尔挂牌。此后，大大小小数百家孔子学院和孔子学堂以雨后春笋之势迅速在全球生根发芽。大成至圣先师一生述而不作，而现在却有全球88个国家的282所孔子学院和272座孔子学堂在用他的语言讲述他的精神。

当年孔子离开鲁国是因为鲁君未能"致膰乎大夫"，当然不是因为没能分得那块祭肉，而是因为他的理想和主张得不到鲁国人，确切地说是鲁国执政者的支持。现在孔子学院的走向世界，却是为了要主动地将孔子的信念传递到世界的每个角落，让地球村的其他居民更加理解我们这个曾经峨冠博带的民族是如何看待自己和世界的。

不论是2500多年前的被迫出走，还是现在500多所学院和学堂的联合行动，将一种思想向另外一群人传播从来都不是一件容易的事情。周游列国可能会绝粮于陈，传递儒家文化也可能被指称为鼓动外来宗教、宣传异族思想，甚至遭遇"红包"潜规则。孔子当年只以"束脩"也就是十条腊肉为拜师礼，而现在传授孔子思想的老师却要向某些国家的地方主管官员送上"腊肉"——这倒也从一个侧面证明了传递有教无类的教育思想之确有必要。

孔子绝粮于陈和孔子学院"被红包"在某种意义上是有些共同之处的，即拒绝提供粮食者以及索取腊肉者都意在阻断思想的传播，当然，一致意图的背后动机各不相同。而对于思想的传播方而言，更为重要的恐怕不是抱怨自己受到了不公平待遇，而是要找出为什么我们视作珍宝的思想会在别人那里激起层层猜忌。

我们不能效仿200年前来到非洲大陆的欧洲传教士。那时当地人手中有土地，传教士手里有《圣经》，祷告声淡去后，传教士手中有了土地，而当地人手里则有了《圣经》。能够完成这一魔术般的转换是因为传教士的背后站满了荷枪实弹的欧洲士兵。

我们不能这样做的原因不仅因为这在道义上是完全站不住脚的，更是因为这对于我们要通过孔子学院实现的目标是背道而驰的。我们以每所10万美元投资开办的孔子学院是要让别人更加了解和理解我们，而不是要加深我们与别人之间的误解，甚至让别人更加憎恨我们——哪怕这种误解毫无道理，比如某个国家针对中国孔子学院从事"渗透"活动的指控；哪怕这种憎恨纯属神经过敏，比如某些人担心我们要在他们的土地上传播"孔教"。

在涉及领土和尊严的问题上，我们可以据理力争针锋相对毫不退让，而在围绕着孔子学院的辩论当中，我们却只能耐下性子伏下身来认真倾听别人的每一项或许逻辑不够论据有所欠缺的抱怨。因为我们要传播我们的声音，要提升我们的软实力，而任何人都无法依靠损害软实力的办法来提升软实力。不是有人对我们有误解吗？正好给了我们更多加强对话的机会，不是有人对我们的意图充满猜疑吗？那就让我们用孔子"和而不同"的精神去消除猜疑。

我们已经在6年里建立了500多所传播孔子精神的殿堂，这当然是一项了不起的成就，但我们要知道，数字从来不是衡量我们软实力成就的唯一标准，甚至不是主要标准，春风化雨润物无声才是我们追求的境界。就传播思想的目的而言，我们宁愿这500所学校的每一所都在当地激起强烈的、意见良莠不齐的辩论，也不愿意让他们只是成为一所所与世无争到不为当地人所知的外国文化中心——只要我们能够通过这种辩论让更多的人听得见听得懂听得进去。

我们是孔子的门人，要记住我们的先师用一乘牛车在中原辗转十几年之后数百载，他的声音才永远回响在我们这个民族的夜空。

走孔子的路，我们的旅程才刚刚开始。

2010年1月29日《国际先驱导报》

新闻背景：2010年初美国五角大楼新颁布了《四年防务评估》，同期，日本媒体也披露了即将公布的日本《防卫指针》，这两份文件的共同之处在于，不论是否明确点名，它们眼中的假想敌都包含了中国。

中国要习惯"被敌人"

五角大楼最新颁布的《四年防务评估》里没怎么说中国好话，其实这原本倒不令人奇怪。抛开2010年是中美关系的利空年——据说这轮熊市可能要延续到年底——不谈，即使在中美关系表面上顺风顺水的2009年，人们也不太可能指望五角大楼草拟的文件对中国能有多少善意。军队是用来保卫国家安全的，传递善意只是"可选择的附加功能"，更何况一年数千亿美元的军费，美军总得给自己找个假想敌不是？

客观地说，美国国防部长罗伯特·盖茨主持的这份文件和唐纳德·拉姆斯菲尔德当年的"1-4-2-1"的战略差别并不明显，美国依然要保证自己的绝对安全，同时应对四大威胁，击败来自两个方向的攻击，并颠覆其中一个敌对国家的政权。5年前，一位美军退役少将曾经这样描述五角大楼的敌情评估："我们有了锤子，现在我们所需要的就是找个合适的钉子。"其实，钉子一直在那里，而中国即使不是唯一的一颗，也是自1996年第一份《四年防务评估》出台以来最大的一颗。

希拉里·克林顿国务卿授任伊始曾说美国要转向多边外交，看来这一主张在五角大楼也得到了和在雾谷相似的贯彻。《四年防务评估》中不遗余力地表扬了印度，颇有把印度打造成另一把锤子的架势。新德里感到荣幸之余，也应该考虑到若是有一天大象超越了巨龙，民主印度某些不那么民主的侧面比如种姓制度之类的，肯定会被美国人想起来。那个时候锤子也可能会转化为钉子。不过起码这不是印度人现在以及至少在曼·辛格总理的本届任期之内要考虑的问题。

用"换汤不换药、只加一味料"来形容美国新版《四年防务评估》可能有些不恭敬，但大体如此。可用同样批语的还有正在修订中、将在 6 个月以后公布的日本《防卫指针》。根据日本《读卖新闻》提前披露出的消息，日本自卫队的主要假想敌是朝鲜及其他周边国家，而《读卖新闻》将"其他国家"明晰为中国。

鸠山的模糊化处理是可以理解的，对此我们应该表示赞赏——把邻居当成假想敌这种话不宜多说；但同时我们也得"赞赏"《读卖新闻》态度的老实——即使日本新政府真的愿意颠覆所谓"周边有事"学说，美国会同意吗？说到底，在日美安保体系笼罩下的日本自卫队，其假想敌姓甚名谁原本就不是东京自己能说了算的。

新《防卫指针》是不是不点中国的名，和《四年防务评估》点了中国的名，并没有什么本质区别，一个国家武装力量的假想敌是谁，有说服力的是卫星侦察图像揭示的军事部署，而不是国防部或者防卫省发言人的表态。

被人点名为假想敌总是会让人不舒服的，特别是在自己什么都没干的情况下"被敌人"。因而，我们总是希望能用自己的善行说服别人相信我们的善意，而在得不到积极回馈的时候又往往感觉备受精神伤害。其实，这大可不必。中国崛起的过程中，中国在安全领域，甚至在任何领域"被敌人"，都是再正常不过的事情。在安全博弈下，起决定作用的是一个国家拥有力量对其他国家形成的心理投射，而行为模式和更深层次的"世界观"不过是参考要素罢了。

就像大熊猫的温良恭俭让并不能也不应该成为支持其他生物拿小石子投掷大熊猫的理由一样。300 公斤的体重比那张憨厚的笑脸在安全环境评估中更有说服力，更何况这只大熊猫营养越来越好身体越来越棒，其他生物忽略这一点对它们的安全来说也是不负责任的。

可能只有瑞士或者斯威士兰在世界上是不被别国当成假想敌的，而瑞士的国防战略却是把任何一个邻国都平等地当成假想敌，中立的要义正在于此；至于斯威士兰，比较这个国家和中国国防战略的异同是需要想象力的。中国要习惯成为别人的假想敌，而且假以时日要越来越习惯这一点。未来把中国当成假想敌的绝不会仅有美国和日本这两家。

当然，这并不是鼓吹中国要在被别人当成假想敌时安之若素无动于衷，更不是要求中国宽厚到甘当假想敌的程度，而是中国应该承认有些事情是做不到的，比如寄希望于能以百倍的善意消弭别人的猜忌。我们所能做的只是把自己的身体锻炼好，把自己家的篱笆筑好，然后再向全世界露出我们大熊猫般真诚的笑容。

2010 年 2 月 26 日《国际先驱导报》

> 新闻背景:"强硬"、"傲慢"成为了2010年伊始,西方舆论谈及中国外交时频频采用的字眼。而中国外交部也对所谓"中国强硬说"做出了回应。

中国外交:事关利益,无关强硬

杨洁篪外长在回答美国有线电视新闻网记者提问时主动谈到了中国对外表现越来越"强硬"的现象,外长说,坚持原则立场同是否强硬是两码事。

其实,不但什么叫做"强硬"是有争论的,就连"对外表现"和"外交"也不见得是一码事。

在国际关系领域当中,原则总是要具体化的,最终会以某种态度表现出来:是赞同强化对伊朗制裁还是反对,是同意向阿富汗派兵还是拒绝?学者可以纵论一个国家应该坚持怎样的外交战略,而外交官们更多关心的是今晚八点在联合国投什么票。没有任何行动不引起任何后果的原则立场是没有意义的——中国以及任何国家在关于开发冥王星矿产资源问题上的立场无论怎样强硬都无所谓,道理就在于此。

沿着这一逻辑,其实西方人的所谓中国越来越"强硬",无非是说中国在越来越多的事情上和西方不搭调而已。具体来说,那是些什么事情呢?美国是否应该继续向台湾出售武器,白宫是不是应该给达赖发一张入门卡,人民币和美元的比价是不是应该由美联储决定,中国工厂该承担减排多少二氧化碳是不是应该让美国环境部说了算,中国工人的工资标准是不是应该由美国钢铁工人协会核发,伊朗核问题上中国外交官是不是应该先看看美国人的脸色再决定该在什么时候举手?

把原则问题具体化之后不难发现,根本不是中国决定从某天早上开始要专门给美国人难堪,"来看看地球仪,今天在哪儿找找美国人的麻烦呢?"这不会是也不可能是中国外交决策人员的茶歇话题。我们自身还有房子问题、汽油问题、就业问题、恐怖分子问题……哪里有那么多闲工夫琢磨怎么给别人捣乱?只是这些问题无一例外地和中国的外部环境有关,因而中国所采取的行动必然引起某种外部后果，也就是中国的所谓"对外表现"。

要是这些问题只涉及对外姿态，也就是最狭义"外交"的话，中国大可以不"强硬"些——只有那些200岁大的小孩子才在乎外表看起来酷不酷呢。然而那些让西方觉得中国越来越"强硬"的问题没有一个只是涉及面子，而是事关中国的核心发展利益。

美国有线电视新闻网的记者还要杨外长阐述一下"中国怎么能加深外国人对中国的理解"。好，就从这个问题开始。美国人在应付中国的不满时总用"国内政治压力"作为托词，然而，西方也得明白：中国的所有对外表现都是基于自己的内部需求的——我们要防止国土分裂，所以不能允许兄弟拥抱的时候有人递上一把匕首；我们要保证下一代人的生存，所以不能让中国人民银行变成美联储北京办事处，不能给中国商务部换个牌子叫做"美国驻华使馆第二商务处"。

几天前，人大发言人李肇星曾就台湾问题说"这么点事，这么简单，对某些西方政客来讲，怎么就这么难记呢？"简单的事儿可不只台湾这一件，在任何事情上，中国都不应该也不能把外国人的反应置于本国人民的要求之上同样也是"这么简单"。理解中国，就从这里开始吧！要是连这个道理都理解不了的话，那可就不是智力问题了。

实际上，这个简单问题没有人不理解，只是不想理解罢了。在一些人看来，一个理想的中美关系是美国可以对中美关系随便哪个议题上下其手，之后只要和中国说句"美国重视对华关系"就万事大吉，就像坊间传说的美国两高官访华是为了结束冲突使中美关系"重回正轨"一样。如果"正轨"意味着把"一个国家维护本国的核心利益和尊严的行为视为'强硬'，而把侵犯一个国家利益的事看成理所当然"，那么还是"出轨"好些。说到底，美国发展中美关系，只是为了维护自己的利益，中国也是一样。我们的利益在哪里，我们的立场也就在哪里，至于强硬不强硬的，不是我们该关心的问题。

2010年3月12日《国际先驱导报》

新闻背景：2010 年 5 月 24 日中美第二轮战略与经济对话，及 2009 年底的哥本哈根气候大会等，都突显了中国的多重身份问题。到底是与美国平起平坐的 G2，还是发展中国家，亦或都是又都不是？

中国外交须摆脱身份纠结

美国国务卿克林顿夫人和财政部长盖特纳先生领衔出席了中美第二轮战略与经济对话。对希拉里·克林顿来说，代表世界上最强大的民主国家，和"世界上最大的民主国家"（印度）对话，可能要比和世界上最大的发展中国家磋商更惬意些，她的"3.0 版"美印关系不会像中美关系那样有如此多的"合作"要争吵：新能源、人权、军事透明、企业自由……

不过，中美战略经济对话的重要性不是以对话者心理感受为衡量标准的，双方对话过程中是相晤甚欢还是针锋相对并不会影响对话对这两个国家、对亚太地区乃至对整个世界的价值。然而，这一价值到底体现的是哪两方之间进行对话的重要性呢？发达国家与发展中国家？西方和东方？资本主义和社会主义？抑或只是美国和中国？

华盛顿在这个星球上的地位是逻辑一致而无矛盾的：世界上最发达的国家、"自由世界"的领袖、资本主义精神的维护者。虽则对于这些冠冕，美国最近显得有点信心不足。

而中国的身份和地位问题却不那么清晰。中国是世界上最大的发展中国家？最大的社会主义国家？还是最大的儒家文明国度？后两个概念对于目前的中国来说，显然还停留在内政阶段，在外交领域已经不是或者尚未成为首要的谈论话题。

对于前一个身份，我们早已习惯了关于上海世博会的一种说法："2010 年世博会是首次在发展中国家举办的世博会。"但是并不是所有国家甚至包括亚非拉国家都接受我们的观点。在我们看来，举办奥运会、世博会是中国以及整个发展中国家的骄傲，而很多别的国家却认为举办这两项活动都是发达国家的特权，至少是从前的同学提前从"进步学校"毕业进入发达世界的典礼和典礼后的狂欢节。

中国的发展中国家身份之矛盾在哥本哈根气候大会上表露无遗，我们自认为是发展中国家，却以"77国集团加中国"的关系形式表达自己的主张，我们反对发达国家的立场，却被发达国家处心积虑地试图拉进会场内的小房间"开小会"。在哥本哈根，我们既不是发达国家，也不是发展中国家。而在当下的北京，我们却在和最强大的国家面对面辩论这个世界出了什么问题以及谁该为这些问题承担更多义务和责任——虽然我们在任何场合下都拒绝接受作为政治概念的"G2"，但我们似乎并不特别厌恶"G2"的若干表现形式。

我们习惯用如下逻辑为自己辩护：中国不只有北京和上海，也有汶川和玉树，还有砍小孩的"失败者"和"拆错房"的开发商。但是片断情景总是非常具有欺骗性的，北京和上海不能代表中国的全部，难道汶川和玉树就能？正如同美国有坚强的纽约，也有脆弱的新奥尔良。实际上，"发达"和"发展中"之间的界限虽然有，但一则不是泾渭分明的，二则身份是可以转换的。跨越中间那条"界线"其实是所有发展中国家的共同梦想，中国不是第一个试图跨越这条界线的，也不是第一个成功的，更不会是最后一个。

作为一个快速发展的发展中国家，我们本来就具有二重性，并可以据此要求世界尊重并接受这一点，然而我们也因此应该接受世界特别是发达国家对我们的二重心理。我们要求别人要实事求是地看待我们，但什么是实事求是？依照北京标准还是用玉树作参数？抑或我们希望的其实是当我们要维护自己的利益时，我们便能按照玉树参数保留我们的发展中身份，而当我们要主张自己的权力时，则可以援引北京的标准渴望得到强国的对等尊敬？

中国的身份纠结其实是因为我们在希望别人承认我们的发展成就的同时却不喜欢被承认得太多。问题是这可能吗？身份问题原本就是双向的，一个人和国家的身份既取决于自我认知，也取决于他者的分类标准。这就使得我们无法随心所欲地解释我们身份中的二重性。当中国在反复思量自己到底属于哪一方的时候，世界也在思考同样的问题。而在这个问题上空谈"中国就是中国"是没有意义的，强大一如美国都要给自己确立一个阵营归属，何况中国？

中国正在而且以后还要继续和最强大的帝国举行至关重要的战略经济对

话，握手之前表明自己的身份和立场是非常重要的，不管握手是为了签订合作意向抑或走上拳击台都是如此。中国肯定在某些领域要和美国争论甚至对抗，也肯定要在另外一些领域合作甚至妥协，但战略战术上的灵活性和身份定位上的明确性是完全不同的两回事儿。战略可以模糊，身份却模糊不得。模糊战略可以保证己方的行动自由，模糊身份只能让自己和对手都不知道如何行事，也会失去可能的合作伙伴，从而导致中国崛起所需要的外部环境不稳定因素不断增加，而不是趋向我们所渴求的稳定。

2010年5月27日《国际先驱导报》

新闻背景：2010年7月23日第17届东盟地区论坛外长会在越南首都河内举行，中国外交部长杨洁篪和美国国务卿希拉里均出席。希拉里抛出南海"涉及美国国家利益"的言论，鼓噪南海问题"国际化"。

用"预防外交"还治其人之身

关于中美两国最高外交官在河内就南海局势进行的激烈辩论，以及之后的连锁外交和军事反应，有一种解释是这样的：几个月前，由于中国将南海宣示为国家核心利益，改变了原有的外交立场，美国不得不做出平衡性的外交宣示，以避免地区稳定局势被破坏。是中国首先挑起了南海争端，美国的行为和黄海军演以及中美关系当中的其他一切问题都没有任何关系，只不过主动预防罢了。

相信这套解释或者说积极推销这套解释的显然不是中国人，但也不全是美国人或者是越南人，还包括不少在南海问题上处于旁观者地位的其他国家外交官或智库人员。这套解释距离基本事实有多远其实并不重要，不管中国干了什么或者没干什么，反正别人总有的说。然而，我们必须看到的是，当前中国说服其他国家接受我们的"和平崛起"理论正在变得越来越难，其他国家针对中国崛起相对于和平的另一种可能性所采取的预防行动至少是预防主张越来越多，"围堵"中国的调门越来越高。

当然，这一切并不是在希拉里·克林顿国务卿在河内发表了一番颇具戏剧性的言论之后才开始出现的。早在中国提出"和平崛起"概念之初，就有颇多外部人士怀疑其可行性。尽管林林总总的怀疑从未停止，但是在最初若干年中对"和平崛起"的否定性观点并没有成为世界大国和中国周边与中国打交道的主流。这是因为当时许多人怀疑的不是中国是否会保持和平，而是中国能否真的崛起。

只不过时过境迁，全球金融危机之后，相对于美国的左支右绌，中国则显得一路顺风顺水，已经很少有人还会怀疑中国崛起的可能性了。如今中国人再用"中国仍是发展中国家，还有广袤而贫困的西部地区等待开发，根本没有力量威胁别人"云云和别人论理已经没什么说服力了。

一则中国国力的不断增强是任何人都看得到的事实，二则这套说辞本来就存在着巨大的逻辑问题：它只说明了中国或许没有打破旧秩序的力量，而且还只是暂时没有，和中国是否具有改变秩序的意图毫无关系。用这套理论证明中国的和平崛起，很多情况下不但不能取信于人，反而会使别人加倍怀疑中国的动机。

这一逻辑困境使得不论中国是否在维护自己利益方面采取了更多还是更少的动作，都会强化他者针对中国采取预防性外交行动乃至军事部署的心理动机。归根结底，相信别人的善意不如相信自己的力量，这原本就是国际政治的基本常识。在许多中国周边国家看来，逻辑可能是这样的：如果中国心存恶意，别人提前作出防范无疑是正确的，而如果中国的确心地善良，就不应该对别人的预防性活动有所不满。因此，无论怎样，都应该针对中国的"崛起"构建外交－军事防疫地带。

当然，还要看到有人就是要试图利用中国的"韬光养晦"趁火打劫，中国不是"和平崛起"吗？那好，赶紧派人派船把能占的全占了，在中国周边海域来一次跑马圈地。中国要是嘀咕两句，就大喊大叫"中国要打人啦！崛起就不和平啦！"之类之类的。

这种周边国家的群体心理使中国陷入了另外一个两难困境。中国若是对试图遏制自己的预防行动有所反制，就会坐实了别人对中国不打算和平崛起的指控；若是无动于衷，不但会造成实际利益损失，对推广"和平崛起"主张实际上也于事无补——民族国家本质上是自利和自我为中心的，这是绝大多数国家的自我认知，大家的行为也是以此为基础的。对于一个有力量却不愿意维护自己利益的国家，相信其善良本性比怀疑其邪恶动机要困难得多。

在外界对中国采取"预防外交"的前提下，中国倒不妨也给世界、给自己打打预防针。

随着中国国力的提升，全球连接性的增强，需要维护的外部利益越来越多。这是不以人们的意志为转移的客观事实。当中国有越来越多的外部利益需要照管时，除了进行更多的澄清和解释，该维护的就要去维护，该"出手"的也当然要出手。不必在这一点上责怪别人不理解我们，我们能做的只是在服从国际政治基本规律和发扬传统外交智慧当中寻求更符合我们长短期利益的平衡。

2010 年 8 月 5 日《国际先驱导报》

新闻背景：2010年恰逢新中国开展对外援助60周年的日子。而2010年8月19日，美国的阿富汗-巴基斯坦问题特使霍尔布鲁克在纽约参加亚洲协会的活动时，指责中国对巴基斯坦洪灾的援助太少。他说，"我认为中国人应当承担起责任"，"巴基斯坦人将看到，危机来临时，不是中国人，不是伊朗人，不是其他国家的人，也不是欧盟，而是美国总在起着领导作用"。

崛起的中国如何扩展外援？

霍尔布鲁克先生说要中国在为巴基斯坦水灾提供帮助方面负起责任。就算这位美国政府的阿富汗-巴基斯坦问题特使没有什么不可告人的居心——对此我们深表怀疑，此番言论以及之后美国一些媒体的跟风鼓噪显然也会被许多熟悉中巴关系的观察者理解为试图在喀喇昆仑山两侧制造猜忌。看来此前不久退役的北约驻阿富汗多国安全援助部队司令麦克里斯特尔将军将特使先生描述为挑拨离间之辈还真不算冤枉了他。

要是特使先生的确存心挑拨的话，那他肯定会感到失望，一则此公在巴基斯坦的口碑实在算不上好，他的话在巴基斯坦很少能得到积极回应；二则经历了半个世纪风风雨雨的中巴关系若是能被随便哪个美国人说点什么就离间了的话，也就称不上"全天候全方位"了。

不过，我们还是应该高度重视特使先生的此番言论，不是因为其可能产生的后果，而是因为其指向的问题，即中国的对外援助。毫不夸张地说，中国对外援助的方式、金额以及对象等这一范畴的所有内容，未来相当长一段时间都会成为国际社会关注中国崛起后行为的重要方面，并随之成为中国与西方世界的辩论热点。

综合实力更强的国家负有更多的国际援助义务，这是一个常识。拒绝承认这一点毫无意义。对于综合实力迅速提高，特别是经济总量增长迅猛的中国来说，加大对外援助规模、强化对外援助力度正是题中应有之义。中国还是一个发展中国家，自身灾害频仍，大量人口仍然需要救助等等事实并不能构成对中国扩展对外援助的否定——这根本是两个完全不同范畴的问题，将之混为一谈不过是廉价的蛊惑人心伎俩，体现出的不是对本国弱势群体的关心而是十足的市侩。

当然，在对外援助这个问题上，也还存在着其他常识：（1）对外援助是外交的重要手段，就其本质而言是为本国国家利益服务的，并不是慈善活动；（2）对外援助总是差异性的，援助金额和援助方式等等都是有选择性的，而不是普遍的。对外援助的外交工具本质决定了提供援助不可能只是为了承担所谓的国际责任——不管这种责任是强国原本就应该承担的，还是"被强国"的"被义务"。国家对外提供援助既是为了宏观意义上的树立本国的良好形象，以构筑有利于本国的外交环境，必要时也可以是为了实现本国微观意义上的政治目标。

综合上述常识，中国应该以能够被人看得见的方式逐步扩展对外援助，以和中国经济总量的全球排名不断前移相适应。是否应该扩展对外援助，这不应该成为我们的问题，如何更有效更具前瞻性地扩展，才是我们要思考的问题，既包括向哪些国家扩展这一方向性问题，也包括扩展的程度、方式和手段这些技术性问题。

在方向上，中国应该首先选择我们的近友，要做到既雪中送炭又锦上添花，抛开道义原则不谈，即使从功利角度这也是应该的——唯此我们才能交到更多的朋友。委屈旧友以回避苛责或者迎合新欢，既不是君子的作风，也不是聪明人的行为。

而在技术上，中国应该特别注意不要重复日本在 ODA 问题上犯过的错误。多年来日本政府用 ODA 在非洲开展争常（联合国安理会常任理事国）外交本身无可厚非。这套手段之所以没有取得成果反而惹人讥笑不是因为其目的是错误的，而是日本争常的全部手段说来说去就这么一招，功利心简直都写在脸上了。他山之石，可以攻玉。中国应该更追求对外援助的宏观和战略价值，而不要拘泥于一时一事，更不能像某些人那样给援助附加风马牛不相及的一大堆条件。

除此以外，中国还应该注意扩展对外援助的概念。外援并不仅仅指经费和实物，同等重要的还有人，也就是灾难来临后迅速出现的外国救援队——经过了汶川地震的我们对此已经很熟悉了，我们也在海地地动山摇后派出了自己的救援队以回报世界。

但是，危急时刻的官方救援队绝不是外援工作中人的作用的全部。中国还应该加强常态下的海外援助、医疗、教育和开发工作，并且应该特别支持日臻成熟的民间的中国志愿者走出国门。我们的志愿者在汶川、玉树和舟曲所展示出的，同样应该展示给全世界。归根结底，中国要树立一个负责任的大国形象，有什么能比千千万万在地球的各个角落负责任地工作着的中国志愿者效果更明显呢？

当然，也要看到在扩展援助的过程中，中国肯定还会遇到来自西方的另一种责难。一定会有人指责中国扩展对外援助包藏祸心暗自推行中文版的新殖民主义。实际上，中国背负这类指责已有多年，早就不是什么新鲜事儿了。倘若大量中国的志愿者走进非洲，我们在《基督教科学箴言报》上读到的绝不会是"中国在哪里？"而只会是"中国又想干什么？"——那就让他们说去吧。

2010 年 8 月 26 日《国际先驱导报》

新闻背景：本文系针对《纽约时报》2010年秋季一篇关于中国外交的时评而作。

中国正呈现强国的三大标志

《纽约时报》以不甚赞同的口气为新时代的中国外交总结出了三副面孔，"恶邻居"——证据是中国在领土争端中用稀土把日本"压倒"；"钻营者"——其实，"schmoozer"的英文原义要恶毒得多，绝不只是经过弱化处理的中文翻译中对美国的人民币汇率升值要求"敷衍了事"的意思；以及"典型的现实主义者"——也就是在相似的国际问题上却持不同标准的两面派。

抛开《纽约时报》给中国总结出的这三副面孔距离真实的中国究竟有多远，以及美国自己是不是也经常在三副面孔间切换不谈，至少还有一个问题仍然需要《纽约时报》的女士先生们为我们澄清：到底《纽约时报》——或者更广义地说美国人——希望中国去掉哪一副或者哪几副面孔呢？

其实，当下西方世界对中国外交的大惊小怪和中国是不是有三副面孔毫无关系，只是因为中国正在表现出一个强国应有的三种标志，并且是以他们不喜欢的方式呈现出来的。

作为当代国际体系内的"强国"，首先必须要具备的当然是一整套能够彰显国家力量的"装备"或者说"披挂"，比如航天工程、战略核武器、远洋探索、蓝水海军、超高速计算机……名列清单之上的事物至少有三项共同点：技术上非常难、经济上非常贵、对国计民生的影响非常深远。

对于强国而言，这套"披挂"不但必须拥有，而且还得不断擦拭。倘若中国发射了"神五"以及"嫦娥一号"而没有"神六"、"神七"、"嫦娥二号"乃至已经列入计划的更多项目跟进，中国就只是一个航天大国罢了，谈不上具有航天强国的身份。其他"披挂"大抵也是如此。大国和小国在"披挂"上的差别在于有还是没有，而强国和大国的差别绝不只是象征意义层面的有无之间。

拥有能够经受得住技术不断进步和经济持续投入双重压力的"披挂"只是

第一层标志，相对于技术和经济实力，对强国更大的考验——从而也是对强国身份更具说服意义的标志——是对力量的运用能力：一是服务能力，一是保护能力。

所谓服务能力，是指一个强国能够为所处地区提供福利增进的能力，既包括因为强国的存在而使得周边国家的经济发展水涨船高的能力，也包括帮助其他成员解决自身问题的能力。对于中国来说，高速发展的经济就像是一个巨大的、美轮美奂的商场，其存在便足以使区域内所有成员的生活更加精彩。而对其他国家的支持——既包括为巴基斯坦提供的水患援助，也包括在中国－东盟自贸区框架下对中南半岛部分国家提供的额外优惠措施——则是这家商场"社会责任感"的体现。

做到这一步，仍然不是一个充分的强国。最为关键的是，强国要有能力为本地区的所有成员，包括自己在内，提供保护。所谓保护能力，也就是制止有人到"商场"捣乱的能力。不管捣乱者是来自遥远的大洋对面，还是一衣带水的小岛，甚至是商场内的个别不法商户。这本来就是一个强国应该为本地区提供的最主要公共产品，它不但是一个强国所享有的荣誉性标志，更是强国不可推卸的义务。

任何一个强国都不可能依靠别人赐予的和平环境实现崛起，更不可能依靠外力来维持自己周边的稳定秩序。需要强调的一点还在于，保护能力作为强国最重要的标志，有时候是要以对抗的方式体现出来的。中国在近期钓鱼岛事件的外交处理中，立场坚定、应对主动、手段灵活就是一例。想化剑为犁，必须手中先有剑，并且需展示出剑术远高于他者才行。

因此综合来看这三大标志：没有力量，一切都无从谈起，有了力量，而不提供保护只提供服务，就很可能会变成逃避责任的"经典现实主义者"，甚至堕落成"马屁精"，从而最终导致自己提供的服务无人问津；有了力量，不提供服务只提供"保护"，"保护"就会变成索取"保护费"，从而导致保护者变成"恶邻居"。就此而言，一个国家的对外行为本来就应该是多重表现的，而这种多重性是不是可以被指斥为具有"多副脸孔"，《纽约时报》说了可不算。

至少对于亚太地区来说，到底亚洲金融危机时期坚持货币稳定、提倡南海各方协商解决争端、坚持朝鲜和伊朗核问题都应和平解决的中国是"恶邻居"、

"钻营者"、"现实主义者"？还是指望着全世界都来为自己的债务问题埋单、撺掇着亚太国家大搞海军军备竞赛、承认一个中国却不停逼着中国的一个省购买天价武器的美国是"赖账者"、"捣乱者"、"敲诈者"呢？

强国地位的三种标志：力量以及基于力量的服务能力和保护能力，实际上也就是从获得力量到合作性运用力量再到引领性运用力量的不同层次。某种意义而言，《纽约时报》对中国的指斥，恰恰证明了中国正走在正确的道路上。对于任何一个强国来说，其对外行为都不可避免地要同时具备这三个环节，这是一个强国崛起的必然步骤。

2010 年 10 月 8 日《国际先驱导报》

新闻背景：对 2010 年中国外交试做总结。

中国外交应明确有限目标

　　2010 年即将过去，这一年一边是全球金融危机后中国经济的"风景这边独好"，一边却是中国外交，特别是中国与西方国家的关系频频亮起红灯。从春天的黄海风波、夏天的南海风云，再到秋天的东海风浪；从人民币汇率到稀土出国管制再到从未降低声调的贸易战警报。回首这一年，中国经济表现越出众，外交挑战就越多，而且种种迹象表明，前一现象正是后一现象产生的原因。这不由得让人想起一句老话"木秀于林，风必摧之"。难道外部世界竟是如此的狭隘，容不得中国"做好自己的事情"？

　　每当遇到外交难题，我们总有人说要冷静、要克制，先把"自己的事情做好"。看上去这很符合我们建设和谐世界的目标，也与我们韬光养晦外交策略相一致。然而实际上这却是一句基本上无意义的口号式语言。什么是我们"自己的事情"？人民币汇率是不是？——既是也不是，汇率是主权问题，但维护主权不正是对外交往的基本任务吗？环境与可持续发展是不是？——同样既是也不是，碳排放且放在一边，对稀土资源的保护都已经不只是一个国内问题。在一个全球化的世界里，到底有什么是纯粹的能够"先做好"，然后再论其余的"自己的事情"呢？车船使用税标准的调整，还是大白菜价格的涨跌？

　　以今日中国的国际融合度，我们根本没有任何纯粹"自己的事情"。即便有，这些事情也不可能不受外部环境变迁的影响，我们今后发展的每一步都要建立在我们与世界互动的结果上，也就都会不可避免地引起别国的反应。在这一过程中，最重要的不是如何想办法说服全世界接受中国在"处理自己的事情"时不会伤害到任何人的利益，并且"处理好自己的事情"后也不会向任何人提出要求；而是要向全世界明确自己的意图——战略、阶段性目标以及为此可能使用的手段。

　　这倒不是因为我们的本性不像我们自己宣称的那样善良，而是因为中国——其他国家也是如此——根本不可能让任何别人相信自己的善良。在国际政治中，根据双方力量对比确定自己的选项比根据对方的意图决定自己的行动要可靠得多，尽管成本也要高很多。一个最简单的例子，走在黑暗的街巷中，迎面来了一位身强体壮的大汉，任何人在这种时候都会不由自主或者看看周围有没有可供援手的旁人，或者捏紧自己口袋中的随便什么尖锐物体。针对意图不明的强大力量进行预防性的遏制，这不但是国际关系的基本逻辑，甚至可以说是人类理性的必要组成部分。

中国既不能指望通过展示我们的善良本性，来让别人体会到遏制中国在道义上是错误的——遏制只和能力有关，而与道义无关；也不可能通过试图扩大共同利益来让别人认识到遏制中国是没有必要的——遏制是为了限制别人的力量提升，不需要考虑这种力量的可能用途，除非这种力量是百分之百可控的。但可控一则要求力量的所有者对他者的心理服从，二则意味着力量本身也不过尔尔。而中国不是日本和韩国，这两条能够使美国不寻求遏制中国的理由要么不可能实现，要么已经成为过去时。

对于一个利益边界越来越大、全球融合度越来越高的中国而言，把中国想要的东西说清楚是非常重要的。保持战略模糊对于弱小国家或者对于主导性的强权来说都是有可能产生正收益的——给前者能带来外交上左右逢源的好处，对后者则意味着最后出牌的妙着。唯有对中国这等处于上升通道的国家来说，战略模糊是有着其无法克服的危险性的，这将使不论是弱小邻国还是强大的远方主导国家都会对上升力量的意图充满怀疑，猜猜看，两个满腹狐疑的人凑在一块儿会发生什么？

需要强调的是，大声疾呼建立和谐世界不算是明确自己的要求。和谐世界是什么，本来就不是一个能够用国际政治的通行语言说清楚的问题；而且中国不是上帝，无力完成在人间建立平衡这等宏大的工程。就算和谐是我们的要求，那么我们是打算与破坏和谐的人达成妥协，还是要惩罚那些反对和谐的捣乱分子？这也是一个需要说清楚的问题。

2010 年 11 月 11 日《国际先驱导报》

> 新闻背景：2008年4月7日，北京奥运会圣火传递在巴黎受到一些"藏独"分子及其支持者的重重阻挠，巴黎市市长德拉诺埃在4月21日将"巴黎荣誉市民"的称号给予了达赖喇嘛，由此，中国网络上有人号召民众抵制法国商品，特别是法资超市家乐福。

为什么不该抵制家乐福

许多法国人、大部分法国媒体在西藏和奥运会问题上的言行的确很无知、无聊且复无耻，但这是不是时下我们的一些同胞呼吁抵制连锁超市家乐福的理由呢？

首先可以确信的是，在这次抵制活动中，发起者和参与者决不会怀有任何不可告人的动机，或者像那些在西藏打砸抢烧的暴徒一样受到了什么人的指使。尽管如此，抵制家乐福的行动仍然值得商榷。这倒不是因为所谓"尊重消费者的自由选择权"以及"家乐福在华员工都是中国人，抵制会导致他们的失业"，这两条理由都不充分，因为假若家乐福是一家企图分裂中国的国际反华机构，即使其全体雇员都是中国人而且这些中国人除了在家乐福工作之外别无谋生之道，也要对家乐福进行抵制，不但不能购买其出售的任何产品，而且要将其驱逐出我们的领土。

但是，家乐福是这样的一个机构吗？中国各个城市的家乐福超市及其法国总部不过是一家打算赚些钱的企业而已，如果说这样一个企业具有什么惊天的国际阴谋的话，这个阴谋更可能是挤垮其竞争者，而不是重新勾画世界政区图。推定家乐福对华图谋不轨，理由并不充分，对其进行抵制意味着伤害一个无辜者。就算其股东之一LV公司的确向达赖集团提供过资助，我们有证据表明这一捐助是出于对中国的恶意而不是出于无知吗？如果LV犯的错误是出于无知的话，我们为什么要惩罚一个什么都不懂的无知者呢？难道我们不是更应该提供帮助使其摆脱无知状态吗？一味指责无知者只能使其更加无知，因为在这种情况下，无知会成为他的荣誉。

不过，LV 也完全有可能知道达赖集团都是些什么人物，其捐助并非受人蒙蔽，因而对此进行抵制在道义上就没有什么不正确的。即便如此，抵制家乐福的理由也略嫌牵强。LV 是家乐福的股东之一，家乐福不是 LV 的股东，家乐福有什么能力左右 LV 如何花自己的钱呢？要求家乐福做一件其能力之外的事情，否则就如何如何，这和要求刘翔在奥运会上取得两枚以上的金牌否则就禁止播出他的商业广告有什么区别呢？既然我们无法通过抵制家乐福来改变 LV 的行为模式，抵制家乐福又能起什么作用呢？更为重要的，抵制家乐福实际上对我们是有害的，连抵制 LV——在 LV 捐助达赖集团是出自故意而非无知的情况下——对我们也是有害的。应该承认，在法国以及西方世界，对西藏问题的模糊认识是一个普遍现象，造成这一现象的是那些别有用心兼狂妄自大的政客和媒体。一个普通的法国人在对西藏的理解上可能是错误的，但却不是有意的。这就需要我们开动我们的智慧、保持我们的耐心去戳穿谎言澄清事实，而不是把任何犯有非故意的错误的人都划成敌人。这样做的结果，只能是使我们的敌人越来越多，让整个法国和我们对立起来，这对我们有什么好处呢？

不主张抵制家乐福绝不意味着我们可以向后靠着无所事事，要做的事情还有很多。具体在家乐福的问题上，如果我们对其股东 LV 资助达赖集团查有实据的话，我们可以对其发动一场晓之以理动之以情的公关攻势，用语言或文字通过网络及其他一切现代通讯手段告诉他们，他们可能在无意中伤害了中国人民。但我们不能谴责他们，因为我们没有也不太可能有证据显示他们这样做是出自恶意。作为一家卖奢侈品的企业，LV 不太可能像军火商一样推行先点火再卖军火的营销策略，当然他们也可能是打算通过资助达赖集团来显示他们的立场从而吸引更多的法国人以及其他非中国人购买更多的皮包，但这需要以他们公开宣扬自己支持达赖为证据，问题在于现在的情况是这样吗？假如果然如此，我们要做的就绝不是抵制 LV 那么简单了，而是要赶紧想办法消除全世界对我们的敌意，这可比 LV 的问题大多了。

同时，我们还应该牢记，尽管有了这些麻烦事儿，我们仍然要办一届"最好的奥运会"，不但对中华民族而言是最好的，对世界其他民族，包括法兰西人在内，也要是最好的。只有这样，我们才能告诉全世界什么是真正的中国民意。为此，我们至少需要在接下来的一段时间里做到这样几件事情——保护好奥运圣火，把那些蓝蓝白白的破布淹没在五星红旗当中；告诉我们能告诉的每一个外国人有关西藏的真相；继续揭穿那些骗人的鬼话，对恶意造谣者绝不宽恕。除此以外，当奥运会真的来了那天，当我们走进赛场观看比赛的时候，别忘了提醒自己一句——为法国运动员鼓掌。

2008年《东方早报》

新闻背景：2008年5月12日汶川大地震发生后，西方媒体相对以往，较为正面地报道了地震救援期间中国政府从领导人到基层官员的言行举止。

他们总有的说

平心而论，一贯不怎么肯赏脸说中国好话的西方媒体在汶川大地震期间的表现还算过得去。在西方媒体上，不仅以往那些人们司空见惯的酸话少了许多，还破天荒地用大幅照片和通栏标题正面报道中国政府从领导人到基层官员的言行举止。我们这个民族总是与人为善的，西方媒体态度的一点点好转，便让我们——至少是我们当中的一些人——有些沾沾自喜了。

然而，正像人们常说的那样，这是事实，但不是事实的全部。概括而言，西方媒体这一段时间以来关于汶川地震，大体上说了下面几件事儿：第一，中国政府这次的快速反应令人刮目相看，特别是和缅甸政府形成了鲜明对照；第二，中国政府的优越表现是"国际压力"的结果，是中国为了摆脱3月份以来的国际困境而刻意表现的"从容一面"；第三，中国政府的表现还有许多不尽如人意之处，救灾和灾后重建问题依然多多。

真是让人感激不尽，感谢他们没有在我们抢险救灾时站在一边冷嘲热讽。但是，感谢恐怕也只有这么多了。

首先，所谓中国政府令人"刮目相看"的说法值得商榷。作为一个自然灾害多发国家的公民，我们对本国政府和军队是如何善于应对天灾有着不可磨灭的深刻记忆。能够在短短数日内动员10多万大军前往灾区救援可不是"一振作间"那么简单的事情，这需要政府掌握着强大的技术装备、交通设施等物质资源，更需要国家武装力量长期的刻苦训练、精良组织和严格管理，否则根本无法完成跨地千里的远程兵力投送，即便将部队送到了，也无法完成强行军进入震中开展救援的艰巨任务。

实际上，如果说中国的救灾行动让世界，特别是让西方媒体"震惊"的话，那只能证明那些记者们平时的功课做得不好，没有认识到中国这30年快速发展的成果。

更奇怪的是，西方媒体表扬中国的后面往往跟上一句：中国的表现和正在遭受风灾的缅甸政府形成了鲜明对照。缅甸的表现是不是真的那么糟糕，我们不知道，但我们知道的是，把这两件事情扯在一起，很难说不含有政治上的动机——表扬中国，不过是在给缅甸施加压力，一家英国报纸的社论就说，"中国应该给缅甸施加压力，使缅甸向中国学习"。还是达尔富尔那一套，唉，他们也许该考虑换点新花样了。

其次，所谓"国际压力"促成了中国政府的优良表现一说实属荒诞不经。难道中国政府挽救自己公民的生命只是为了让外国媒体表扬一下？说这话的《费加罗报》也未免太高看自己了。然而，正是这种荒诞不经，才折射出西方媒体长久以来对华偏见的根源——不折不扣的价值观傲慢。在他们看来，中国政府这次值得表扬，是因为中国人按照他们的价值观交出了一份可以打100分的答卷。而几个月前必须对中国政府大加挞伐，则是因为按照他们的价值观来说，"不及格"。

但问题一是，"以人为本"并不是他们独享的价值观；问题二是，中国人对自己的政府几个月来围绕着大西南地区的两个重大举动是如何看待的，中国人的看法和西方人的看法在这个春夏之交发生了如此激烈的碰撞，其间西方人的傲慢要承担多少责任，我们很清楚，可他们清楚吗？

最后，当然我们不但不反对，而且很欢迎别人给我们的工作提建议，提不出建议的时候，意见也很好，哪怕挑毛病，亦应受到鼓励。但异想天开的呓语、彻头彻尾的胡说则不在此列。还是联合国新闻发言人玛丽·厄泽说得好："抗震救灾是抢救生命，绝不能与其他不相干的事情联系在一起。"

上述言论倒不是为了和西方媒体争个面红耳赤，根本无此必要。西方媒体关于中国地震的所有报道并非都是同一个调调，差别还是有的，但要小心仔细去发现才行。只不过我们要晓得两件事情，一是他们有没有改变看法还不好说，毕竟看法植根于价值观；二是与之相关的，他们既然不见得改变了什么，我们的一些媒体为他们的改变而高兴，也就没多少道理了。

2008年5月29日《东方早报》

新闻背景：本文系针对欧洲对西藏问题所持有的一种基本观点——中国在西藏地区的现代化实践破坏了当地的传统文化——而作。

"圣地"也要现代化

在钢铁丛林中挣扎的经济动物们，谁不希望有片心中的"圣地"呢？但仅仅为了保留心目中的"圣地"，就否认那里的人民也有享受现代文明成果的权利，其道义合理性着实令人怀疑。

尊重文化多元性已经成为这个世界诸多"普世价值"中的一条，虽然实践中常常不是如此。

解构一下这条"普世价值"，不难发现，很大程度上这意味着强调西方世界以及非西方世界对非西方的其他文化的尊重和保护。因为在这个基本上由西方文化主导的世界里，不存在对西方文化不敬的问题。倒是许许多多非西方的文化，正面临着被其载体在现代化进程中无情抛弃的危险。

于是，我们看到数百年一直致力于用坚船利炮把世界削平的西方人再次站出来，担当起拯救多元文化的任务来。在西方与非西方的许多次冲突中，"文化毁灭"、"新殖民主义"成为西方人向一部分非西方国家提出的尖锐批评之一。

这倒是有趣，"文化灭绝"本是几个世纪以来西方人玩惯了的把戏——美洲印第安人和澳大利亚土著的文化如今正躺在博物馆里，时不时才能在旅游景观和迎宾仪式上复活一下。西方人对非西方文化的保护大抵都是遵循这样一种模式的：尽占其地，尽戮其民，尽夺其财货，而后"保护"其文化。

不过，西方能意识到尊重"文化多元"、反对"文化灭绝"应是好事一件。固然可以争论说，他们原本就不曾对其他文明不屑一顾，否则西方殖民者就不会整船整船地把来自北京、德里以及江孜的奇珍异宝运回去了。这当然是许多年前的事情了，人类至少能在表面上做到不再为强盗欢呼，总算是一种进步。

不过，这种进步却不是"普世"的，也就是说西方关注的始终只是那么几块区域而已，中国领土的一部分就在其中。就像乔治·奥威尔所说的那样："所有动物一律平等，但有些动物比其他动物更平等。"在西方文化的评价体系当中，非西方文化也是这样。

那么，这种选择性的尊重和保护是如何出现的呢？可能的原因有很多。有可能是因为他们重视的恰恰是正处于灭亡边缘而格外需要受到保护的文化。这是西方常用的理由，而且不论为这一理由提供的证据多么荒诞，他们总有的说。

还有可能是西方对非西方世界一如既往地怀有恶意，不希望非西方世界的现代化道路一帆风顺而故意拿这事添乱，这是非西方常见的理由，证据是很充分的，却得不到西方主流民意的认同。

在这两种阴谋论之外，至少还有一种理由可能是存在的，即对于大部分西方人来说，他们对尊重多元文化的强调虽然是片面的，却是真诚的。他们真诚地想在尊重多元文化的旗帜下，为这个大部分地区已经或者即将处于后现代时期的星球保留一片精神上的净土。他们或许并不在乎自己的祖国是否被某个后发国家在经济实力上超越，反正这不会直接使他们的福利受损。

那些衣食无忧的西方中产阶级更关心在遥远的东方，是否还有一些人生活在纯粹的精神世界中。"西藏能激起欧洲人心中的浪漫情怀和神秘感，在欧洲人眼里，藏族是一个简单、淳朴、热爱和平的民族，希望保持一种纯粹的、神秘的田园生活方式。"这种心态之下，一旦听闻现代化进程同样在那些"世外桃源"进行，许多西方人便"拍案而起"，要找出"破坏文化多元"甚至搞"文化灭绝"的凶手来。这也可能是西方领导人为什么总喜欢会见四处活动的达赖喇嘛的理由之一——最近干这事的是美国总统的老兵候选人麦凯恩。

这种心态对于处在后现代社会的西方中产阶级来说，是可以理解的——在钢铁丛林中挣扎的经济动物们，谁不希望有片心中的"圣地"呢？但他们忽略了一个重要的问题，即使在"圣地"，那里的人民也是要和他们的西方同类一样享受现代文明成果的。乘飞机出行好过坐汽车，坐汽车好过骑马，这个道理不需要现代性启蒙运动，人人都懂。已经现代化了的人们为了保留自己心目中的"圣地"，给疲惫的身心一个精神安慰而否定当地人民的现代化要求，进而反对一个国家在自己领土的一部分进行的现代化努力，其道义合理性非常令人怀疑。

更为重要的是，萨义德说："东方几乎就是欧洲人的发明，它自古以来就是一个充满浪漫传奇色彩和异国情调的、萦绕着人们的记忆和视野的、有着奇特经历的地方，是西方人对东方的无知和偏见制造出来的一个神话。"谁说那片"圣地"就曾经是以及现在还应该是西方人幻想出的那个样子呢？

2008 年 7 月 29 日《东方早报》

Chapter II

第二章 国际责任：与中国有关的其他国际问题

哥本哈根的遗憾和遗产
哥本哈根不是童话天堂
不能躺在历史的功劳簿上
新游戏老规则
8 + 5 = ?
半杯水以后
"三级跳"难跳出半岛漩涡
力拓案不能承受之重
中澳间的"生意经"
仅仅退出还不够
在"阿富巴"帮助谁？
越来越清晰的影子
麦帅不再来
2014 年以后
哈德良长墙与信丹德基地
喀布尔的抢钱大战
阿富汗会议：淡、淡、淡
一块金砖远远不够
"金砖"：看上去挺美
"新"欧洲的老态
亚阿隆的使命
世间多少副萨达姆面孔
普京巧走钢丝的胜利

新闻背景：2009年12月7日至18日，在丹麦首都哥本哈根召开了联合国气候变化大会，来自192个国家的谈判代表参加。这次被喻为"拯救人类的最后一次机会"的会议，最后达成不具法律约束力的《哥本哈根协议》。

哥本哈根的遗憾和遗产

哥本哈根贝拉中心长达13天的戏剧终于闭幕。倘若要设立联合国第十五届气候变化大会新闻作品大奖的话，反映印刷精美的文件随处散落景象的照片应该会荣膺最佳图片奖。因为那类图片最精当不过地反映出了哥本哈根在过去半个月内发生了什么——这次大会制造出了无数的提案文件，却连一份具有法律效力因而值得妥善保存的决议都没产生。

哥本哈根的13天除了再次表明我们具有拯救地球的决心以外，还能证明什么呢？或许只能证明《圣经》中对巴比伦通天塔没有建成的原因的解释是有说服力的，说到底，人类的代表在哥本哈根并非在使用同一种语言说话。经过漫长讨价还价出台的最后文件体现了所有各方的要求，因而有资格成为所有国家代表团的回程车票报销凭证，但也就仅止于此了。

也会有人对这样一份文件感到满意。发达国家倡导的2摄氏度目标被写了进去，可以预见很快会在大大小小的发达国家陆续面世的各种版本的碳关税由此有了道义依据。"以给全球降温的名义，每件没有经过美国（欧盟）减排机构专门认证的输往北美（欧洲）的商品需要追加50%的排放关税"，想出这个主意，比决定给发展中国家提供多少资金以及由谁来出这笔钱可容易多了，在大雪纷飞中返回白宫的奥巴马总统用不着感到遗憾——反正哥本哈根在行程上是在诺贝尔和平奖领奖处奥斯陆以后。

当然，也不是所有发达国家的代表都会感到满意，谁会不满意呢？丹麦首相拉尔斯·拉斯穆森应该算是其中之一。首相先生在大会只剩不到48小时的时候让原任大会主席康妮·赫泽高夫人下课，自己取而代之，然而，一次无果而终的大会显然无助于增加他的政治积分。

当然,拉斯穆森现在的情绪如何不过是哥本哈根大会最无关紧要的后果之一罢了。真正需要抚慰的受伤心灵其实是我们脚下的这片大地。没有具体减排承诺、没有南北合作方案的最后文件如何才能帮助我们的星球退烧2摄氏度?靠互相指责?科学实验表明,滔滔不绝地讲话1小时所消耗的能量连一杯水都烧不开。

在这个阴郁的冬日里能让我们感到一丝欣慰的是《京都议定书》还活着,其"共同但有区别的责任"原则被哥本哈根最终文件继承了下来,这恐怕是13天遗憾留下的唯一遗产了。虽然这个原则不太可能有助于2010年"南方"在与"北方"的环境博弈过程中加强自己的法律地位,但总算给下个冬天的墨西哥大会留下了一面旗帜。

这面承载了发展中国家生存和发展权利、指明了对抗全球气候变化方向的旗帜之所以能够继续飘舞,完全得益于77国集团以及中国的坚持,没有发展中国家的顽强,说不定哥本哈根大会已经可以宣布"成功"了呢。只不过发达国家制定规则而发展中国家举手赞成的"团结的大会胜利的大会"真是人类之福吗?

地球只能等待着人类在墨西哥从头再来。当然,哥本哈根没能成为发达国家的演讲厅,墨西哥更不会,已经不是发达国家卖票、发展中国家买票的时代了。关于这一点,发达国家的总统首相部长们最好在明年底出发去墨西哥之前提醒一下自己,别再搞"丹麦草案"之类的把戏。

2009年12月21日《国际先驱导报》

新闻背景：2009 年 12 月 7 日的哥本哈根联合国气候变化大会召开后，争吵不断。其中，一份在会上流传的所谓"丹麦草案"更是争议的焦点。这份草案据说是东道主丹麦牵头与一些发达国家商谈后抛出的，认为在 2020 年前，全球二氧化碳排放越早达到峰值越好。尽管是非正式文件，但由于背离了发达国家和发展中国家"共同但有区别的责任"原则，并弱化了发达国家提供资金的义务，引起了发展中国家的强烈不满。

哥本哈根不是童话天堂

在素有童话之都美誉的哥本哈根，贝拉中心 7 天来发生的每一次争吵都在提醒人们，灾难来临之际，全世界不同种族不同宗教的圆颅方趾开化动物团结一致共赴时艰，这样的事情其实只是罗兰·艾默里奇的童话。实际上，就连童话也并不总是美好的，安徒生的故事里便充满了背叛、愚弄、欺骗，还有大灰狼。

气候变化大会开幕之前泄露出的"丹麦草案"在证实哥本哈根从来不是童话天堂的同时，也让丹麦这个美丽国度的美丽名称蒙受了耻辱。在国际关系史上，或许只有张伯伦和希特勒达成的那份协定其道义不高尚之程度能够与这份注定要流产的"丹麦草案"相提并论。如果草案中代表发达国家对发展中国家减排援助金额的 X 就等于会议期间透露出的 100 亿美元的话，这便意味着发达国家居然指望用以人均两美元的代价收买发展中国家，以保持他们继续使用豪华游艇的权利，并且从发展中国家手中收缴公共汽车车票。

如今已经不是发展中国家为加入世界贸易组织而"买票上车"的时代，除了服从种种苛刻的条件以外别无他途可想，对于全球气候议题而言，离开了发展中国家，任何减排方案以及任何试图从减排当中捞上一笔的想法都无从谈起。这一点发达国家和发展中国家一样心知肚明，那么为什么还会有这样一份明知要遭到广泛拒绝的草案呢？更加耐人寻味的是，为什么这样一份见不得光的草案会提前曝光呢？

原来这不过是发达国家讨价还价的把戏罢了。成本20块的东西要价400块，才好最终以200块成交，打了个5折还能赚10倍——如果"丹麦草案"或者其变种能成为谈判基础的话。当然，发达国家不会承认自己的行为和小商小贩相去不远，他们要占领更高的道德阵地，唯有如此才能迫使那些名副其实而不是原地踏步的发展中国家为发达国家的游艇买票。

于是，人们便看到了发达国家对小岛国和最不发达国家集团异乎寻常的支持。11日，《联合国气候变化框架公约》长期合作特设工作组主席向哥本哈根大会提交了一份草案供大会讨论。该草案部分体现了小岛国集团的要求即写明了2050年气候变化控制目标，却也体现了"丹麦草案"炮制者的意志，没有写明发达国家帮助发展中国家应对气候变化的具体援助资金。

小岛国的合理恐惧正在成为发达国家手中压新兴工业国家就范的压力牌。似乎如果发展中国家不承担刚性减排指标就是存心要把图瓦卢淹没在海平面下一样。这真是好笑，要是发达国家真的那么关心图瓦卢的话，为什么不承诺一些减排份额，欧盟和美国何必在一两个百分点上吵得面红耳赤？说到底，关心图瓦卢无非是打算让泪水来打动别人罢了，而且泪水还不是自己的。

好笑归好笑，对于这样的图谋，发展中国家还是要仔细应对，别一不小心着了道。我们不但要大声表示我们对小岛国可怕命运的关切，还要力所能及地出钱出力帮助他们免于这种命运。我们要通过行动证明关心图瓦卢并不是发达国家的特权或专利。这不但是我们维护自己在发展中减排的立场应该做出的必要举动，更是我们拯救这个星球所必须承担的义务和责任。

说到底，我们虽然不富裕，但也要做好事。我们反对的只是某些人在"做好事"的过程试图欺负别人并且从中赚上一笔的打算。谁也别想再用童话故事愚弄我们，哪怕是在哥本哈根。

2009年12月14日《国际先驱导报》

>新闻背景：中非合作论坛是中国和非洲国家在南南合作范畴内的集体对话机制。2000年10月，中国和非洲国家共同倡议成立中非合作论坛，在北京举行首届部长级会议。近10年间，中非关系定位从"长期稳定、平等互利的新型伙伴关系"提升到建立和发展"政治上平等互信、经济上合作共赢、文化上交流互鉴的中非新型战略伙伴关系"。

不能躺在历史的功劳簿上

中非合作在21世纪走过了一条让中非人民备感欣慰，却也让一些西方人士心神不宁的道路。如今中国已经是非洲第二大贸易伙伴和主要投资对象之一。中国与非洲的"一对多"合作论坛也成为许多致力于到非洲开辟新历史或者重返非洲的国家纷纷"仿制"的机制。

中非合作何以在最近10年走入快车道？对于这个问题，怀着不同心态的人们给出了不同的答案。其中，欧洲人的一种说法颇为耐人寻味，"中国在非洲没有历史负担"。作为殖民史罪恶的直接责任者，欧洲人能够认识到他们正在而且还将为自己的"历史负担"付出代价，也算是有自知之明。不过，需要明确的是中国在非洲没有的只是"历史负担"，并非没有"历史"。实际上，21世纪以来中国在非洲开辟的新历史恰恰继承自20世纪下半叶中非共同创造的"历史遗产"。

1963年12月14日，周恩来总理开始了历时72天的亚非14国访问。当时中国还不拥有自己的行政专机，只能包租荷兰皇家航空公司的一架老式螺旋桨飞机"波罗的海"号。这次相当艰苦的长途跋涉，在古老中国与古老非洲之间开辟了一个崭新的时代。

可以说此后新中国和古老非洲大陆跨越大洋的每一次握手都是"波罗的海"号那次10万里行程的后续，直到今天，走进非洲的中国人还能在那片古老大陆听到当地人发音不准确但绝对真诚的呼唤——"周恩来"。一个人的名字变成了一片大陆对一个遥远国家的记忆，原因显然不只是中国总理带来了坦赞铁路，还因为在此后的许多年里，非洲总能听到来自中国的声音，感受到那个遥远国度对非洲的坚定支持。没有这份"历史遗产"，中国改革开放30年来在发展对非关系方面取得西方国家300年都未能实现的成就是不可想象的。

关于未来中国对非援助的发展方向，一段时间以来，人们听到了各种各样的议论，有人亦步亦趋要求"将非洲反腐和对非援助联系在一起"，有人审时度势呼吁"将对非援助转向民生"。任何一种主张都或多或少有着自己的合理性，但需要指出的是，把中非关系的内容"浓缩"为中国对非援助，是简化甚至是污化。在中非合作论坛即将迎来10周年诞辰之际，我们要思考的不仅仅是如何改善对非援助，更要重新评估中非关系"波罗的海号历史遗产"的战略价值。

中国需要非洲的不仅仅是原材料和市场，更是当前世界秩序的最大受害者能够给予秩序的改革与重构进程的有力支持；非洲需要中国的不仅仅是投资和援助，面对一个明明应该怀有强烈的历史罪恶感却总是表露出蛮横的道德高度的西方世界时，非洲还需要听到来自中国的声音，让人们能想起周恩来的那种声音。这当然不是要把中国外交拉回到意识形态主导一切的时代，但必须指出的是——反对意识形态主导和鼓吹单纯实用主义是完全不同的两个概念，强调其中的差别对于一个正在崛起的世界性大国尤其重要。

在中国和非洲的未来合作路途上，中国不仅要承接历史的接力棒，又绝不能一味安然地躺在历史的功劳簿上，而需要真正地在感情上"走进非洲"。

2009年11月9日《国际先驱导报》

新闻背景：2008铁矿石谈判于07年10月开始，08年的铁矿石价格将会对钢企以及关联产业的发展产生影响。谈判结果，中国终不得不接受2008年度铁矿石基准价大幅度上涨65%的残酷现实。中国企业再一次丧失定价话语权。

新游戏老规则

"中国人买什么，什么涨价"这一国际政治经济现象再一次得到了验证。这一次中国的钢铁企业还是没能赢得国际铁矿石市场的定价权，不得不向巴西淡水河谷公司铁矿石基准价大幅提高65%的要求屈服。

与澳大利亚力拓公司的谈判也非常不顺利。对于澳方将澳大利亚至中国与巴西至中国的运费差价计入价格的要求，尽管站在中国的立场上毫无道理可言，然而可以预见，中国企业最终还是会选择妥协，只是幅度问题。原因很简单，中国钢铁公司不出高价就买不到矿石，而澳大利亚方面却不愁找不到买主。

最低65%的涨幅意味着，明年要么中国的钢铁企业大幅调高钢材价格，从而为物价上涨推波助澜，要么吞下这笔至少数十亿美元的成本，打落牙齿肚里咽。这既取决于国内钢铁企业是否具有这样的觉悟，更取决于他们能否有这么大的胃口。数量众多的中型钢厂恐怕即使有心也未必有力，从而使他们面临的选择又多了一种——关门大吉。

中国是世界上最大的铁矿石进口国，却年复一年地吞下原料涨价的苦果，面对澳大利亚和巴西铁矿石供应商的联手加价，几乎无可奈何。这其中原因有很多。比如，中国巨大的购买意愿、国际铁矿石供应方高度集中，以及中国企业未能抱团一致对外等等。

相对于这些不利因素，自然也就有了若干应对方案，如主张淘汰落后产能、建议"中国钢企应联合应对铁矿石海运费涨价"、"钢企走出去到国外参股国外铁矿或者购买国外铁矿以备储存开采"等等。不能说这些手段无效，但至少也不是药到病除。

其实，即使上述三招都做到了，是否就意味着中国钢铁工人大强度、低报酬创造出的劳动成果从此便不会被吞没于暴涨的原材料价格也很难说。在上述所有技术性因素之外，还有一个可能更加至关重要的因素在决定着中国钢铁企业与国际原料供应商的关系，甚至是中国经济与世界市场的关系，这便是现行的国际政治经济秩序。

曾经有人将中国融入国际体系的过程比喻为高价购买末班车车票。中国要想发展，非赶上全球化这班车不可，而要赶上这班车，只能按照司乘人员甚至车上早就坐定的其他乘客的要求买高价票，否则就要被留在站台上。当然，30年改革使得中国在与其他市场伙伴——或者说市场对手——对话时底气足了不少，但还远未达到可以行使自己的自由意志的地步。

实际上，能不能最终到达这一阶段尚存疑问。毕竟，以中国的规模，给中国以平等地位，则中国会立即成为强者，从而使强者的既得利益受到损失；不给中国以平等地位，则不公平，导致国际秩序的稳定性遭遇挑战。由此，保持中国在体制内向强者的方向不断努力却长期不能到达，无疑是有利于现行体制的维护者实现利益最大化的。

把上述逻辑套用在铁矿石博弈当中，就意味着不断抬高市场价格在分享中国发展红利的同时，消耗中国的精力。当然，还有更简单更直接的解释——商人的逐利本性。对于我们如何看待自己的外国贸易伙伴来说，这两种解释当然是有区别的，动机的差异意味着道义的高下。然而，对于我们的钢铁行业，以及其他许多类似产业部门而言，这种区别意义并不大。反正不管别人是故意与中国为难，还是顺乎市场规律，我们都不能不买。

世界与不断融入世界的中国之间的博弈固然是百年来未曾有过的新游戏，但应用的却还是老规则。让一个人按照别人的意愿做事有五种手段，晓之以理、动之以情、诱之以利、胁之以威，以及陷之以无可奈何。前两种基本上和国际政治经济舞台没什么关系，第三、第四种则要求比较高的代价，因而最便宜最有效的便是最后一种。

中国在钢铁市场上的博弈之所以屡战不利，就是陷在了无可奈何的境地。这样说有些灭自家威风的意思，不过我们应该明白，并不是所有的事情，我们都有办法使之按照我们的意愿解决的，否则我们就不叫作发展中国家了，是吧？

2008 年 3 月 18 日《东方早报》，铁矿石出口问题新闻背景：2009年7月8日至10日在意大利地震灾区拉奎拉召开了八国峰会，并邀请几个发展中大国参加，议题包括金融监管、推动多哈回合谈判、饥饿问题和气候问题。

8 + 5 = ?

8+5+1峰会昨天在劫后余生的意大利城镇拉奎拉召开。八国集团，准确地说是西方七国加俄罗斯，以及中国、印度、巴西、墨西哥、南非等五个发展中大国，再加上新被邀请来的埃及，14个国家的领导人将迎来解决一个紧迫问题、追求一个长远目标的又一次机会。8+5+1的最理想状态当然应该等于1。

如果此次峰会能够为终结全球金融危机并最终实现世界经济新秩序的建构找到一套对策的话，8+5+1或者说G14就会一举超过之前风光过的G2、G4，甚至G20，夺得本年度"最高人气奖"。然而，让理想照进现实从来都不是一件容易的事情。

不论是8，还是5，都强调此次峰会的核心任务在于解决全球金融危机，可是现在又有哪一次峰会不是出于这个目的呢？没有人不想解决危机，分歧只在如何解决。而关于"如何"的问题在国际舞台上往往会被幻化为"谁"的问题。德国总理默克尔说："拉奎拉八国集团峰会将表明，只有八国集团已经不够了。"

默克尔话说得很谦虚，极大地提高了5的相对地位，也预示了G8（其实不过是G7，俄罗斯更像是G8中的一个陌生人）在峰会上可能采取的态度。三天的拉奎拉峰会，只有一天是G8成员的内部活动。从时间安排上就不难看出此次拉奎拉峰会的重点到底是8，还是14。

这当然不是说G7准备将全球经济之船的舵手位置让出来，说到底，G7们抬高5的地位，目的是要5以及俄罗斯在7的指导下出钱出力，可不是要5下定决心另起炉灶。

有趣的是，差不多一个月前出现在叶卡捷琳堡的G4身影将全部出现在拉奎拉 G14 的行列中。人虽然还是同样的那批人，得到的待遇却大为不同。G4 的时候，G7 们有的惊呼连声，有的一脸嘲弄，而 G14 的时候，G7 们却对 G4 以及南非、墨西哥和埃及的到来寄予厚望。

这种态度上的反差体现出了 G7 对 G4、8＋5 中的 5 以及其他任何形式的发展中国家组合的真实态度。在 G7 们看来，G4 显然是不行的，因为那意味着和西方分庭抗礼；G8 也不行，因为那意味着西方得独自承担拯救世界的责任。8＋5 当然好些，既融化了 G4，又分担了责任。

而对于 5 来说，另起炉灶也的确不太现实。就在将近一个月前，雷声大雨点小的叶卡捷琳堡"金砖四国"峰会已经告诉人们，非西方世界还远远没有具备拯救世界的实力，也没有动摇西方经济秩序的决心。

正是 G14 在修正而不是改造现有经济秩序方面的心意相通，才使得 8＋5 有了存在的必要，也有了产生某种积极作用的可能性。但是，8＋5 的答案却不太可能是一个大大的 1。

首先，G7 要讨论的不仅仅是全球金融危机问题，意大利已经明确表示 G8 将讨论伊朗问题，而日本也有人宣称要将北方四岛问题带到 G8 峰会上去。连一向出言谨慎的奥巴马总统也在启程赴俄前对"梅普组合"大施起不了什么作用的离间计。一系列的前兆不仅让人怀疑，是不是有人压根就不希望仅有一天的 G8 内部会议顺利闭幕——如果 G8 无法达成共识的话，8＋5＋1 的历史性宣言又能有多少实质内容呢？

其次，G8 的独行客俄罗斯和 5 当中的重要成员印度的态度也有些耐人寻味。两个国家都在峰会前重申了改变现有美元主导的货币储备制度的要求。这个要求是认真的吗？令人怀疑。就理论而言，现在大家都在同一条漏水的船上，就算要打造一条新船，也得等到漏船靠岸以后再说，是吧？拿事实说话，有了 G4 叶卡捷琳堡峰会的先例，这一回西方国家的反应可谓淡定从容波澜不惊——反正到时候这两个国家的立场都会改回来，西方又有什么好担心的呢。发展中国家既然不太可能在拉奎拉和发达国家摊牌，革命性的主张也就无从谈起了。

最后，一个技术性问题也会使得这次峰会更加和风细雨。几个月以后，更具代表性的 G20 峰会将在芝加哥举行。作为对全球金融危机负有最主要责任因而其对策最具决定意义的美国,肯定会把对策留到自己做东时宣布,而不会选择给拉奎拉一次青史留名的机会。

归根结底,拉奎拉 8+5+1 峰会不过是将在秋天举行的芝加哥 G20 峰会的最后一次预备会议。还是让我们把耐心留足一点,等待金秋的到来吧。

2009 年 7 月 9 日《东方早报》

新闻背景：韩国前总统金大中于2009年8月18日因病去世，8月21日至23日，朝鲜劳动党中央委员会金己男率领的吊唁团抵达首尔吊唁，并会见了韩国总统李明博。如果朝方此行是近9年来，朝鲜方面再次向韩国派出吊唁团，遂被称为"葬礼外交"。此前，金正日接见了韩国现代集团会长玄贞恩，而28日，朝韩又达成了离散家属中秋团聚活动相关内容的协议文本。外界寄望于以上一系列活动或将为自李明博上台后一直紧张的朝韩关系提供缓和契机。

半杯水以后

朝韩双方终于就离散家属会面达成协议，这也是自李明博政府上台以来首尔与平壤达成的第一个具有官方性质的协议。有评论认为，此举是朝鲜半岛南北双方关系转暖的一个钟涛标志，并乐观地预计暖洋洋的天气还将持续一段时间。

的确，从玄恩贞的克林顿模仿秀，到"葬礼外交"，再到离散家属会面，阴郁了太久的那三千里天空突然好消息不断，大有阳光重现的架势。虽然阳光政策的草创者依然作蛊，但人们还是难免对半岛的初晴产生了更高期待，谁知道呢？或许一道彩虹就要在三八线上方升起，开城工业园不是重新开放了吗？分界线"旅游"不是也恢复了？再向前多走一步也不是很难吧。

理想主义者会认为南北局势缓和是人类理性光辉的再次闪耀——"我们除了合作别无选择"，这句话被反复用在许多国际场合上，看来也能用在首尔与平壤之间。而现实主义者则会把本轮缓和前番对峙看成是同一个硬币的两面，是一个高明的政治游戏在按部就班地、符合逻辑地进行。认为哪一种假说更加"真实"，并不在于谁能列举出更多坚实证据、推演出更严密逻辑，而只在于观点的支持者愿意相信什么是影响人类政治行为的关键因素——是情感，还是智慧？自帕里斯拐走海伦之后人类发生的每一次争端几乎都会引起当时及后世的评论者在这个问题上的激烈辩论。

有一种假定是这样的,合作会带来更多合作,而对抗会导致更大的对抗。这在菜市场环境下,几乎肯定是对的。这种假定在国际政治范畴也受到许多人强有力的支持,因为它使我们对政治博弈的逻辑不感到心灰意冷——我们愿意相信,不管博弈双方的矛盾有多深,只要双方都拿出善意来,一点一点地创造良好的对话气氛,哪怕这种气氛其实是在小心谨慎地回避矛盾焦点的情况下取得的,也是在为未来某一天的峰回路转拨云见日奠定基础。

具体在朝鲜半岛局势上,这种假定意味着相信只要有越来越多的南方游客进入三八线而不遭到枪击,只要有更多的韩国企业进入开城工业园,只要有更多的离散家属执手相看泪眼———句话,只要缓和的气氛被营造得足足的,总有一天朝鲜和美日韩会达成一项人人满意的最终安排,从而让朝鲜半岛上空永远阳光普照。因为持续的缓和气氛可能会使大家在决定进行对抗时感到不好意思。

这种本质上是在诉诸人类情感的假定并不止应用在朝鲜半岛局势上,围绕着印巴克什米尔争端、巴以冲突,都产生过而且一直还在产生各种类似版本的建议。这种假定在道义上很高尚,在动机上也很善良,唯一的问题是验证效果不佳。

为了营造良好的对话气氛,博弈双方总是要从简单的技术性细节问题入手,既然不能一次获得一个完整的1,何不从获得0.1入手呢?在算术上,10个0.1和1个1是一样的,在政治上的算法却并非如此。成千上万个技术性成就也无法取代核心关切的哪一个完整的1。

这既是因为技术性成就往往是可逆的,因而让人们无法相信其持久性;也是因为政治争端的核心关切,往往是安全、领土这类"硬"得了不得的利益诉求根本不可能被一两个互利互惠的经济开发区、三五次跨过历史仇恨的握手、七八辆穿越武装边界的大巴所取代。什么样的政治家会愿意用这些最多不过是锦上添花的附加收益来交换攸关民族生死存亡的根本利益呢?

正是因为如此,人类面临的这三个老大难地缘争端,尽管都曾反复出现大范围的缓和气氛——拉宾与阿拉法特、穆沙拉夫与瓦杰帕伊、金大中与金日成的相逢一笑,然而在这三次人类群星闪耀的高潮过后,还是没有像人们渴望的那样出现化剑为犁的喜剧结局。

到底是缓和的气氛营造得还不够,还是回避争端核心的营造气氛根本就不是解决问题的办法?甚至有没有这种可能性:营造缓和气氛其实原本就是为了避免解决问题,只是安慰一下善良而没有耐心的人们?

似乎有点像那个描述乐观主义者与悲观主义者之间差异的老比喻:竟然已有半杯水了,还是居然只有半杯水?其实,问题不在该如何看待这半杯水,而是要想办法去找到装满整个杯子的另外半杯水。前半杯水不过是大家润润喉咙而已,浸润过嗓子后人会更加感到干渴,对接下来的半杯水会更加渴望,而如果得不到,前半杯水可就不是甘霖而是苦酒了。

2009年《东方早报》

新闻背景：2010年8月15日朝鲜半岛光复65周年的日子，也就在将9万重兵投入黄海的美韩新一轮军演开始的前一天，韩国总统李明博首次提出"三阶段统一"朝鲜半岛的方案，并且提议征收"统一税"。3阶段统一方案即和平共同体、经济共同体、民族共同体。青瓦台当局介绍说，李明博的方案与前总统金泳三政府提出的统一方案相似。但金泳三政府认为，和平共同体与经济共同体是可以同时建立的，而李明博政府则认为，实现无核化致关重要，因此，将和平共同体排在首位。

"三级跳"难跳出半岛漩涡

美韩临时安排的海上联合军演"不屈意志"刚刚收兵，早已形成常例的"乙支自由卫士"演习又拉开帷幕。就在这美韩数万官兵为演习忙得团团转的当口，韩国总统李明博在光复日上向朝鲜隔空喊话，提出了半岛"三阶段统一"主张。

从"和平共同体"到"经济共同体"再到"民族共同体"，韩国政府不但为朝鲜半岛三千里江山迈向统一确定了日程表，甚至还心思缜密地要求民众着手考虑为统一准备支付的经济代价，研讨征收可能高达1.2万亿美元的"统一税"——高于韩国现阶段的全年国民生产总值。就字面衡量，这份三阶段时间表的确显得比金泳三当年和李明博自己就任之初提出的类似时间表要具体了许多。因而甚至在韩国以外也获得了一些掌声，有人说"李明博提出这三个方案表明他是真正希望半岛统一、推动统一的人"。

可能吧，李明博上台以后虽然在半岛南北和解方面谈不上有什么建树——这要看和哪位韩国总统相比，是金大中、卢武铉还是李承晚、全斗焕？但人们依然不应该怀疑这位首席执行官出身的青瓦台主人对朝鲜半岛早日统一的真诚和热情。只是他的"三阶段统一论"真的能对缓解目前形势有所助益吗？恐怕未必能像某些学者乐观估计的那样"可以使朝鲜半岛局势降温"，也不见得就是"向朝鲜伸出的橄榄枝"。而至于能不能使他在历史上获得像 20 年前的联邦德国总理赫尔穆特·科尔那样的地位其实是没必要讨论的。

所谓"和平共同体",也就是朝鲜半岛南北统一的第一步,按照李明博的设想,是有先决条件的,即必须首先实现半岛无核化,就是说朝鲜民主主义人民共和国要完成弃核。作为宣言式的演说,李总统并没有详细阐述打算如何做到这一点,只是要求朝鲜拿出"勇气"来。朝鲜要拿出什么样的勇气?放弃手中那极其有限的核威慑力?换取什么?这实际上是一个单向要求,意味着朝鲜要承担全部责任和义务,而韩国没有任何代价和损失。有一种生意手段叫做"空手套白狼",即使在旧中国的赌场里,那也是不被提倡的。

由于李总统将"和平共同体"作为三阶段的第一阶段,即前提条件,那么不论后两个共同体有多少内涵,都没必要进行讨论了。这就好比美国人对中国人只要接受 12 海里海权主张,任美国到南海围着中国潜艇基地"自由巡航"就可以开放式讨论华盛顿航母的去向问题一样,前提不成立,基于此前提的所有许诺就都不过是画饼一张。

而且,李明博画下的这张饼对朝鲜而言实在是谈不上有吸引力,"民族共同体"是什么意思呢?从总统意气风发的讲话中不难推断,所谓"民族共同体"只能被理解为当年联邦德国吞并民主德国式的"共同体"。这对朝鲜来说意味着什么?李总统是不知道,还是太知道?

也有人将"和平共同体"和"民族共同体"之间的逻辑概述为"如果朝鲜没有放弃核武器,那样的话实现统一,就意味着朝鲜半岛是一个统一的有核的朝鲜半岛,这样的话周边的各个大国都不会同意这种情况,他们都会改变对朝鲜半岛统一的基本政策。因此韩国通过这方面的基本判断才提出来,要想实现统一,首先要朝鲜放弃核武器"。也就是朝鲜半岛之所以不能统一,全是因为平壤手中那几件谁都不知道灵不灵的核武器。说这话的可得小心一点,中国大陆也有核武器,难道海峡对岸能够据此提出理由说只有大陆弃核才能考虑统一?这样的"统一论"就算能被称之为橄榄枝的话,恐怕也是美国国徽上白头雕右爪中的那一丛绿叶,而连续不断的美韩军演显然则是左爪中的利箭。这倒是体现出了美韩同盟的性质——在今天的朝鲜半岛上,是战还是和,只能依照美韩同盟的意愿,确切地说,也就是美国的意愿来决定。

但美韩的意愿到底是什么？美韩若是打算通过军演吓唬朝鲜，一次就够了，用不着半年九次，如此密度只能证明第一次军演就没达到恐吓和威慑的效果，之后的每一次对朝鲜而言都不过是重复"狼来了"的预言，狼多狼少而已。倘若美韩是打算在军演中寻机消灭朝鲜的核设施甚至于对其他要害目标发动外科手术的打击，那另当别论，只是果真如此，韩国军队找到对付朝鲜百万常规军队的有效办法了吗？有效的意思是完成统一以后首尔依然还矗立在汉江边上。更可能的，其实美韩双方不过是要通过不断制造地区紧张空气而试图让人们忘却事情的起源——也就是那艘沉没得不明不白的船——罢了。

要制造紧张空气，一方有此意愿就足够了。"要一个敌人早晚会得到一个敌人"说的就是这个道理。而要找个台阶下就非得给双方都留下或大或小的回旋余地才行。按照当下的美韩军事动作，朝鲜除了强硬应对，还能有什么回旋空间可言？除非把朝鲜逼到墙角上本来就是策动连串军演的真正动机。但是，正如那位笔法一贯冷峭的女作家所说，把人赶到墙角、悬崖边之类地方的，后果自负。把空气都搞紧张了，又该怎么放松呢？

要缓解当下的朝鲜半岛紧张空气，靠口惠而实不至、曲不高而和寡的"三阶段统一论"可管不了什么用。当然了，青瓦台也未必真希望一篇讲话能对平壤产生多么奇妙的作用，光复日讲话是说给韩国民众听的——要不然谈论1万亿"统一税"干什么？这笔钱又不是向朝鲜收的。只不过谈论这么大一笔银子是打算让韩国纳税人坚定统一的信念还是远离统一梦想呢？

2010年8月19日《国际先驱导报》

新闻背景：2009年7月5日，澳大利亚力拓有限公司驻上海代表处首席代表、已入澳籍的胡士泰及3名中方雇员，因"涉嫌窃取国家机密"被拘捕。8月13日，上海市检察机关以"涉嫌侵犯商业秘密罪"、"商业贿赂犯罪"，对胡士泰等人作出正式批准逮捕决定。胡士泰等人于2003年至2009年在对华铁矿石贸易中，多次索取或收受钱款，还采取利诱等不正当手段，获取中国钢铁企业商业秘密。

力拓案不能承受之重

对力拓案"主角"胡士泰，上海检方将以侵犯商业秘密罪、非国家工作人员受贿罪，而不是"为境外窃取刺探收买非法提供国家秘密情报罪"批捕。按照中国法律，这意味着即使最终胡士泰前两项罪名全都成立、量刑均为最高刑且数罪并罚，最多也只能在监狱中呆上十二年。而如果胡某人按最后一则罪名被提起公诉，至少在法律上，他面临的最严厉惩罚将有可能是验明正身押赴刑场。

这样一个批捕决定引发了外界关于量刑轻重的争议。在各执一词的媒体论争中，澳大利亚一些媒体的反应格外耐人寻味。有媒体甚至"乐观"预言，胡士泰即使罪名成立也会最终被驱逐出境了事。

澳大利亚媒体洋洋得意的背后，其实是这个国家在对华经贸关系中的有恃无恐。中国对澳大利亚铁矿石的依赖是一个不以人们意志为转移的现实。力拓公司每年从中国赚取的大笔银子当中，一部分是基于铁矿石开采成本和供求关系的合理利润，另一部分则是垄断地位带来的不合理利润，最后一部分（诚然是很大一部分）才是通过胡士泰罪恶勾当获得的肮脏钱财。打掉胡士泰贿赂网络，最多只能消除这最后一部分，并不能阻止力拓换一套"合法"而不讲理的谈判策略，继续盘剥中国的钢铁企业。

这种情形当然会让人感到愤怒，而缓解愤怒情绪的办法之一就是重判胡士泰，让他为自己的所作所为付出沉重的、最沉重的代价。

然而，在胡士泰和力拓的所作所为给中国钢铁行业造成的惨重损失面前，惩罚胡士泰的轻重话题其实并不是问题的核心。就算将胡士泰明正典刑，大发不义之财的力拓因此会损失什么呢？什么也没有！

从胡士泰被警方拘留那一刻起，他对于力拓和那个搞不清自己到底是存在于世界上最小大陆还是最大岛屿的国家来说，就已经是无足轻重的走卒了。数月来以及今后一段时间，力拓和澳大利亚方面对胡某人的"关心"，不过是将之作为一张和中国讨价还价的筹码。在许多西方人看来，贿赂其实是一个地理学概念，放在自己家里就觉得肮脏得不行，在别人家里就实属小事一桩。在这种心态的驱使下，惩罚多少个胡士泰、用多么严厉的手段惩罚胡士泰，西方大鳄们都不会改变自己的行为习惯，学会尊重别国法律。

那么，我们能干什么呢？以力拓案为我们痛定思痛的契机，彻底改变钢铁业的行规陋习，整治内外勾结的局面，把握话语权，这才是关键的"重中之重"。

第一，管好我们自己的人。第二，别再干高价进口澳大利亚矿石冶炼后再出口给别人，赚取一点点血汗钱却支付高昂环境成本的傻事儿。第三，胡士泰用来行贿的钱肯定不是他自己的。有鉴于此，应该向澳方提出司法协助，要求立案调查给他钱让他这么干的那些人。对了，别忘了把澳大利亚的每一份官方答复公之于众，让全世界都来看看那个"法治国家"会有怎样的反应。第四，鉴于澳大利亚惯于隐瞒外国留学生非自然死亡事件，行为记录欠佳，是否可以考虑将这样的国家从中国留学及旅游目的地国名单上删除？第五，让胡士泰在监狱里住满他应该住的日子，断了这个家伙享受驱逐出境待遇的念想。

2009 年 8 月 17 日《国际先驱导报》

> 新闻背景：2009年夏，中澳关系摩擦不断——力拓员工胡士泰被捕案、澳政府向热比娅发放签证、澳大利亚驻华大使芮捷锐2009年8月19日突然回国，有媒体甚至评价说"中澳关系已经到了10年来最低"。

中澳间的"生意经"

近来有媒体对目前的中澳关系表示"错愕"：中国副外长取消了对澳大利亚的访问，但同时价值2800多亿人民币的中澳高庚液化天然气项目协议却得以签署。力拓表示"尊重中国法律"并称正与中铝谈判，澳大利亚驻华大使却偏偏在这个时候"回国述职"。

的确令人错愕，而在这种错愕当中，中国人更多的是"不明白"，澳大利亚人则是"不高兴"。一些中国人不明白的是为什么澳大利亚每年从中方手里赚了那么多银子，却还不愿意把我们看成是朋友，反而派人刺探我们的情报，并把另一个数典忘祖的恶人捧成"爱"的化身。

澳大利亚不高兴的是中国人在做生意的同时却不肯接受澳大利亚人的"文明教育"。中国人的"不明白"而导致的愤怒和受伤背后，是我们这个民族自古崇信的一条商业准则：买卖不成仁义在。买卖要是成了，仁义就更得在。而澳大利亚人的"不高兴"背后则是西方称霸全球数百年养成的傲慢自负。虽然老实说西方文明的兴起与衰落都和澳大利亚扯不上什么关系——他们只是西方文明的辐射地带而已，但这一点并不妨碍澳大利亚以西方人的骄傲对中国指手画脚。

其实，解构一下当前中澳关系的纷纷扰扰，不难发现双方其实是在不同的语境下"对话"，或者说是在各说各话。"不高兴"也好，"不明白"也罢，都源自于这两个国家有人对中澳双边关系性质的认知错位。

任何国家双边关系框架内，都包含着行为体不同层面的多组相互诉求。首先，一个国家的核心利益不一定是在特定双边关系下的核心诉求；其次，双方都有着自己格外关注的核心诉求，但未必重合；再次，双方都还有一些边缘性的利益考量，但于甲可以替代的诉求也可能是于乙志在必得的，这就是国家间关系的复杂所在。

中澳之间的核心利益诉求在某些方面原本有重合之处，就是"做生意"。中方需要获得矿石和能源，澳大利亚需要把这些东西卖给出价最高的买家。这本来会使得事情简单得多，然而，由于中澳关系被添加了一些核心诉求以外的边缘利益考量，这才使得局面变得有些让人"错愕"。

澳大利亚的边缘追求是一边数从中国赚来的钱，一边数落中国。有的人就是有这种爱好，喜欢在做买卖时教训人。当然这种喋喋不休更可能是因为希望把买主搅得烦乱不堪，好趁机多赚几个。

这或许是一些澳大利亚人旁门左道的"生财之道"。相比中澳间经贸关系而言，中澳政治关系乃至整体双边关系则是一桩更为复杂的"生意"。在这个大棋局中，更考验中国多路布阵的"生意经"。我们首要的当然是维护祖国统一和领土完整的核心利益，同时，对于澳方那种还是盯在自己核心诉求的边缘性表达，我们在理直气壮地表明自己的态度的同时，大可不必过多理睬。

2009 年 8 月 24 日《国际先驱导报》

新闻背景：2009年7月23日第58届墨尔本国际电影节开幕前，大陆导演贾樟柯、赵亮及香港导演唐晓白宣布退出，以抗议电影节主办方在电影节期间播放介绍从事民族分裂活动的"世维会"主席热比娅的纪录片《爱的十个条件》，甚至邀请她来墨尔本出席电影节开幕式。贾樟柯在公开信中指出，乌鲁木齐7月上旬发生了严重暴力事件，造成许多人丧生，多数死难者家属都认为，以热比娅为首的"世维会"对这一事件负有不可推卸的责任。

仅仅退出还不够

墨尔本电影节放映热比娅纪录片的一幕的确够丑陋，三位中国导演的宣布退出不但是应该的，也是必要的。但对于中国文化人来说，仅仅退出还是不够的。

中国导演的举动会被少数西方同行宣称为过于关注政治而忽略了艺术本身，有些人甚至还可能用这一套强盗逻辑为墨尔本电影节的组织者辩护。不过，这样的论调我们已经听到过许多遍了。当我们表达我们对西方世界利用"艺术"手段展现他们唯我独尊的、歧视性的，甚至颠倒黑白的理念时，我们的行为或语言会被他们称为是在搞"政治"，而他们的行径却是在追求"艺术"的"自由表达"。

强势文化利用对艺术的阐释权干扰和颠覆其他的价值和信仰，恰恰是全球政治秩序在全球文化秩序上的体现。在西方依然主导全球政治秩序的大背景下，文化和艺术的话语权自然被西方把握在手，并经常被用于作为围剿非西方世界的政治帮手。

艺术，包括电影艺术在内，至少在理论上和政治无关——几乎每个人都会这么说。然而这只是一种理想状态而已。实际上，在人类进入电视时代之前，电影曾经是最重要的政治表达工具，否则，希特勒就不会对莱妮·里芬施塔尔格外青睐了。

进入 21 世纪，里芬施塔尔那种白描式的宣传手法已经落伍，然而，电影仍然是传递政治信息的主要手段之一，只不过现代西方电影的政治色彩被日益成功地用"艺术"掩饰起来。几句台词一段情节潜移默化地传递政治理念，润物细无声的暗示手段比电视媒体的狂轰滥炸要隐蔽了许多，也高明了许多。例如电影《老爷车》里面对美国苗族社区来源的解释便很能安慰不久前去世的前美国国防部长罗伯特·麦克纳马拉的在天之灵。

相形之下，《西藏青年》之类赤裸裸的臆造与阉割显然在手段上低劣了很多，而热比娅的纪录片甚至还谈不上是在用艺术来构造政治，不过是粗俗直白的宣传而已。不过，这也是没有办法的事情，不是所有的西方受众都能读懂电影中隐晦的政治暗示，填鸭手法也是必要的。

电影并不是非政治的，至少眼下还不是。因此，仅仅退出墨尔本电影节是远远不够的。这一举动固然表达了我们的不满，却无助于我们向西方受众传递我们希望传递的信息。他们用拙劣的电影来伤害我们的情感，而我们在愤怒之外，中国的电影人和文化人还应该用更精彩的电影来擦亮受众被污染了的眼球，用更高水准的艺术来表达我们的主张、彰显事物的真相。

在西方话语霸权的包围圈中，学会用电影及其他文化手段在国际上发声，让光与影的艺术说话，也是我们的一门必修课。

2009 年 7 月 27 日 《国际先驱导报》

新闻背景：2009年春，美国总统奥巴马宣布了新的"阿富汗和巴基斯坦战略"：将向阿富汗增派1.7万人的部队，以加强美军在阿富汗反恐的力量。2010年奥巴马又公布了修订版的新战略。而有关中美在阿富汗开展安全合作的可能性讨论也早已在两国舆论界展开，美国官方也似乎有意无意通过媒体释放试探信号。

在"阿富巴"帮助谁？

中国是否愿意在落实"阿富巴"新战略方面帮助美国以及如何提供帮助？本月初，奥巴马总统公布了修订版"阿富巴"新战略。此前不久，奥巴马在中国表示"美国和中国能够一道工作以减弱当前正在发生的冲突"。中国在阿富汗问题上的角色和作用便随之再一次成为中国许多国际事务研究者被经常问及的问题。

实际上，这并不是一个新问题。早在2009年3月奥巴马"阿富巴"新战略原始版公布之初，甚至更早到奥巴马入主白宫之前，中美在阿富汗开展安全合作的可能性探讨就已经开始。仅就我的记忆范围内，远在2007年，美国就有人提出了这一问题。而那一年是西方人用"自反塔利班战争爆发以来最血腥的一年"来描述阿富汗安全形势的第一年。此后每一年都因联军伤亡更大而蝉联了这一"美誉"，在阿富汗引进"中国元素"这件事情便愈发认真起来。

至少在智库和媒体层面，从中国派战斗部队参加北约联军到开放中阿边界为联军提供运输通道，再到中美合作组织国际人道救援队深入巴基斯坦和阿富汗的战区为难民提供救助，两年多来，各种各样的方案都曾在各种场合被提出来讨论，其中某些方案在开放性方面已经达到能够参加历史幻想小说创意大赛的水准了。

我在1年多前就曾被问及下述问题：鉴于中国是巴基斯坦"全天候全方位"的伙伴和兄弟，派出特种部队到联邦部落区帮忙捉拿哈基姆拉·马苏德如何？发问者的职业和他的态度一样严肃，当然，其军事想象力可以打10分，对中国外交的了解却只能打 2 分。

无论如何，眼下美国乃至整个西方对中国在阿富汗和巴基斯坦问题上施以援手的期待可算得上是非常热切了。甚至在一些人看来，这个问题已经成为检验中美关系的一块试金石。要是中国不配合美国，便意味着中国还是个捣蛋分子，根本不打算为美国提供任何"战略再保证"。那也就是说美国从布什"利益攸关方"开始的所有中美关系定义都要推倒重来。

无独有偶，在中国，也有许多人质疑中美在阿富汗开展安全合作的道义性。常见的质疑包括：（1）美国在阿富汗反恐实属别有用心，围堵中国亦属其不良动机之一；（2）即便美国在阿富汗舞剑并非意在沛公，现在砍伤了大腿也是他们自作自受，关中国什么事儿，凭什么要我们火中取栗？（3）中国和美国还有南海监视与反监视、台湾售武等好多安全困局没有化解，美国人先撤走监视船并停止台湾军售再说阿富汗不迟。

客观地说，这些质疑每一件都是有道理的，而最有力的质疑还另有其他。奥巴马总统在宣布了增兵计划的同时，也提出了撤军框架。就奥巴马新战略的真实动机而言，中国帮不帮美国的忙，并不那么重要。阿富汗之于美国诚然是重要的，但没有中国的帮忙，美国也不至于掉到泥潭里去——对一个已经准备调转车头的人来说，前面道路上是否有人帮忙填平泥坑其实并不重要。

按照美国人自己的评价，奥巴马 35 分钟讲话说的根本不是目标，只是一个"退出战略"，如果不是"逃跑方案"的话。那么对中国而言，参与只是为了掩护美国撤退，这当然不是什么有吸引力的建议。更何况美国在阿富汗对中国的期待无论如何也难以抵消美国在南海对中国的担心——不管中国在"阿富巴"问题上帮不帮美国，美国都不会停止在南中国海主张自由巡航权以及不再把台湾的"国军"当成凯子狠宰。

既然如此，为什么要帮美国人的忙？倘若阿富汗只是中美双方用来热络气氛的一个烤火盆，中国大可不必理会任何西方的殷切期待，直接把上面的三个质疑说给他们听，便可以回击那些要中国在"阿富巴"发挥更大作用的言论。

然而，转换一下思维角度看问题，事情可就不那么一清二楚了。问题真的只是中国要不要看在面子上拉美国一把那么简单吗？中国在"阿富巴"的存在和参与只是中美之间的一个话题？美国人可以毫不关心新战略出台后"阿富巴"的反应，中国却不能不在乎新战略可能给阿富汗和巴基斯坦造成的后果，特别是美国人转身逃跑以后局面该如何收拾。

说到底，美国本土距离兴都库什山何止万里，中国可就在一个控制区域不断扩大的"塔利班斯坦"的边上。美国兵在阿富汗遛弯儿会让我们不舒服，要是塔利班在瓦罕走廊的另一边开设圣战学校，我们又会有怎样的感受？

中国可以不帮美国人的忙，却不能不管出国土西大门一拐弯的那些事儿。只不过我们要照管的是我们自己的周边安全与稳定，美国人在阿富汗的所作所为是我们必须考虑的外部条件，但阻止或帮助美国实现他们的战略目标，可不是我们的政策出发点，最多不过是我们在追求自己战略目标时附带产生的一个额外结果罢了。我们要考虑的问题实际上不是该不该在阿富汗和巴基斯坦帮美国人，而是如何帮助我们的阿富汗邻居和巴基斯坦兄弟。

问对问题比找对答案更加重要，问题既然换成了如何帮助喀布尔和伊斯兰堡，答案也就随之产生。让阿富汗和巴基斯坦考虑他们需要什么，再由中国来考虑我们能提供什么。至少想清楚这些事情，比琢磨明白美国在想什么要容易得多，不是吗？

在解决阿富汗与巴基斯坦共同面对的安全挑战方面，一个值得美国和中国共同恪守的原则或许应该是：以"阿富巴"为中心，而不是把"阿富巴"当靶心。

2010 年《东方早报》

新闻背景：2009年12月27日北约一位不愿透露姓名的高级负责人向媒体表示，目前塔利班的暴力活动达到了阿富汗战争以来的最严重程度，在阿富汗全国34个地区中，塔利班在33个地区都任命了它的行政长官，并组建了准备接管全国政权的影子内阁，部长职位齐全。

越来越清晰的影子

北约某"不愿透露姓名的高级官员"说塔利班已经在阿富汗组建了"影子内阁"，准备接管阿富汗政权。据说34个平行于卡尔扎伊政府的塔利班省长已经开始工作，各部部长亦在加紧培训当中。8年前被赶出喀布尔的奥马尔已经准备再次黄袍加身，这对刚刚组建完自己政府的卡尔扎伊总统来说绝对是一条令人尴尬的消息。联系到此前依附于外国军队的阿富汗国家领导人的命运，如纳吉布拉，这条消息可能更让卡尔扎伊毛骨悚然。

不过由于这位官员的身份未曾透露，我们无从根据他的身份和行为记录推断这番言论出台的动机，只能依靠逻辑的力量试图整理出讲话背后的关联性了。

猜想一，塔利班刚刚组建了"影子内阁"，北约也是刚刚知道。那么这可能意味着塔利班仔细研究了奥巴马的西点讲话，决定利用美军将在18个月内开始撤退这一时间段加紧培训干部准备重返喀布尔。如果真如此，未来18个月阿富汗倒是可能会保持大体平静，要走了的美国人没必要和塔利班较真儿，而塔利班也需要18个月的整训时间以便届时倾巢出动拿下喀布尔。

猜想二，塔利班早就有自己从脚到头的"影子政府"，北约只是刚刚知道而已。那么这意味着北约的情报工作实在太差劲。"不知彼而知己，一胜一负"，靠这样的情报工作，北约不要说"铲除塔利班"，能全身而退就不错了。其实，关于"铲除"塔利班之类的豪言壮语早就从奥巴马的讲话当中消失了。既然美国早就打算撤退，那么情报工作好不好也就无所谓了。这对卡尔扎伊同样算不上什么好消息。

猜想三，塔利班早就有了自己的"影子政府"，北约也早就知道，但就是不说，直到奥巴马公布新战略后用这个消息吓唬卡尔扎伊，并动员那些不太愿意出兵的其他伙伴。这种情况存在的可能性是有的，但即便的确如此，其证明的也只能是北约这一又上不了台面的小伎俩实在不够聪明。

卡尔扎伊现在需要的可不是吓唬而是鼓励，过度让卡尔扎伊感到恐慌只会促使他的手下尽快搜刮一笔准备跑路，这对建立一个稳定的后北约时代阿富汗政权肯定是不利的。至于说那些不打算出兵或者出更多兵的北约成员及伙伴，恐怕布鲁塞尔就是把纳吉布拉的遗照放在他们各自国家的总理办公桌上也无法打动他们，反而有可能坚定他们不出兵或者少出兵的信念。

猜想四，塔利班根本没有什么"影子政府"，北约瞎掰出来的。这种可能性背后的政治动机和猜想三一样，差别只是更加龌龊而已。

归总上述四种猜想，其实要点根本不在塔利班有没有"影子内阁"，而在北约有没有办法对付已经在发挥"影子政府"作用的阿富汗塔利班武装。当年被赶出喀布尔的塔利班有的可不是一个"影子政府"，而现在连个"影子内阁"设立的消息在北约总部就已经算得上是"危言耸听"了——这个词是那位"高官"自己选择的。

他还说了："塔利班的力量在扩大，而北约对它却无任何有效办法，北约撤离后阿富汗的前景令人担忧。"这句话倒是无意中透露出了比"北约发现塔利班组建'影子内阁'"还重要的信息——北约没有办法对付塔利班，而且还要撤离。

事实上，这位匿名高官的寥寥数语却映照出了阿富汗的 2010 年前景。

阿富汗的前途无非如下几种可能：既有北约又有塔利班，也就是维持现状。这种现状已经维持了 8 年，差别只在双方力量消长变化罢了，再多维持几年下去好像也没什么了不起的。对于一个千年来不是自己打自己就是在自己的土地上打别人或者到别人的土地上打别人的民族来说，多打两年仗算不上什么世界末日。然而问题在于，交战的一方已经没有耐心了，像历史上所有入侵过阿富汗的外国武装一样，他们准备回家了，因而现状的被打破已在所难免。

既没有北约又没有塔利班，对于阿富汗而言这显然是最理想状况，除非有人真的相信在自己的国土上驻扎不受约束的外国作战部队是一件好事儿，或者遍地圣战训练营地可以显著提高就业率并促进外国人入境旅游。然而问题在于这种情况就目前形势而言是无法实现的，因此只能被排除在2010年阿富汗前景假设的范围以外。

那么，只剩下两种处在动态之中的可能性：有北约但没有塔利班，没有北约但有塔利班。那位匿名"高官"已经说了"北约撤离后阿富汗的前景令人担忧"，有北约没有塔利班的可能性因而也可以排除，那么似乎便只剩下了塔利班而没有北约这种"前途"了。

当然，这件事情在2010年不太可能发生。北约方面需要18个月准备撤退，塔利班理性的话显然也会很愿意给北约这段时间，双方在这一点上倒是能达成平衡。

顺便说一句，其实"不愿透露姓名的高级官员"是一种自相矛盾的表达方法：需要自报家门的高官算哪门子高官呢？以小人之心猜测一下，塔利班"影子内阁"之类的丧气话，大概任何一个真正的北约高官都不愿意说出口，于是某个"非高官"便成了"高官"。

2010年《东方早报》

> 新闻背景：2010 年 6 月 22 日，驻阿富汗美军司令麦克里斯特尔向奥巴马总统提交了辞呈。麦克里斯特尔因在接受美国《滚石》杂志采访时，发表对奥巴马及其政府的嘲讽性言论而被召回。

麦帅不再来

两年前的 6 月份，我在《东方早报》发表了"'麦帅'来了，'麦帅'走了"，算是为北约驻阿富汗国际安全援助部队（ISAF）司令麦克尼尔将军送行，兼"欢迎"麦基尔南将军履新。一年之后也是在 6 月份，我又在《东方早报》发表了"'麦帅'又来了，'麦帅'又走了"，送别任职不满一年的麦基尔南，向新新"麦帅"麦克里斯特尔将军致意。

好在这个 6 月不需要再写"'麦帅'还来"，因为刚刚向奥巴马总统递交辞职报告的麦克里斯特尔将军的继任者是他理论上的上司、美国中央司令部司令彼得雷乌斯将军。"麦帅"在阿富汗历史上留下的三页纸终于翻过去了。

麦克里斯特尔将军辞职的官方原因是，他在接受采访时对上至总统下至美国驻阿富汗大使的几乎全部美国阿富汗政策的制定和决策者都进行了冷嘲热讽。

小麦帅以下犯上无可宽恕，但为什么小麦帅会如此不谨慎，面对一名比自己小了 20 多岁的记者什么话都说，他不知道背后讲总统坏话是要倒霉的吗？抑或他正是因为知道这一点才会故意让手下泄露自己的情绪给《滚石》的专栏作家麦克尔·哈斯廷斯，或者是有人背后插了小麦帅一刀？

后两种可能性都是存在的。一则小麦帅在阿富汗和华盛顿的人缘的确不怎么样，他不喜欢从来没指挥过师一级野战部队却能顶着三星将军头衔退伍的驻阿富汗大使艾肯贝里，当然，论起战功，在美军现役退役将领中矮人一头的艾肯贝里也很不喜欢他。两个人的矛盾未必只和政策有关，很可能还夹杂了职业军人和"搞政治的"之间根深蒂固的互相排斥。艾肯贝里，或者其他认为自己更有资格掌管美国阿富汗事务的军人、前军人、非军人在背后铲麦克里斯特尔一脚的可能性是不容低估的,间接证据之一是小麦帅捅了娄子以后没见有谁肯为他说话。

但更为重要的原因恐怕是小麦帅并非是执行奥巴马巴阿新战略的最佳人选。比较一下彼得雷乌斯以前的三位驻阿"麦帅"的戎马生涯是一件很有意思的事情。麦克尼尔将军是一位典型的职业军人,担任过美军王牌部队82空降师师长,从越南打到巴拿马,从海湾杀到阿富汗,2002年担任驻阿富汗联军司令,2007年ISAF成立之时担当首任司令,军旅生涯40年的最后7年都是在阿富汗度过的。麦克尼尔虽没能解决阿富汗问题,但总算熬到了光荣退休。

麦基尔南将军的履历与前者相比毫不逊色甚至略胜一筹,他是美军骑兵第一师师长,后任美国第七军军长(驻欧洲)。麦基尔南在第二次海湾战争中担任美军地面部队指挥官,指挥部队一举拿下了巴格达,摧垮了萨达姆政权,对于美国而言是一位不折不扣的战争英雄。然而让所有人大跌眼镜的是他却没有在战后被任命为驻伊拉克美军司令,而是被雪藏数年,2008年10月取代麦克尼尔出任ISAF司令。

一位空降兵将军,一位坦克战专家,这两位的军事生涯在阿富汗都陷入了低谷,虽说不至于寸功未立,但显然和他们之前的辉煌无法相提并论,这才给了麦克里斯特尔在阿富汗建牙升帐的机会。麦克里斯特尔是特种兵出身,去阿富汗之前任职美国特种部队联合司令部(JSOC)司令,擅长定点清除"打枪的不要悄悄地干活"之类的。不能说他的专业特长与一年前受任领导反塔利班战争无关,事实上麦克里斯特尔上任以后美军无人机"劫掠"、"捕食"塔利班头目的频率的确明显增加,当然造成的平民伤亡也颇为可观。但在贯彻执行奥巴马的新阿富汗战略方面,特种兵的业绩并没有好过空降兵和装甲兵,将阿富汗战争本地化的任务还是没有完成。

更让白宫不满的是,理论上应该擅长以少打多的特种兵却不断狮子大开口向五角大楼要人要枪,或者这才是奥巴马换将的真实原因。奥巴马要的是尽快在阿富汗有个结果,麦克里斯特尔想的却是打完马尔贾再打坎大哈;艾肯贝里要求多和阿富汗的中间势力(其实也就是军阀)打交道,麦克里斯特尔却总是把卡尔扎伊总统挂在嘴边上。政治敏感性这么差的将军就算没有和记者会面,早晚也得下课。

现在好了，换上场的是彼得雷乌斯将军，"解决"了伊拉克问题的那个人。这位将军曾任101空中突击师师长，不是凭借着攻城略地在美军中独树一帜，而是因为他的101师在伊拉克摩苏尔驻扎期间据说治安工作搞得很好，他也由此被赞誉为反游击战专家——又是一个专家，而且对于阿富汗来说还是一位专业正对口的专家，看来这次有希望了。

可是"彼帅"作为中央司令部司令本来就负责阿富汗战场，那摊子烂事儿他都管了好几年了，也没见得阿富汗有什么起色。现在他"亲临前线"，情况会有所好转吗？但愿吧，空降专家、坦克专家、特种部队专家都不行，要是连彼得雷乌斯这样的治安战专家也不管用，奥巴马可能就得从军医、随军牧师、军法官的行列里去挑司令了。

2010年6月《东方早报》

新闻背景：2010年11月8日美国国防部长盖茨表示，阿富汗政府计划在2014年实现由本国军队完全接管阿富汗安全防务的目标，北约将把这一年作为结束在阿富汗军事任务的年限。

2014年以后

去年大约这个时候，我在《东方早报》刊登的"出西大门一拐弯"中说，"美国人如果玩腻了随时可以抬腿走人，留下一个烂摊子让阿富汗的邻居收拾"。阿富汗会议后，或许现在该认真考虑一下如何料理美国人留给我们——所有阿富汗周边国家——的这个烂摊子了。

北约和美国承诺在2014年以前完成安全控制权向阿富汗政府的转移，这个时间表出台以后，人们已不再怀疑美国人的撤军"诚意"。还有什么好怀疑的呢？白宫连给喀布尔当局的散伙费都拿出来了。不过，也有很多人怀疑美国是否会全部撤退，毕竟小布什当年还是费了不少力气才进去的，岂能说走就走。美国大概会想办法在结束战争以后还赖在这片大山里吧？保持对中俄的威慑、对中亚各"斯坦"的渗透、对极端主义的压力等等，理由多的是。

当然不能排除这种可能性，美国也的确不会甘心将所谓的"中亚地理轴心"阿富汗放弃掉。但是，不放弃还能怎样呢？技术上能够设想出一套美国不卷入阿富汗事务却保留在阿富汗存在的办法吗？

50年前柏林墙刚修建的时候，北约曾经很认真地讨论过要不要在不引发战争的前提下沿西德通往西柏林的公路派出军队示威的方案。所幸被蒙巴顿勋爵所否决，勋爵的理由是如果北约只派一个营，苏联人会在北约部队的前后各炸断一座桥，然后卖票给那些喜欢看热闹的人参观；如果派一个师，部队开进需要几十公里甚至上百公里宽的正面，那就超越了公路范围，形成了对东德的入侵。

勋爵的这段分析同样适用于2014年以后的阿富汗。美国如果只留下少量军事观察员，这些人就会成为塔利班以及其他军阀的人质；如果留下一两个空军基地，守军就会被困在基地里寸步难行，当然飞机是能起飞的——阿富汗当地武装毕竟没有那么多"毒刺"导弹，但油料怎么办呢？如果留下一大堆人和一大堆装备，那就不叫撤退了，对吧？

所谓美军不会甘心放弃阿富汗的说法，换一个参照物比较的话一样经不起推敲，那就是越南。当年美国人从驻越南大使馆的屋顶上乘直升机狼狈出逃的时候，哪还有空琢磨是否心甘情愿？但美国此后多年都不堪回望的这一幕可一点都没影响到现在越南对美国笑脸相迎。尤其具有讽刺效果的是，越南的政治制度既"熬过"了1990年代的苏东剧变，也"免疫"了21世纪初的颜色革命。今天对希拉里·克林顿女士殷勤备至的河内官员和当年打得"全金属外壳"千疮百孔的游击队员是同一个政权的。越南的故事告诉人们，全部撤出不意味着以后就不能卷土重来，美国人有什么必要死乞白赖非待在某个地方挨炸弹呢？

因此，阿富汗周边国家必须至少是开始考虑如何适应一个被美国抛弃的阿富汗。一个没有美国的阿富汗会是什么样子呢？可能性无非以下三种：卡尔扎伊治下的统一阿富汗、塔利班治下的基本统一的阿富汗或者"城头变幻大王旗"的阿富汗。

毫无疑问，第一种可能性可以排除——美国人帮着卡尔扎伊打了将近10年都没实现的事情，美国人走了就更不用指望了。当然，不能武断地认为美国人撤退当天喀布尔的要人们就会立即各回各家，卡尔迈勒-纳吉布拉政权在完全没有外部援助的情况下也还是坚持了一些日子的。

第二种可能性也就是阿富汗1998年到2002年时期的再版。对于和塔利班打了9年仗的国际社会来说，人们已经习惯了将之看成为阿富汗诸多可能中的最恐怖噩梦。对于不同意塔利班生活方式的阿富汗人来说，可能是这样的。但对于阿富汗周边国家而言，真有那么可怕吗？一个塔利班掌权的阿富汗到底有多"不可接受"？

道义上和现实中的情形可能并不全然相同。至少在美军武力攻打阿富汗之前，周边国家并没有承受到"塔利班化"的压力，也就是说和现在比起来，1998年前后很不幸福地（依照我们的标准）生活在塔利班治下的人们要少很多。至少那时候巴基斯坦北部的普什图人不用担心打排球的时候踩到地雷。

至于第三种可能性，其实人们也并不陌生，过去 1000 年来阿富汗一直是这样的。这很不好，但不比他们在选出个阿赫迈德沙然后无数次越过开伯尔山口抢劫别人要坏。不是吗？

关于"未来学"有这样一种说法：人们所预测出的并不是我们相信会成为现实的，而是我们希望会成为现实的。那么阿富汗周边国家到底在设想 2014 年以后的阿富汗会成为什么样子呢？当然可以暂无答案，乐观主义者会说：反正大家还有 4 年时间呢，而悲观主义者却会说：只有 4 年时间了。

2010 年 11 月《东方早报》

> 新闻背景：2010年初，美国宣布将新建改建阿富汗信丹德等三处军事基地，有一种观点就将此举作为美国不会在2011年夏天开始从阿富汗撤退的证据。

哈德良长墙与信丹德基地

美国在阿富汗斥"巨资"新建改建信丹德等三处军事基地，被许多人解读为美国不会甘心从阿富汗撤退的明证。由于工程在2011年7月美军开始从阿富汗撤军之前不会结束，3亿美元的大手笔只能被理解为美国人还想继续赖下去。

就常识而言，这种推论好像很有道理。但是当年罗马帝国的哈德良皇帝也曾在从英格兰撤退之前在那片土地上大搞过一项"基础设施"建设。他下令在英格兰的南端修建了一条长长的城墙以防备蛮族人南下。这条城墙今天早已湮灭在历史的尘埃中，人们只能在电影《亚瑟王》或是《百夫长》里一睹"哈德良长墙"的风采了。尽管根据历史资料，真实的长墙根本无法和电影里虚构的那个相提并论，然而不管怎么说，哈德良长墙告诉我们入侵者在撤退之前大兴土木是完全可能的——只要是为了掩护逃跑。

美国人在阿富汗新建改建的那三座机场，既可能是为了强化对塔利班的打击，也可能是为了掩护自己10万军队和同样数量的盟友以及数目不详的阿富汗附庸的撤离。为了达到这一目的，花3亿美元其实根本算不上是"巨资"。美国军队战争费用以外的惯常开支每天就达20亿美元。对于阿富汗人来说，3亿美元肯定是巨资，但对于盖茨手底下的百十来万人来说，却是小菜一碟。

不单是机场得到扩建，我们现在就可以预言在2011年7月之前，美军一定会向塔利班发动一次以上的大规模进攻。阿富汗的许多山区一定会在美军撤离前火光冲天，就像油灯在烧完最后一滴油的时候灯焰会突然跳动一下变得格外闪亮一样。一方面美国需要用大规模主动进攻营造美军并非战败溃退的气氛，一方面也是以攻代守慑止塔利班可能的尾随追击。这在军事史上屡见不鲜，朝鲜战争末期，志愿军曾发动金城战役以促成停战；美军从越南撤退之前也曾突然恢复对北越的全面轰炸，以便掩护美军撤退。用在阿富汗扩建机场是很难证明美国人还想继续打下去的。

这场已经进行了九年的战争无论如何都是要结束的。差别只在于美军从2011年7月开始的撤退会持续多长时间,以及美军地面部队撤走后阿富汗政权能坚持多久。越南战争并不是在1973年1月27日《巴黎协定》签字之后的24小时内结束的,实际上,美国顾问指挥的南越军队还继续挣扎了2年又3个月零7天,直到1975年5月2日。就这一点而言,2011年7月只是一个历史性结束的开始。

这个历史性的结束并不仅指美国插手阿富汗重塑中亚面貌战略的暂时结束,更意味着反恐战争——用飞机大炮摧毁恐怖主义的战争模式的永远结束。美国人在这场2000多名美军士兵阵亡(这个数字与其说证明了战争之所以会结束是因为美国打输了还不如说是因为美国人打烦了)的战争中真正学到的东西大体上可以用一件兵器来代表,那就是战术上非常有效战略上非常失败的无人机。

客观地说,无人机在阿富汗的大量使用实际上显著减少了附带伤亡,其效能之显著足以开创一种新的作战形式。但是即便如此,无人机还是成了美军杀害无辜民众的"形象代言人"。无人机战略从一开始就是失败的,这是因为不论击毙多少基地分子都无法从人们记忆中抹去妇孺被炸得四分五裂、尸骨不全的悲惨印象。而这种悲惨印象在不断削弱美国反恐战争的道义基础的同时,却在持续加强塔利班武装在当地民众中的合法性。用战争反恐的悖论就在于此。

然而,反恐战争的结束决不意味着反恐斗争的完结。实际上,美军撤退之日,必定是地区恐怖主义抬头之时。尽管常为人们谈论的恐怖主义多米诺骨牌效应未必一定出现,然而毫无疑问地,塔利班的自称胜利将会鼓励更多的极端分子认为用持续不断的不对称暴力可以击败一个强大得多的对手,从而导致暴力事件在一段时间内的陡然增加。如何应对这一局面已经不是美国人的问题,而是阿富汗及其周边国家的问题。而对于这样一个局面,显然现在大家都还没有想出有效的应对之策——加强边境巡逻当然是必要的,但肯定不是充分的。

或许正是出于不知道美国人撤退以后如何应对塔利班及其盟友,所以才会有那么多人关注美国人在阿富汗的一举一动,包括那三座一旦美军地面部队撤走便会沦为孤岛起不了什么作用的空军基地。这种关注折射出了一种潜意识,即希望美国人不要匆忙离开,至少要把自己惹出的麻烦先打扫干净之后再走的心理。然而问题是这同样是一个悖论:美国人要是能打扫干净屋子,肯定就会继续住下来,然后跑到别人家里给别人的房屋家具刷另外一种颜色的油漆。那也挺烦人的,不是吗?

因而,阿富汗周边国家只有两个选择,要么让美国人继续在阿富汗舞刀弄枪,要么自己想办法解决极端主义在兴都库什山上新建的鹰巢,美国人是指望不上的,尽管这个鹰巢实际上是他们帮忙修起来的。但是,继续执拗于这一点已经没什么实际意义了:把一大堆麻烦留给阿富汗周边国家,特别是中国和中国的朋友,对美国又没什么坏处,何乐而不为?这个逻辑,半个世纪以前的英国人懂,现在的美国人更懂。

2010年《东方早报》

新闻背景：2010年9月阿富汗最大的私营银行——喀布尔银行遭遇着一场挤兑危机。消息说，喀布尔银行参与了迪拜地产的风险投资，并向阿富汗第一副总统法希姆的兄弟贷款1亿美元。但这些地产现在大幅贬值，引发了储户的恐慌和取款的风潮。

喀布尔的抢钱大战

阿富汗中央银行宣布冻结传闻要破产的喀布尔银行两主要股东兼高官的账户，随即又宣布将从美联储提取2亿美元准备注入喀布尔银行，阿富汗政府也派出了军警到银行的各办事机构门前站脚助威。就拯救一家资产只有区区数亿美元的私有银行而言，卡尔扎伊政府做的不能算少了，然而还是无法阻止每天成千上万的储户前往银行提取存款。喀布尔银行——这家阿富汗最大的私营银行——依然在倒闭的阴霾中逡巡徘徊。

至于说政府方面宣布的每名储户只能提取不超过1万美元存款的限制，很难说其后果是有利于稳定储户民心还是进一步加剧挤兑风潮。但是无论如何，由于并没有多少储户的存款总额能超过1万美元，这个问题的心理意义远大于实际意义。

其实不只是1万美元的上限，就连整个喀布尔银行的挤兑风潮对阿富汗的影响都是心理作用大于实际作用。喀布尔银行虽然在阿富汗私营金融机构中执牛耳，但依然是一家小银行。而且在阿富汗的国民经济运行当中，本土银行发挥的作用微乎其微。阿富汗大部分对外贸易结算通过外国银行驻阿分支机构完成，阿富汗普通百姓的生活和银行就更谈不上有什么关系，事实上，绝大多数阿富汗人居住的区域根本就没有银行。月收入只有10多美元的农民们没有钱存在银行更没有资格向银行借钱——虽然早在2007年的南盟峰会上，卡尔扎伊总统在会见孟加拉国领导人时就曾表示欢迎诺贝尔奖得主、"穷人经济学家"尤努斯先生的格莱珉银行在阿富汗开办业务，但话说完了也就完了，再没听说有什么下文。没生意可做只是商业银行不愿意在阿富汗落户的原因之一，另一个原因是担心自己的办事处大门会被炸弹轰掉——在秉持宗教激进主义痛恨借贷的塔利班看来，银行家简直就是魔鬼在人家的代表。

照此说来，喀布尔银行的垮掉与否即使在阿富汗都应该是一个只有少数人关心的问题，但这场挤兑风暴的影响却必然远远超过金融业本身。原因在于"享受"了喀布尔银行服务的储户不是别人，正是数以十万计的阿富汗政府中下级公务人员——小官吏、教师、警察和下级军官，也就是这部国家机器的基石。而造成银行挤兑风波的根源则是银行前董事长谢尔汗·法尔努德和前首席执行官哈利卢拉·弗鲁兹因为涉嫌向海外转移银行资产而被解职。这场风波原本就是卡尔扎伊政权顶层和底层之间的抢钱大战，导致风暴久不平息的原因则是虽然法、弗二人已经下课，其在银行的存款也被冻结，但第三大股东——此公不是别人，便是哈米德·卡尔扎伊总统的哥哥马哈茂德·卡尔扎伊——的资产却没有任何损失。这意味着在抢钱大战中，顶层人士依然一路领先，只不过有少数人士不小心从赛车上掉了下来而已。

喀布尔银行转移资产丑闻要是发生在 2004 年、2005 年，可能也不会引起民众的极大恐慌，但发生在 2011 年 7 月之前的最后一个秋季，情况就大为不同了。实际上，储户们——也就是阿富汗政府的下层公务员们——担心的不只是自己的那点儿存款，更是他们的未来。真正把他们赶到银行门前彻夜排队的是一种带有阴谋论色彩但又有无数历史经验证明的猜测：喀布尔银行丑闻不是出于某些高层人物的贪婪，而是因为他们的恐惧。

这些和卡尔扎伊一道被空降到喀布尔的高官们并无意愿帮助卡尔扎伊共克时艰，协助总统渡过美军开始撤退以后的困难岁月，相反，他们已经在收拾行李准备到迪拜早就买好的大宅子里去当寓公了——就像那位动辄要分行李回高老庄的二师兄。美国人都要撤了，他们才不肯陪着卡尔扎伊继续打塔利班呢，更何况谁知道总统会不会坚持打下去。

当然，也要理解他们，这些人的恐惧是有道理的。久违了的大毛拉奥马尔近日突然现身，在录像带中说："我们的伊斯兰国家对入侵异教徒的胜利近在眼前……今后，我们将试图建立一个独立、强大的伊斯兰国家。"这可是一个实实在在的威胁，卡尔扎伊政府的地方实力派们不用担心，反正带着人马投奔塔利班也能混上个把交椅，没准儿还能继续当他们的省长呢，城头变幻大王旗，古已有之，在阿富汗的土地上，更是如此。像当年的"潘杰希尔雄狮"马苏德那样非得和塔利班拼个你死我活结果被炸得尸骨无存的死心眼儿毕竟不多。

但喀布尔的文官们可就不能这么想了，一个"独立、强大的伊斯兰国家"是什么意思？在这个政权体制下，不会舞刀弄枪只会敛财聚富失去工作甚至失去别的什么东西的可能性有多大？在各路军阀的托庇下苟延残喘了数年的前总统纳吉布拉的遗照互联网上到处都是，只要看过那张照片，就会明白一个道理：逃跑和进攻一样，动作慢了准没好事儿。

2010 年《东方早报》

新闻背景：2010年7月20日，阿富汗问题国际会议首次在阿富汗本土召开。总统卡尔扎伊提出的阿富汗安全部队接管安全防务计划得到了与会者的认可。与会者重申，将依照今年1月在伦敦召开的阿富汗问题国际会议发表的公报，支持在两年内将至少50%的发展援助资金交由阿富汗政府中央预算处理。而此前，只有20%的援助资金是经由阿富汗政府处理的。

阿富汗会议：淡、淡、淡

什么是阿富汗问题国际会议？阿富汗总统承诺自己的政府更廉洁、国际社会承诺会给更多援助、大家一起承诺阿安全环境"明天会更好"，然后把所有承诺——至少人大部分与会者的大部分承诺——都忘到脑后的国际外交活动。

塔利班政权被赶出喀布尔9年以后，这座城市才能第一次"笑迎八方宾朋"。其实就连这个"第一次"也是打了折扣的。喀布尔的安全形势甚至无法保证瑞典首相的飞机顺利着陆，首相大人只能改乘直升机空降到会议现场。这幕图景非常富有象征意义，在阿富汗，几乎所有的外国人都是"空降"而来的，对于这片土地，他们在离开的时候恐怕不会有多少眷恋，因为这里的窗户后面"灿烂千阳"早已不再升起，整个城市也被变成了一座巨大的纪念碑，用来"纪念"9年来国际社会在阿富汗安全和重建问题上的无所作为。

本届会议上，大家都在重复曾经在伦敦、海牙以及其他地方作出的承诺。卡尔扎伊总统表示将"加大监督和反腐力度"，国际社会的许多重量级成员宣布继续加大对阿富汗援助力度，双方同意阿富汗政府对国内安全问题付起更大责任来。这些话近些年人们已经听过许多遍了，而阿富汗又发生了什么呢？每年都在讨论那些不变的老问题——毒品、贪污、塔利班，差别只是每年都会成为自战争爆发以来"最血腥的一年"，要是某个采访记者懒惰的话，他大可以把今年初伦敦会议、去年3月海牙会议的采访稿改动一下时间和地点便拿去发稿。反正数次会议的差别也只在毫厘之间。

当然了，记者们还是很敬业的，于是我们看到这次会议的诸般亮点。首先是国际社会承诺对阿富汗援助"双扩大"，既扩大援助金额，也扩大援助款项中由喀布尔当局支配的比例，由目前的20%调高到50%，以增大阿富汗政府的经济自持能力。这一点本来在年初的伦敦会议上已经达成共识，阿富汗政府旧事重提最终被写入了《会议公报》，也算是一种强调和巩固吧；再者，加速"阿人治阿"进程，在2014年完成所有省份的安全控制权转移。理论上，自那一年以后，各国驻阿富汗军队将在阿富汗国民军总参谋部以及各省司令部的协调指挥下维持治安讨伐塔利班武装分子，如果那时候塔利班还没有被消灭或者摇身一变成为政府中一员的话。

诚然，不能说这届国际会议没有任何成果，上述两项以及诸如英国的在现有基础上追加40%援助承诺等等都足以保证与会者高兴地举起酒杯——当然里面装的是橘子汁，颜色和威士忌有几分相似，味道可差得远了——互道一声珍重后转身离开。有了不少新内容的《会议公报》也会被锁进喀布尔中央政府的档案柜，恐怕从此不会再有人看到这一纸文稿。这个夏天的喀布尔会议对于阿富汗安全形势而言，宛如用澡盆煮汤却用挖耳勺加盐，即使从海牙、伦敦一路加到阿富汗，也还是淡、淡、淡。

2014年阿富汗国民军掌握全国治安控制权，按照希拉里·克林顿的说法，设定这个以及其他时间表，意味着"增强危机感，同时坚定胜利的决心"，但这也可以理解为到2014年12月31日那天，所有的外国军队都会离开阿富汗。什么时候人们见到过北约特别是美国会把自己的军队置于其他国家统帅部更不用说地方司令部的指挥之下？最多也不过是所谓伊拉克模式，即美国移交指挥权之日起伊拉克军队和政府各安天命，有麻烦自己解决，而美国人呆在兵营里喝冰镇啤酒。

这个模式阿富汗人倒是不会陌生，因为现在驻扎在北部和西部的许多北约分队就是这么过日子的，其中一些士兵的祖国统帅机关严厉禁止本国军人在阿富汗卷入武装冲突。这是怎么的一条命令呢？是命令军人遭到伏击的时候"打不还手骂不还口"，还是"睁一眼闭一眼，少给自己和政府惹麻烦"？当然北约也说了移交指挥权不意味着抛弃阿富汗，"只有在阿富汗能够担负起自身防务安全任务的情况下，北约才会撤离阿富汗"，可能吧，中国内战的时候也有一方喜欢把被打败以后仓皇撤退叫做"转进",什么叫"担负起自身防务安全"?能在集市上巡查和能在山谷里抓到奥马尔大毛拉,差别可大着呢。

至于说援助在金额和比例上的"双扩大",这对阿富汗政府来说倒是一个实实在在的利好消息,不过恐怕也会是有一个有时效的好消息。阿富汗政府可得赶紧把这笔钱花出去,可不能在援助金额可支配比例达到50%以上的基础上制定比3年长的计划。因为人们完全可以预计,这笔钱以及其他的国际援助会在2014年之后迅速减少,就算不是完全消失,恐怕也不会比象征性的多到哪里去。西方世界承诺多给些银子,固然可以理解为对卡尔扎伊的敬意和信任日增,却亦可以解释成给阿富汗政府的安家费——大队人马要撤退了,总得给走不了不得不留下来看家的兄弟留点保命钱不是?只是卡尔扎伊政府真的会用这笔钱在北约撤退以后继续"发展经济和社会",还是赶紧分行李散伙?当年苏联人走了以后,孤立无援的纳吉布拉只坚持到了2002年,这件事情卡尔扎伊不可能不知道。

2010年《东方早报》

新闻背景：2010年4月，第二次"金砖四国"峰会在巴西召开。会后四国领导人发表《联合声明》，就世界经济形势等问题阐述了看法和立场，并商定推动合作与协调的具体措施。

一块金砖远远不够

又见"金砖"。

2009年6月，首次"金砖四国"峰会在俄罗斯叶卡捷琳堡举行。10个月之后，总统卢拉将在巴西利亚做东邀请俄罗斯、印度和中国的国家元首或政府首脑再次聚首。"金砖"初会时，恰值全球经济一片低迷，西方经济体听闻"金砖"拟研究建立超主权储备货币，大惊失色者、故作镇定者、冷言冷语者伏比皆是。而在南半球即将进入严冬的这个4月，欧美各国对"金砖"的梅开二度却似乎已经失去了关注的兴趣。

这倒也难怪，"超主权储备货币"早就被束之高阁，俄罗斯和美国刚刚签署了新的削减进攻性战略武器条约，"无核"虽然还是个梦想，"少核"的目标总算近了一步。印度和美国的关系自不待言，双方的蜜月期距离结束还远着呢——如果有结束的那一天的话。巴西虽然仍站在拉美左翼阵营当中，但美国显然没必要担心卢拉会成为第二个查韦斯，更不要说是成为第三个卡斯特罗了。

只有中美关系进入2010年突然经历了不少风雨，但正如胡锦涛主席和奥巴马总统这个星期早些时候会晤时共同强调的那样，双方将"始终坚持中美关系的正确方向"，"建立更加强有力的双边关系"。无论是强调中美关系应以大局为重，抑或主张双方应"共同进化"，显然中美两国都认识得很清楚，华盛顿和北京之间并不是也不该是非此即彼。

就意愿而言，或者按行动衡量，旨在建立一个"重塑世界政治经济格局"（换言之也就是扔掉现在这个西方主导的格局）的集团化"金砖"至少在过去的10个月里并没有出现的迹象。2009年一度流行的认为"金砖"将成为"具有超强影响力的、能够决定21世纪面貌的机构"的断言仍是一个美好的梦想。

实际上，时隔一年，"金砖"所取得的最大成就不过是形成了一个准固定化的峰会机制。

难道说"金砖"失败了？果真如此，那为什么中俄印三国领导人还要不远万里地前往巴西？其实，"金砖"从来都不是以推翻什么为目的的，甚至"金砖"本身都不是一个集团概念，只不过是四个近年来因为各种不同原因而发展较快的非北大西洋国家的统称罢了。

高盛当年提出这个概念的时候，并没有创立一个新的跨洲合作组织的意图——作为一家以美国为基地的跨国公司，高盛也不可能有这个意图。而之后数年，"金砖"概念的使用者逐步从经济学家扩展到新闻记者和政府官员，产生了某些现实当中的创意和行动，但也只是以互相学习、借鉴以及提供有限的互相支持为限度，"金砖"并不是一个具有外部指向的集团。内部指向的相互学习、借鉴和支持才是"金砖"能够从学术概念上升为外交现象的根本动力。

换言之，中俄巴印四个国家坐下来并不是为了琢磨别人的事情，只是想如何把自己的家务事儿照管得更好。10个月前，我曾这样写道："如果说四国的经济奇迹的确能说明一些什么问题的话，恐怕最准确的结论应该是这四个国家以自己的成功检验了'条条大路通罗马'这样一个古已有之的道理，证明了新兴经济体完全可以凭借自己的力量实现'崛起'赶超西方世界。"

学习和借鉴这两条理由其实已经足够了。即使四个国家的"崛起"总体战略本身并不具备多少可比性，"金砖"四国所面临的问题也各有不同，然而至少北京、莫斯科、新德里和巴西利亚要回答一个非常关键的问题：是否存在"崛起"的第二条道路？后发国家在工业化或者再工业化过程中，如何才能避免早期工业国家曾经犯下并且正在继续犯下的错误？这个问题的答案不但要从已经走在前面的人留下的足迹上探寻，更要把目光投向同行者，看看别人是如何越过一道道沟坎的。

至于说"金砖"在同行的路上是否一定要互相搀扶着形成一个集团，倒是不急在一时。一则，现在大家走得还都很稳健；二则，过早抱成团儿反而可能影响前进的速度；三则，和"金砖"一道快速奔跑的还有其他的后发者，对于建立更为公正合理的国际秩序这样一个宏大目标，一块砖，哪怕是"金砖"也是远远不够的。

2010年4月16日《国际先驱导报》

新闻背景:"金砖四国"(BRIC)这一概念是由美国高盛集团首席经济学家奥尼尔在2001年11月发表的《全球需要更好的经济之砖》中首次提出的,包含巴西、俄罗斯、印度和中国。该概念提出8年后,2009年6月,四国领导人首次在俄罗斯叶卡捷琳堡举行会晤,"金砖四国"由此演化成为一种经济合作机制。

"金砖":看上去挺美

6月中旬,首次"金砖四国"峰会将在俄罗斯叶卡捷琳堡举行。巴西、俄罗斯、印度和中国的国家元首或政府首脑将一起讨论建立超主权储备货币等一系列经济、金融、能源问题,本次峰会也会为"金砖四国"峰会机制固定化奠定基础。

当年的"上海五国"演化出了今天的"上海合作组织","金砖四国"为什么不可以衍生出一个更加正式的名字"金砖集团"呢?毕竟已经有了G8、G20,以及有人小声嘀咕有人大声抱怨的G2,再来个"G4"也不值得大惊小怪的吧?

G4也好,"金砖"也罢,听上去都挺好听的,看上去也挺美,但是人们真的应该对"金砖"抱有很大的期望吗?"金砖"成员们有足够意愿和动机将这个虚拟词汇现实化吗?归根结底,每个人都喜欢"金砖",但有必要渴望一个"金砖集团"的出现吗?

1999年开始,俄罗斯经济结束苏联解体以来将近10年的负增长快速复苏,年增长率最高达到10%(2000年),最低也在4.7%(2002年),以1999年为基数,2008年俄罗斯GDP增长了将近10倍,民族复兴之路似乎一片坦途。

而在此之前数年,印度的经济改革已经小有成就,甩掉了"印度速度"这顶压了他们几十年的帽子,2006~2008年连续三年增长率高于9%,创历史以来最好成绩。经济总量每年上一个台阶,最终在2008年突破了1万亿美元大关。

巴西的振兴之路实际上最长，但也最坎坷。20世纪60年代到80年代的"经济奇迹"之后是连续10多年的停滞与危机，在1993年结束负增长。2005年经济总量终于超过1997年的水平。此后数年经济增长虽然较为平稳，但始终没有超过5%。

至于中国，经济改革起步晚于巴西早于印度，但"崛起"却是四国中最早的一个，而且高速增长持续时间最长。就在俄罗斯大病初愈、印度小有成绩、巴西摆脱颓势之时，中国已经通过20年的改革开放累积了相当的财富和实力，GDP总量连超老欧洲诸强，2008年攀升到世界第三。

20个世纪末到本世纪初的20年里，"金砖"四国与欧美发达国家之间的相对位置不约而同地发生了迅速而且巨大的变化。需要强调的不仅仅是"迅速"和"巨大"，还应该注意到"不约而同"这四个字。因为"金砖"四国的崛起各自遵循了相去甚远的发展战略，增长模式因而千差万别。

俄罗斯的高速增长很大程度上得益于10年来国际能源价格的居高不下，而造成高价位的诸多原因当中，俄罗斯主动行动的效果并不显著。就这一点而言，莫斯科其实应该感谢普京的好运气；印度依托的是软件业和服务外包业，百来万软件工程师、医生、信息产业服务商等新兴白领阶层包办了印度的经济奇迹，这一奇迹的开创以及成果的分享和这个国家多达数亿的贫民扯不上什么关系；巴西的道路比较坎坷，在现代化进程中先后执行了初级产品出口型发展战略、内向型进口替代工业化发展战略、外向型进口替代工业化发展战略和新自由主义出口导向型发展战略，效果时好时坏。中国的情况和其他几个国家差别甚大，这里已无须赘言。

除了时间的同步性（也很勉强）之外，四国的经济奇迹并没有多少共同之处。如果说四国的经济奇迹的确能说明一些什么问题的话，恐怕最准确的结论应该是这四个国家以自己的成功检验了"条条大路通罗马"这样一个古已有之的道理，证明了新兴经济体完全可以凭借自己的力量实现"崛起"赶超西方世界。除此以外，要想找到别的共性，可就不那么容易了，就连"新兴经济体"这个共同概念都不太靠谱儿，俄罗斯如何能算是"新兴"，人家是"复兴"，也就是梅开二度又一春。

高盛在2003年10月提出了"金砖四国"概念，经过5年多的酝酿，"金砖"终于从一个学术和新闻概念上升到了一个政治和外交词汇。俄罗斯政治基金会主席尼科诺夫预言,这个夏天之后,"金砖四国"将成为一个"具有超强影响力的、能够决定21世纪面貌的机构"。

从统计数据来说,这一预言显然并不缺乏依据。四国国土面积最小的一个也将近300万平方公里,加在一起占了全世界陆地总面积的四分之一。人口之和则超过了地球总人口的四成。近年来四国经济表现更是令人刮目相看,已经达到了全球的15%,未来将有可能占到世界经济总量的半壁江山。自然资源、军事实力、科技储备等方面四国也都各有所长。若是四国的力量叠加,对人类的未来影响之深远可想而知。

不过在展望"金砖"的美好未来之前,应该首先看一下脚下的根基是否足够坚实。客观地说,"金砖"的发展的确令人眩目,但还远远没有达到足以给世界一套西方模式的替代方案的地步;除了中国以外的那三个国家的连续高速发展都不过是近10年的事情,区区10年的成就很难让天下心悦诚服;更为重要的是,"金砖"四国到目前为止的发展模式没有一个不隐含着非常危险的"内伤",和修炼吸星大法的任我行颇为类似,只不过中巴俄印"内伤"因其发展模式,也就是修炼法门不同而各有所异罢了。

俄罗斯复兴靠的是能源武器,但本身并不掌握油气资源的定价权。国际市场能源价格如居高不下,则意气风发,而一旦有什么风吹草动,莫斯科的强国梦想便大打折扣。这一点已经被2008年以来的全球金融危机所证实。依靠能源复兴,一则消耗的是子孙的未来,二则"把所有鸡蛋都放在一个篮子"在任何时候都不能算得上是好办法。这一点莫斯科不是不清楚,但问题是受制于传统地缘格局,俄罗斯纵然想在别处寻求突破,也绝非朝夕之功。

印度自独立以来从未进行过彻底的社会改革,种姓制度已成现代化进程的附骨之蛆。抛开软件业和服务外包业能否长期支撑经济高速增长带动其他产业共同发展这一点不谈,到目前为止印度仍然是望不到边的贫民窟中夹杂着零星摩天大厦的破片化社会,在断层严重的社会基础上实现现代化和"崛起"是否可能,一直都是有争论的。

巴西的情况要稍微好些,但其恢复高速增长只有短短数年,此前40年的现代化历程中多次出现反复。这一轮增长周期能维持多久?这是问题一,问题二是巴西经济近几年的相对平稳和淡水河谷公司的主打产品铁矿石行情一直走俏关系密切,和俄罗斯的"复兴"颇有相似之处,因此也暗含着和俄罗斯同样的危险。

中国也有自己的难处。30年的经济奇迹基本上是投资不断扩大、资源不断消耗、出口依赖不断加剧的结果,虽然正在进行调整,但要奏效绝非一日之功。这种消耗型的增长模式能维持多久?

"金砖四国"崛起各自有一枝独秀,却无人全面开花,就发展的均衡性和全面性而言都还有很大的欠缺,这就使人不得不怀疑"金砖"的持久性。就算其中的一个或几个能长盛不衰,但只要少了一个两个,"金砖"也就不成其为砖块了。实际上,进入2009年俄罗斯经济大幅下滑,巴西困难重重,印度和中国的日子却还过得去。"金砖"在这次全球金融危机的打击下,已经有些边角出现了破片,并不那么完整了。某种意义上,这似乎也可以为俄罗斯高调主办"金砖"峰会、巴西到处推销"金砖"概念提供一种解释:船漏了先沾到水的人一般也是先想到要另寻船只的人。

当然,隐患不必然导致严重后果,令狐冲同样修行了吸星大法,但并没从华山之巅摔下来。"金砖"各国在发展的过程中不断修正兴利除弊的可能性不但存在,而且非常大。假如"金砖四国"的发展势头能长期持续,而且形成一个跨地区合作集团,这块硕大无朋的"砖"分别处在拉美、东欧、南亚和东亚的四个角之间的紧密纽带将覆盖整个世界,成为名副其实的地球新基石。自1991年苏联解体以来的全球地缘格局也将随之改变,出现一个以泛大西洋联盟为一极,以"金砖"为另一极的新稳定秩序。就眼下的政要表态和媒体评论而言,似乎"金砖"机制化已经水到渠成,前途一片大好。

然而机制化和集团在国际关系语境下是完全不同的两个概念,形成机制到产生集团还有相当远的距离。就算四国能够把"金砖"的光环一直戴下去,他们是不是一定有必要结成集团呢?他们要这个集团干什么呢?

虽说物以类聚人以群分,作为成绩提高明显的前"后进生",四国惺惺相惜,这在情感上是可以理解的。不过国际关系的基础可不是情感因素,一般来说,国家愿意开展跨国合作甚至结成国家集团总是要一个共同目标的。

抗拒共同威胁或者增进共同利益,是国家愿意开展跨国合作甚至建立国家集团的主要动机。而"金砖"是一个经济概念，地缘政治因素基本上不起作用——四国没有任何共同敌人，谈不上地缘合作。作为经济概念的"金砖"，着眼点只能是在增进共同利益方面，或者规避共同面对的经济危险，具体到当下，也就是如何规避美国经济衰退带来的风险。这实际上是本次"金砖"峰会的核心内容。

俄罗斯的对策是呼吁建立超主权储备货币，能否得到其他三国赞同，现在仍然不得而知。但就在几天前，中国还出资500亿美元购买国际货币基金组织债券，显示出中国似乎更愿意在现行的国际货币框架下解决问题的迹象。实际上作为四国中经济实力最强的中国，仍在超主权货币、人民币国际化、区域货币合作三种方式中进行选择，并没有一个最终的结论。没有中国的参与，超主权储备货币显然只能是一句空话。

另一个可能不会太有热情的"金砖"成员是印度，印度的动机是非常容易理解的——印美蜜月刚刚开始，这个时候谈论肯定会让美国如芒在背的倡议，未必合新德里的脾胃。除此以外，半个世纪以来的国际关系实践告诉人们，任何多边方案，只要把印度包括进来，实施过程都不会一帆风顺。

实际上，巴西和俄罗斯就目前的表态来看，是超主权储备货币最积极的呼吁者。然而即使是俄罗斯，态度也是有保留的。梅德韦杰夫总统说："创建超主权储备货币并不会动摇美元的储备货币地位。"这句话，和美国在小布什时代常说的"反导系统不针对俄罗斯"一样不会有人相信。梅总统不过是在安慰美国人罢了。不过，早在倡议还未讨论之前就来安抚理论上的"无关者"，由此可见莫斯科的态度好像也不怎么坚定。

尽管巴西总统卢拉在各种场合多次呼吁发展中国家应该停止使用美元进行贸易结算，态度甚至比梅德韦杰夫还强硬，然而考虑到巴西与美国经济联系的紧密性，巴西自己能不能做到都还在可知未知之间。

这倒不是在给超主权储备货币倡议泼冷水，可能性总是存在的。但这样一个倡议恐怕很难把四国铆接在一起，形成一个具有实质意义的"金砖"集团。即便超主权储备货币倡议得到四国一致赞同，人们也应该记得自清迈倡议提出到"10+3"区域外汇储备库的启动用了多长时间。

至于更加深层次的合作，甚至实体化，恐怕现在还提不到议事日程上来。

关键的原因正如西方媒体剖析的那样,"金砖"远远不是一个"志同道合"的机制,无法形成共识与合力。这种论调当然有替西方世界担忧的成分,也怀着几丝嫉妒,但显然不是一点道理都没有。时至今日,俄罗斯仍然是美国的对头,而印美关系一天近似一天;中国和巴西相交日深,和印度却总在若即若离之间。"金砖"四国要想有所成就,还须多练"内功"才成。

2009 年《瞭望东方周刊》

新闻背景：2009年11月19日，欧盟27国领导人在布鲁塞尔召开特别峰会，选举比利时首相赫尔曼·范龙佩为首位欧洲理事会常任主席，即首任"欧盟总统"。

"新"欧洲的老态

英国广播公司（BBC）昔日拍摄的系列短剧《是，大臣》里面对"典型的欧共体官员"提出了如下要求："意大利人的组织能力，德国人的弹性，法国人的谦逊，再加比利时人的想象力，荷兰人的慷慨，还有爱尔兰人的智力水平。"

那时候政治正确性原则在欧洲不那么流行，英国人和老欧洲之间还能互相开开此类有些刻薄但无伤大雅的玩笑，但现在肯定不行了，而且未来更加不行，因为"欧盟总统"这个最典型的欧洲官位已经由一名比利时人占据，任期两年半。

很难说英国前首相托尼·布莱尔被自己的祖国和欧洲大陆联手拒绝真的是因为他无怨无悔地当了布什八年小跟班，更可能是因为欧洲无人愿意看到布莱尔梅开二度之后太过活跃"强迫"欧盟在催生新宪法后雄心勃勃大干一场。

范龙佩的胜出表明欧洲人原本打算的就不是一次欧洲版华盛顿海选，他们愿意找一位老实巴交刻板守成的和稀泥高手，来让27个家族成员参加的圆桌宴会更有效率。这是可以理解的——今天的"新欧洲"已经成了全世界最大的退休金领取者俱乐部，早不复有昔日动一根手指就能改变世界地图的雄心与权威。干吗要选择一个精力旺盛没准暗地里还怀有帝王情结的人向全世界挥舞欧洲那面蓝旗呢？再说了，萨科齐、默克尔和布朗还要保留自己的世界重量级人物地位，选择一个强势人物来代表欧盟也未必符合他们的个人利益。

欧洲人的"退休"心态已经不是一天两天，十多年前对欧盟协调行动能力深感失望的美国人就开始将这片大陆称作"全世界最大的博物馆"，现在由范龙佩来代表欧盟，无疑会让刻薄之徒更有机会将"总统"称谓偷换为"馆长"。然而，人们无法责怪欧盟心态上暮气过重，因为欧盟不论就整体综合实力还是从成员个体实力而言，都已经无可挽回地处在下降曲线上，让这棵老树抖擞精神重新参与到世界舞台的纵横捭阖当中是不现实的。让既无国际分量恐怕也无国际视野的范龙佩来充当欧洲的形象代表，时也势也。

这当然是欧洲人的家事，跟中国扯不上什么关系，然而，中国却要在祝贺范龙佩当选之余想好一个问题：我们究竟该如何与一个退休的欧洲打交道？一个老气横秋的欧洲固然不会有太大作为，却会有爱说教、喜欢别人奉承和尊敬、执拗于非现实问题、在道义问题上过于自负等毛病。这当然不是说范龙佩"总统"身上会有这些问题，他才62岁，还年轻得很，但他的大陆呢？近十年来中欧关系的难题并不仅仅涵盖贸易摩擦、防务禁运，一个非常突出的现象便是，欧洲人越来越多地在中国以及其他新兴工业体面前摆老资格充当"德育教师"和"宿舍卫生管理员"。

万一有天欧洲对我们摆出一副教训人的口吻——确切地说，应该是再摆出那副口吻，因为这样的事情已经发生过很多次了——我们该怎么办呢？洗耳恭听，显然没有那么好的事情；反唇相讥，有这个必要吗？

或许更好的办法是心平气和地告诉他们，第一，人老了，心态不能老；第二，就实际年龄而言，中国和欧洲一样在全球大家庭中堪称长者，交流茶艺切磋棋道都是好的，但谈不上谁教训谁谁数落谁的问题。

2009年11月23日《国际先驱导报》

新闻背景：以色列副总理兼战略事务部长亚阿隆于2010年2月25日至27日访华，与戴秉国国务委员的会谈中，亚阿隆表达了以方在伊核问题上的关切。之前，美国国务卿希拉里·克林顿刚刚对中东进行了穿梭访问，美国和以色列的这些动作被解读为美国强化制裁伊朗全球游说的一部分。

亚阿隆的使命

中国有一种说法"过了十五才出年"，若是按照这个标准衡量的话，以色列人到中国做客的心情真可以用急不可待形容：以色列副总理兼战略事务部长亚阿隆元宵节前率领一整队要人来到了北京。没有随同来访的以色列国防部长巴拉克上周末在华盛顿说：亚阿隆北京之行目的在于"希望中国了解以色列对伊朗核计划的担忧，并支持进一步制裁伊朗"。

之前不久，美国国务卿希拉里·克林顿刚刚对中东进行了穿梭访问，在利雅得，国务卿女士和她的沙特伙伴外交大臣费萨尔亲王共同表示了对伊朗核计划的担忧。美国和沙特的共同立场被一些媒体解读成作为美国强化制裁伊朗全球游说的一部分，希拉里正试图通过中国最大的海外石油供应国沙特对中国施加压力，迫使北京加入到强化制裁伊朗的行列当中。

再之前不久，媒体上曾经流传着一种说法，俄罗斯似乎已经放弃了为伊朗背书的传统，转而支持制裁伊朗，证据是拉夫罗夫、帕特鲁舍夫等人的零星讲话。当时《时代》甚至预言，如果"俄罗斯愿意与美国一道推动对伊朗进行制裁……中国在安理会便陷入了孤立的境地"。仅仅几天之后，同一个拉夫罗夫的一番表态让文章撰稿人比尔·鲍威尔的预言显得不靠谱起来——俄罗斯宣布将履行合同向伊朗提供S300防空导弹系统，并且明确表示"反对任何假借防止核扩散的名义谋求包括'扼杀'伊朗在内的其他目的"的企图，从而表明俄罗斯所谓的立场改变99.99%的可能性只是说说而已。由此，中国陷入"孤立"的可能性也就小到了0.01%以下。

其实，即使俄罗斯参加到美国严厉制裁伊朗的行列当中去，也不意味着中国因为担心被"孤立"而要萧规曹随亦步亦趋。中国是否要支持强化对伊朗的制裁不在也不应该在北京以外的任何地方。

需要澄清的是，强化制裁和制裁是两个完全不同的概念，联合国安理会已经对伊朗实施了制裁，对于中国来说，不存在不制裁伊朗的问题，只存在是否要强化制裁的问题。

那么中国应不应该强化对伊朗的制裁呢？如果强化对伊朗的制裁（1）符合道义原则，（3）能够达到目的，（3）能使中国获得某种利益，中国当然应该支持这样又叫好又叫座的举动。就算上述三个条件中只能满足其中的一部分，中国也可以考虑，毕竟追求道义和追求利益多数情况下不能兼容，而这二者之中的任何一个都可以提供充分的动力。

然而，强化对伊朗的制裁，甚至维持目前的制裁水平，在道义上都是可以争论的。当然，国际政治语境下，几乎任何道义问题都是可以争论的。纳坦兹浓缩机的嗡嗡作响是危害地区安全的核扩散行径还是维护独立自主核权利的象征，特拉维夫与大马士革、利雅得和德黑兰各有各的主张，更不要说华盛顿和莫斯科了。

为什么以色列不公开的核武能力和印度公开的核武能力都不违背道义而唯独伊朗的民用核能力（暂时还是，没有证据表明以后会不是）却是一个坏家伙？据说提前泄露的国际原子能机构报告有另外一种说法，但对一份证据来源主要是美国中央情报局——也就是那个曾经断言伊拉克拥有大规模杀伤性武器的情报机构——可信度能有多高呢？退一万步而言，为什么伊朗不可以拥有核武器？到底是核垄断还核扩散保证了冷战只是冷的，而不是热核的？好的核扩散和坏的核扩散边界在哪里？印度教、犹太教的核武器和伊斯兰教的核武器哪个更可爱？天有多高？海有多深？

跳出无休止的"道义"怪圈，让我们来关心一下不怎么被人——具体地说，不怎么被美国人——谈到的另一个问题：强化制裁伊朗能迫使德黑兰放弃核计划吗？

制裁的基本逻辑是通过使制裁对象的利益受损程度超过其行为的预期目标而导致制裁对象放弃对预期目标的追求。伊朗核计划的预定收益是什么：安全和尊严，波斯人在强敌环伺中生存了数千年，拥有核能力将显著改善波斯在从地中海到阿拉伯海、从里海到红海的安全态势，同时也会使什叶派穆斯林成为整个伊斯兰世界的一盏明灯。制裁伊朗最低限度会让这个国家的女士买不到香水，最高限度会让这个国家的石油卖不出去，还能怎样？何况又有谁有勇气谈论禁止伊朗的石油出口呢？伊朗人关心的是国家荣誉，而别人却要和德黑兰谈钱，制裁再生动不过地告诉我们原来所有的理解真的都是误解。归根结底，干吃力不讨好的事，称不上是聪明吧。

当然，就算强化制裁道义标准上可疑效果上不靠谱，也不见得中国就不可以配合一下别人，权当表明一种姿态，假如能获得某种可交换的外交利益的话。谈到交换，强化制裁伊朗将导致中国（1）失去来自伊朗的石油供应，（2）被不喜欢美国的其他国家——具体数目不详，但肯定不会太少——指责为奉迎华盛顿；那么中国能得到什么呢？（一）被暂时夸奖为负责任的好孩子，（二）nothing else。值得吗？

或许正是因为算明白了这笔账，以色列人才抱怨说中国"可没有大量买入以色列债券"，呼吁美国利用债券方面和中国的"共生关系"向北京施加压力。倘若这是亚阿隆的底牌，那我们就不需要问管不管用了吧？

2010 年 2 月《东方早报》

> 新闻背景：萨达姆·侯赛因，出生在萨拉赫丁省提克里特的一个农民家庭，19 岁就积极投身政治运动，21 岁加入阿拉伯复兴社会党，并很快跻身复兴社会党领导人之列。1979 年 7 月 16 日就任伊拉克第五任总统。萨达姆自就任伊拉克总统以来，在政坛上纵横捭阖几十载，历经战火。美军 2003 年 4 月 9 日占领伊拉克首都巴格达后，包括萨达姆父子在内的伊拉克前高级官员突然集体"蒸发"。2003 年 12 月 14 日，萨达姆在家乡提克里特被捕。2006 年 12 月 30 日，伊拉克当地时间上午 6 点 05 分，萨达姆因"杜贾尔村案"被处以绞刑。

世间多少副萨达姆面孔

萨达姆死了，一如人们在审判开始前便已经预料到的那样；萨达姆也没有死，虽然这位提克里特的农民之子不太可能像我们的一些历史人物一样永远活在电视剧当中，但显然也不会如同美国人预言的那样就此消失，从而给伊拉克人民"留下一个美好的未来"。因为围绕着这位伊拉克总统的死的辩论正在全世界成为一出连台大戏，即使在远隔重洋的印度和菲律宾，人们同样可以听到甚至是火药味十足的争论。

萨达姆已经不仅仅是一个历史名词，还是一个政治学名词。大多数政治学词语"正义"、"民主"可不像化学符号"Fe"、"Ca"一般容易界定。作为政治学名词的"萨达姆"，其定义同样具有多重性，并且互相矛盾，甚至在许多情况下，成为分清敌我的一面旗帜。"萨达姆"可能意味着"自由与民主的敌人"，指的是"试图用大规模杀伤性武器毁灭民主化身的意图"，可惜现在没多少人相信这一说法；或者指的是"残杀平民的国家恐怖主义行为"，就法律意义而言，只有对杜贾尔村的村民来说，这一含义才成立；或者指的是"蓄意染指他国领土的侵略行径"，这当然说的不是十几年前就已经被"正义"顺便帮了一下忙的科威特，而是兴高采烈得有些奇怪的伊朗——萨达姆可不是因为对伊朗人使用化学武器而被处死的,德黑兰高兴什么?但对于另外一些人来说,"萨达姆"的含义却可能完全相反,"对霸权主义的斗士",或者"阿拉伯民族主义的象征"等等。

之所以如此众说纷纭,其实并不是因为萨达姆现在还有什么现实政治价值,而是因为这是一个用来展示不同意识形态的绝佳符号——没有人在说萨达姆的死或生,大家说的不过是各自的好与恶而已,并且甚至不是对萨达姆本人的好恶,而是对急于赶在新年来临之前杀死萨达姆的那个大国领袖的好恶。为萨达姆鸣冤的多半不是说他不该死,而是说他的生死不该由小布什决定,理由是程序的非正义不可能导致结果的正义;叫好的也甚少有人主张依照法律的平衡原则,推而广之把在加沙"误杀"平民的以色列士兵及指挥官送上绞架,理由是美国人不喜欢这么做!

归根结底,对萨达姆之死的争论,其实不过是对美国的争论而已。只要美国还是今日的美国,对萨达姆的争论便会如同今日一样持续下去,小布什希望伊拉克人民"放下萨达姆,奔向新生命"的急切心情是可以理解的,但却很难实现。当然,也并非没有实现的可能,等到美国不再是伊拉克的问题,或者等到美国不再是任何国家的问题,也就没有人再谈论萨达姆的问题了。就像两千年前的罗马一样,现在还有多少人记得罗马的敌人不止有一个汉尼拔呢,努米底亚的国王朱古达不也同样是罗马的死敌吗?当罗马被遗忘的时候,对朱古达的评价又算得上什么呢?

关于朱古达,有两件事情值得顺便提及,朱古达和萨达姆一样,也是在一间黑暗的屋子被他的敌人绞死的;罗马对朱古达战争和美国的倒萨战争不一样,罗马人并不讳言发动战争是为了土地和财富,而不是为了"自由"和"正义",也就没费什么事去搞推定有罪的审判。

2007年1月5日《国际先驱导报》

新闻背景：2006年3月3日，应俄罗斯总统普京的邀请，哈马斯领袖迈沙阿勒率领代表团访问莫斯科。这是被美国和欧洲列为恐怖组织的哈马斯，在2006年1月25日的选举中大获全胜后，首次出访大国。

普京巧走钢丝的胜利

3月6日，哈马斯代表团结束了为期三天的莫斯科之行，访前，曾有俄罗斯政治分析家称普京此举实属"走钢丝"，认为"哈马斯不会听俄罗斯的话，莫斯科没有手段能真正影响他们"。然而，不论此次谈判究竟有没有产生火花，还是在各说各话，访问都将成为双方值得纪念的外交胜利。

迈沙阿勒感到满意，向世人证实哈马斯并非只是舞枪弄棒的赳赳武夫，美国和以色列的围堵政策在莫斯科被扯开了一个口子；访问也让莫斯科感到满意，在全世界都不知道该如何面对哈马斯的时候，俄罗斯人似乎是唯一肯动动脑子的，何况，俄罗斯式的闪电外交战绝非毫无收获。

迈沙阿勒3月6日表示"哈马斯将会改变自己的行事方式"。尽管改变是有前提的，但在西方国家讨论要不要承认哈马斯合法性的时候，这一句或许无法兑现的承诺已经足够了。连美国都不再嘟嚷"访问只会'两手空空'"，改称"接触是有益的"；而自觉被暗算了一刀的以色列也重申"以俄关系非常重要"。

实际上，俄罗斯在邀请哈马斯来访的每一步都经过精心测算而且毫无风险，每一步都把握分寸稳妥而行。普京总统巧走钢丝的表演确有其成功之处，俄罗斯人再次用自己的外交智慧给世人上了一课；也正像库图佐夫曾经说过的那样，"俄国熊即使睡着了，也睁着一只眼睛"。

俄罗斯率先邀请哈马斯来访，不仅为哈马斯搭建了一座展示自己的舞台，更重要的是，让哈马斯避免了被美国挟制下的国际社会拒之门外，从而给哈马斯和以色列一个台阶，使他们都有一个妥当的理由将双方一触即发的大规模冲突推迟下去。哈马斯上台以来巴以没有爆发激烈的武装冲突，这一点俄罗斯功不可没。俄式外交的"温柔刀"，斩断了双方之间火星四射的导火索。

如果说邀请哈马斯是俄罗斯人撇开西方世界单干的大胆举措的话，而当哈马斯代表团到达莫斯科时，他们却一收此前对西方批评置若罔闻的勇气，变得分外谦虚而中规中矩了。普京先收回了为哈马斯提供武器装备的空头支票，后照本宣科，向哈马斯申明"中东问题四方调停小组的一致立场"。拉夫罗夫说"四方的共同立场是必须遵守过去达成的协议，此外要承认以色列的生存权，并将以色列当成谈判伙伴"。会谈中，俄罗斯没有提出任何独创性的新概念新主张，说的全是西方国家说过的，也是代表"有关各方"说的。俄罗斯的中规中矩化解了人们对"哈马斯不会听俄罗斯的话"的担心，因为这不过是扮演了中东问题四方调停小组的传话人的角色，成与不成，都是四方调停小组的主张和哈马斯的主张对话的结果。成了，是俄罗斯人居中斡旋的成果；不成，是哈马斯不买四方调停小组的账，无损于俄罗斯的颜面。

三天里，普京总统每天亲自向西方世界通报会谈进展结果。此外，莫斯科与开罗、巴黎、柏林、华盛顿、特拉维夫之间的通话无疑在向哈马斯传递一个信息：俄罗斯不仅代表自己，更代表了整个国际社会。哈马斯听弦音而知雅意，给了俄罗斯，也通过俄罗斯给了西方世界一个面子，"没有对每件事都说'不'"。

虽然这是很小的一步，"从这里到恢复和谈，到各方能就重开和谈的各项条件达成一致，还有不小的距离"，而此后哈马斯和以色列之间的每次互动都将带有俄罗斯的印记。借助这一步，俄式外交给美国和欧盟好好上了一课：不是所有的事情，仅凭实力就能解决，有实力，但不一定有走钢丝的能力。

2006 年 3 月 10 日《国际先驱导报》

Chapter Ⅲ

第三章　新边疆新挑战

向西也是海洋

有"分"才有"合"

中国如何应对海上危局

向卡普兰同志学习

探月路上的50步与100步

九星逐月？算了吧

要太空站，不要太空战

奥古斯丁报告：从童话回到现实

战神茫然

日太空军事化有多远走多远

飞向太空的第三副翅膀

欢迎来到太空武器时代

火星叔叔奥巴马

新闻背景：一面是中国海军护航索马里，迈开向深海挺进的步伐。另一面，中国周边国家也在紧锣密鼓地加快海洋力量建设，甚至加速对有争议海域的蚕食。

向西也是海洋

继中国海军护航索马里之后，中国媒体上海洋话题再度升温。

2月17日，菲律宾计划用一纸《海洋基线法》将中国领土黄岩岛划入本国"所属岛屿"；18日，印度海军参谋长梅赫塔宣布该国自制的第一艘航空母舰将于2011年下水；21日，中国海军"广州"号驱逐舰启航前往巴基斯坦参加"和平-09"演习，从而使在印度洋水域执行任务的中国海军052B型驱逐舰由一艘增加到两艘。

其实，这些新闻的背后，或许隐含一个非常严肃甚至有可能对中国未来产生深远影响的问题：中国拥有300万平方公里水域，且80%以上进口能源需要通过海运，然而，中国却至今没有公布国家海洋战略学说文件，对于中国来说，海洋战略到底走向何方？

制定海洋战略并不是仅仅要解决哪一种技术兵器优先之类的器物层面的问题，例如是先造航母，还是大力发展潜艇等等，更为重要的是要解决海洋扩展的方向问题，即中国要走向大洋，到底在哪里落脚？

从地图上看，这似乎毫无意义，因为中国领海全部位于东南方向，而且按照海权的一般排序，对领海实行有效控制作为海权的第一层次是任何海洋国家都要首先实现的基本目标。中国扩展海权自然应该以东南方向为重点，以海上维权为首要目标，然而这并不意味着，中国只有在确保了诸岛屿领土不被侵占、领海资源不被掠夺这些最基本的海洋权利之后，才能追求保证海上交通线安全、实现大洋自由通行等较为高级的海洋权利。

实际上，中国要想成为海洋强国，在目前的海洋安全环境下，恰恰应该跳出传统思维，另外寻找海洋战略的突破点。从海湾经北阿拉伯海一直延伸至缅甸的印度洋广大水域可以并且应该成为中国海洋战略的支点之一。

这首先是因为，中国东南方向的海洋已经被一支远比我们强大得多的海上力量牢牢地控制住。这支海军和东南亚大部分国家都建立了并保持着密切的安全合作。实际上，正是这种合作为某些东南亚国家利用中国的战略机遇期蚕食我海洋权益做了背书。在东南亚，中国主张海上权益的行动甚至言论或者遭到某些国家的坚决反对，或者引起相当普遍的疑虑。而以中国目前的海上力量，挑战全球海上霸主及其同盟体系是不现实的。

但在群雄逐鹿的印度洋水域，中国却有着施展海上抱负的有利条件。中国对印度洋水域没有领土要求，没有历史积怨，除了一心想成为印度洋霸主的那个南亚海上强权以外，没有任何南亚国家反对中国加大在印度洋的存在。

更为重要的是，印度洋对中国的未来发展具有深远影响，某种意义上，已经成为中国的"命运之海"。印度洋海上通道的顺畅与中国能源安全的关系无须赘言，能切断中国石油血管的地方并不只是马六甲海峡；中国正在执行雄心勃勃的西部大开发计划，而西北内陆距离东南沿海足足有数千公里之遥，陆上交通成本是影响西部走向世界的重要因素，西北通过巴基斯坦、西南通过缅甸进入印度洋可以分别缩短陆上交通线数千或数百公里。

最后但绝非不重要的是，获得印度洋"出海口"，可以极大地缓解"马六甲困局"，显著降低东南亚国家在某大国对华围堵战略布局中的价值，使我在维护东南方向合法海洋权益时有更多的战略和战术选择。概言之，借助印度洋解决太平洋问题，作为间接路线战略的实践，可能会比在东南方向直接寻求突破更加有利。

从左宗棠时代算起，中国的海权和陆权之争已经进行了上百年。其实"两权"之间是不存在矛盾的。随着中国国力的提高、视野的扩大，海权和陆权之间现在应该并且已经能够找到一个"交汇点"，这就是同样烟波浩渺的印度洋。

中国的海洋战略不能由海及海，而应该由陆及海，借助陆桥走向海洋。中国应该依托南亚传统伙伴的力量，不失时机地加大对印度洋的参与力度，以双边及区域合作的精神，而不是以对抗的手段，从西北和西南两条陆桥上向印度洋水域扩展利益，寻求一个或者几个能够提供战略支撑的常驻锚地。

地球是圆的，向西也是海洋。

2009 年 2 月 23 日《国际先驱导报》

新闻背景：2009年10月22日，中国国防部外事办公室主任钱利华表示，包括中国、欧盟国家、巴西、韩国等在内，现在有二十多个国家的海军舰艇在索马里海域护航。中方提出，为提高护航效率，避免单独作战，建议实行"分区护航"。这一提议已经得到很多有护航军队国家的响应。今后将在北京专门召开一次会议研究此事，以寻找一个共同方案。

有"分"才有"合"

日前，国防部外事办办公室主任钱利华表示，中国建议参加索马里海域护航行动的20多支海军力量实行"分区护航"，以提高护航效率。

"分区护航"是海军护航行动中一种具有明显成本优势的战斗形式。早在第二次世界大战期间，在对抗德国潜艇的护航行动中，分区护航就是美国、英国和苏联海军保证大西洋海上交通线安全的重要手段。

在索马里反海盗行动中，来自20多个国家的海军舰队云集在从亚丁湾到印度沿岸的广大水域。然而直到中国"德新海"号被劫持事件发生之前，分区护航始终停留在海军相关人员讨论的范畴，并没有成为现实。甚至多国海军联合护航也只分散地存在于少数海军之间。例如9月11日开始的中国海军"舟山"号导弹护卫舰与俄罗斯海军"特里布茨海军上将"号反潜舰的联合护航行动。

联合护航虽然比各国海军自行划定区域单独作战具有明显成本优势，但仍然不是整合各国海军力量以最小巡航成本求得最大护航价值的最佳方式，仅仅是实现了友好国家海军之间的资源节约。而如果在联合国框架下组建印度洋国际护航联合舰队，利用军舰以及舰载机对主要航道进行"无缝拼接"式的全覆盖，在技术上是完全可行的——100年前各国海军之间就能做到在彼此之间建立有效的通讯联络，现在更是易如反掌。

在印度洋被海盗劫持的"德新海"号并非为了省钱而主动放弃护航选择独自航行的。因为这艘4万吨的散货轮计划航行路线始终处在国际海事组织建议的安全区域之内,根本没有必要参加护航编队。我们不能责怪青岛远洋运输公司在选择航线时没有对海盗活动的威胁进行充分的评估,这就好比走在人行横道上并不能保证不遭遇醉驾或飙车之类的横祸一样,谁能说受害者应该对不幸的发生负责呢?

其实,要考虑成本的不止是商船,正在索马里海域执行护航任务的中国海军护航编队也必须考虑同样的问题。我们的导弹护卫舰不是核动力的,不具备无限续航能力,不可能不对自身的航程以及后勤补给能力进行缜密计算。在我们不拥有一个长期性的印度洋补给基地的情况下,这一点尤其重要。

"德新海"事件发生后,中国海军护航编队的任务区域必然会因此扩大。然而,目前执行任务的054A型导弹护卫舰的最大续航能力只有7000海里,将护航任务区从亚丁湾水域扩展到印度洋东侧,对于这两艘4000吨排水量的中型水面作战舰艇来说肯定是难以胜任的。

节约成本、提高护航效率,当然是中国国防部建议召开一次关于分区护航的国际会议的重要原因之一,却不是唯一的原因。分区护航行动所需要的海上协同还能展现国际社会反海盗的共同意志,并加强各国海军互信。这种附加价值甚至可能超过节约的油料本身。在"分"的基础上"合"成的接力棒本身就是对海盗的当头棒喝。

2009年10月26日《国际先驱导报》

新闻背景：2010年下半年，美韩在东亚海域密集进行军演，而美国航母华盛顿号是否借机进入黄海海域一直是军演中的一个焦点所在。7月25日至28日，韩美举行代号为"不屈意志"的联合军演，军演之前，韩国就不断释放华盛顿号航母可能进入黄海海域的消息。军演最终在日本海举行，华盛顿号航母参加。8月16号，美韩开始举行"乙支自由卫士"军演，军演地点包含了日本海和黄海。演习前美国国防部发言人宣布，美国海军第七舰队的航空母舰"乔治·华盛顿"号也可能参加这次军事演习。这次军演是历年来美韩联合军演中，美军参与人数最多的一次，达到约3万人。

中国如何应对海上危局

将"乔治·华盛顿"号航母没有进入黄海参加美韩军事演习和希拉里·克林顿国务卿在越南河内宣称"南中国海主权争端是美国国家利益的一部分"联系起来的方式可能有两种。一是，美国人因为在航母去向问题上考虑了中国的"担忧"而觉得面子上有些受伤，要在南中国海找补回来；二是，中国出于稳定中美关系大局的考虑在对美外交的某个话题上采取了回旋姿态，从而导致中美两国围绕黄海的争执已经告一段落，希拉里的河内讲话其实是中美海上博弈新一回合的开始。

不管美国的动作是黄海博弈的后手，还是南海争夺的先手，两者都预示着未来一段时间，中美在中国近海区域的矛盾集中爆发期已经到来——到来的时间比中美5月举行战略经济对话时大多数人的预期还要早些。

至少透过希拉里亚洲四国之行中美方在几次国际会议的表态——阿富汗问题国际会议上的敷衍了事、韩美2+2会谈上的闪烁其词、东盟地区论坛外长会上的突然袭击，人们大概可以得出结论说，中美安全关系当中，以西部反恐合作推动以及换取东部海上局势稳定的时代已经过去了。当然，若是把台湾售武问题考虑进去，还可以争辩说这个时代其实从未到来过。

从今以后，美国是否会受制于中国的严正态度而在接下来的8次黄海军演乃至更长期限内不派航母挑战中国神经，是否会在海南岛附近水域对中国海军采取更加咄咄逼人的姿态，是否会像越南等少数东南亚国家期待的那样调高在南中国海主权争端问题上的调门，这一切不仅取决于美国的政策和政策实施，更取决于中国的应对手段和意志。

美国打算依托自己的海军和外交优势遏制中国海上力量的崛起，这一点早已无须赘言。中国理论上可能通过展示对美国乃至任何有关国家的善意以消除别人对我们的疑虑——在过去三十年里我们一直是这样做的，在中国只拥有一支"澡盆里的海军"的时候，让别人相信我们的善意是相对容易的。但问题是，情况如今显然已经发生了即使不是本质的也是关键的变化，更为重要的是，以中国当前乃至未来可能的"全球连结性"，我们能继续承受只拥有澡盆海军的政治、安全和经济代价吗？

中国与任何国家未来的海上关系，只能放在中国海军不断发展而且不断按照世界海军强国的海上力量建设规律而发展的前提下考虑。

这就是说，中国不可以也不可能因为其他国家的外交顾虑而放缓自身海上力量的发展过程，更不能"自废武功"。在这一前提下，中国所能做的事情大体有三件。

首先，中国应该有区别地对待周边海上邻国。尽管美国才是中国海上安全的首要考量因素，然而不能因此否定周边海上邻国可能产生的积极或消极作用。对于那些和中国没有领海主权争端，在中美之间采取更超然态度的国家，应该给予更多回馈。这种回馈既是外交成本，也是外交收益。而对于那些一心想要把第三方势力引入他们和中国的海上争端的国家，则必须公开、严厉地给予回击。安抚他们不但不会让这些国家相信中国的善意，反而使他们得出结论认为拉上某个孔武有力的"水霸"讹诈中国是有效的。

其次，中国应该拒绝美国企图将海上安全问题与中美关系任何美方关切的议题挂钩的做法。应该看到，以当前中美的海上实力对比——不论是海军战斗力还是海洋安全外交话语权，中国都远远落在美国后面。美国在相当程度上掌握了中美海上事务的话题制定权。最直观的例子就是美国只是"默许"韩国在美国航母是否进入黄海问题上大造舆论,就将之"培育"成了中美之间一个非常严肃的话题。而实际上美方连嘴皮子都不需要动一下。在这种实力对比下,中国若是想在海上安全博弈中获得任何正收益,都几乎不可避免地要在其他领域支付成本。这是实力对比导致的必然结果。因而,中国只能在现实主义逻辑下努力将海上安全博弈限制在海上,以避免产生连带的附加后果,并且导致美国不断在海上玩新花样而对中国进行讹诈。

最后,也是最重要的,中国应该不遗余力地发展一支现代化的、符合国际标准的海上力量。遏制美国的海上威胁,不能只靠近海防御的某些"杀手锏",这类武器系统不是不管用,而是管不了大用。中国应该努力建设的是能够产生对等威慑能力的海军力量。陆军有一种说法"最好的反坦克武器就是坦克本身",这一逻辑对于海军其实同样是适用的。当然,发展这样一支海上力量需要相当长的时间和相当艰巨的努力,更需要决心。

2010 年 7 月 29 日《国际先驱导报》

> 新闻背景：美国《外交事务》2010年5/6月份一期刊登了新美国安全中心的高级研究员罗伯特·卡普兰的《中国权力地理学》。这位美国著名的海洋问题专家认为，中国所处的地理位置给了中国极大的好处。中国正采取措施增强海军力量，确保至少南海及东海部分区域的安全，并在地缘政治上准备雄霸大半个东半球，对美国这个海洋霸主发起了挑战。

向卡普兰同志学习

最近一期的《外交事务》刊登了罗伯特·卡普兰的"中国权力地理学——中国能在陆上和海上扩张多远？"，很有意思的一篇文章，要是把这篇文章和同一人在4个月以前的一篇短文对照着读就更有意思了，短文的题目叫"不要因为中国而恐慌"，刊登在新美国安全研究中心的网站上。

"中国权力地理学"提出"外界在讨论中国的经济活力和民族自信时，往往忽视中国极为明显的得天独厚的地理位置"，所谓"得天独厚的地理位置"说穿了就是中国既是一个陆地国家也是一个海洋国家，从而使中国在"拥有有力的陆上环境后"建设一支强大的海军。卡普兰还将中国寻求一支强大海军称之为一种奢求，原因是中国"历史上处于封闭状态"。

作为这一奢求的军事战略表现，卡普兰预计中国将在沿海地区发展阻止美国海军自由进入"第一岛链"的能力，从而将海上"大中国"变为现实，最终形成一个"东半球霸主"，而这一点是作为"西半球霸主"的美国必须坚决防止的。

对于美国来说，从全球霸主缩水成西半球霸主已经是一种羞辱，而缩水版本还要遭到中国的挑战，这是多么可怕的一种景象。然而，就是这个卡普兰，在1月28日的文章中，却告诉美国人"或许要（对中国）感到恐慌，但不是现在，还不是"，理由是"中国政府除了经济持续增长以外别无整体哲学，一旦遭遇经济低迷或者迪拜式的挫折很容易出现内部骚乱，那时才会出现用来分散愤怒群众的注意力的过度自信的民族主义"。也就是说美国担心的不该是实力持续增长的中国，而是一个崛起幻梦破灭的沮丧的中国，因为那个中国可能会头脑发热甚至发疯。

卡普兰先生到底在说什么？中国一旦出现经济波折，转嫁国内压力的民族主义就会出现，同样会导致中国的态度变得咄咄逼人，让美国感到恐慌。几乎同时，卡普兰又说，中国实力增强了，会倾向于海外扩张，建立一支强大海军，威胁到美国的"第一岛链"，甚至成为东半球霸主，让美国人夜不能寐。猜猜看，那条岛链距离谁的海岸线更近，中国，还是美国？为了充实自己的观点，卡普兰甚至不惜求助于100年前的英国人麦金德，把"历史的地理枢纽"从西洋故纸堆里翻了出来——地缘政治学这门手艺对于美国媒体分析家和政治学者来说，原本已经生疏了好一段日子呢。

也就是说在卡普兰看来，无论中国干什么——干得成什么以及干不成什么——美国都不能对中国放心。我们得感谢这位记者出身的政治评论员，首先是因为他很真诚，没有像某些国家的副首相之类的人物在自己当政时痛骂中国不尊重人权，而下台后又到不尊重人权的地方大做生意。更重要的是因为他再一次用两篇结论相反但观点其实高度一致的文章向我们提出了一个非常尖锐的问题：到目前为止，中国找到说服别人相信自己的"崛起"对任何人而言都有益无害的办法了吗？

很遗憾，透过卡普兰以及其他许多人——包括最近在核裁军问题上对他的中国同行很不厚道地搞突然袭击的日本外相冈田克也——的万变不离其宗的观点，我们只能承认，中国的崛起与中国与世界的认知之间仍然存在悬殊差距。另一个最近的相关证据是发明"Chindia"一词的印度人拉梅什在北京说了几句话后回到新德里差点被口水淹死。在中国看来，一个强大的中国对世界甚至对美国只有好处没有坏处，而在包括美国在内的许多国家看来，无论中国强还是弱，只要中国依然很大，它带来的问题就比提供的答案要多。

其实这一点很正常，对于中国这样的崛起大国及其周边乃至远周边区域来说，自由和公平都是不可兼得的。允许中国自由发展，中国就会太强大，而限制中国发展，则对中国不公平，从而导致中国心怀怨恨，两者都不会让人心里舒服。这个两难困境历史上不止一次出现过，然而到目前为止，还没人想得出办法解决它。

提出一个能够解决的问题，其实是提供了一个机会，而一个没人能解决的问题就只是一个问题。对于这样一个问题，中国是无法通过反复阐明自己在"崛起"过程的和平意图来解决的。就算世界承认中国自三皇五帝以来就不曾对外发动过侵略——显然不是所有人都同意这一点，那充其量也只能证明到目前为止中国没有非和平意图罢了，不能证明中国未来也一定没有非和平的意图。简言之，如果通过人类过去的行为就可以判断其未来活动的话，我们恐怕还住在树上呢。

正如卡普兰强调的那样："动机多变，美国最好将注意力集中在中国的能力上来。"这话很对，所以作为结论之一，我们应该积极地寻求在海上，特别是远海有所作为，比如说建造更多的远洋作战舰只以及寻求与之相适应的海外锚地。反正中国有这个能力，而卡普兰等人看中的就是我们的能力，那便意味着我们是否寻求海上力量拓展在别人看来结果都是一样的。既然如此，我们还是走得更远些吧，能走多远走多远，反正造船和修建港口都是能够提高 GDP 的。哎？套用卡普兰的逻辑怎么推导出了他一直呼吁美军想办法阻遏的前景？足见此公的逻辑是铁面无私的，值得我们学习。

2010 年 5 月《东方早报》

新闻背景：2007年1月30日，日本文部科学省宇宙开发委员会批准了宇宙航空研究开发机构的报告，决定中止已耗时10余年的"月球-A"探月计划。报告指出，着陆器技术难关迟迟未能攻破，致使先于着陆器10余年开发完成的探测器严重老化，以及卫星设计缺陷等是"月球-A"计划被中止的主要原因。

探月路上的50步与100步

日本的科技综合实力居于世界前列是毋庸置疑的。不过在航天领域，日本人的表现却一直不怎么提气，至少不像他们的机器人和小电器那么令人艳羡。最近日本宇宙航空研究开发机构作出的一项决定更是让关注航天事业的日本人备感失落——日本有关方面决定取消已经持续了十多年的"月球-A"计划，原因是虽然早在11年前日本就完成了月球探测器的研发，但探月的另一项关键技术——着陆器——却一直没能攻破。

经过6次延期，目前着陆器的研发难题已经解决，然而沉睡十多年的探测器却严重老化而无法发射。看来，日本人的"嫦娥"要到月亮去看风景还得耐心等待，而且不大可能是很短的一段时间。

日本人的酸葡萄与苏联人的慰问大概是因为我们在科技上领先日本的东西算不上多，航天领域是仅有的几项之一，因此，有些人难免有些暗自窃喜，比如就有媒体将日本登月计划的放弃称为"打水漂"或者"泡汤"，还有媒体干脆替日本人的登月计划把了把脉，断言其已经走进了"绝境"。

这实在算不得正大光明的心态。虽然当年杨利伟遨游太空的时候，我们的东洋邻居嘲讽我们的技术"落后美国30年"，一副酸葡萄嘴脸，但是问题在于他们能说的话，我们也能说吗？

人类航天之父齐奥尔科夫斯基曾说："人类不会永远留在地球这个摇篮里。"迈出摇篮，是我们的共同事业。在这人类共同的航天事业中相互竞争，同样需要恢宏的气度。即使是美苏冷战最为激烈的时期，双方也没有因对方在航天领域中的失利而兴高采烈。当"联盟"火箭在哈萨克斯坦的荒原上爆炸的时候，伤心落泪的并不只有苏联的科学家；就像"挑战者"号航天飞机悲剧之后，美国科学家得到了来自苏联同行的诚挚慰问一样。虽然双方都很清楚，两国的航天计划在指向外太空的同时，也在瞄准对方，但这并没有阻断科学家们对人类共同事业的共同关注。

其次，就算我们有一点可以原谅的小人之心，但问题是，日本"嫦娥"飞天时的驾乘只是一个肥皂泡吗？

日本只是放弃了探月计划中的一个，但日本从来也没说过要把省下的钱统统花在研制剃须刀上。日本人接下来要做的是"反省这次失败，并将举一反三"，在跌倒的地方爬起来继续前行。

说到底，"月球 – A"的放弃，不过是一次挫折而已，有着强大经济和科技实力的日本绝不会就此罢手，他们雄心勃勃地欲在太空压倒中国的计划仍将继续，只是含蓄的日本人不会公开承认他们的"嫦娥"在仰望月球的时候，经常向旁边瞥上几眼，看看中国人而已。

在今天拥挤的奔月路上，各国之间只是 50 步和 100 步的区别，谁也没有到达终点。

这时候同样跑在行列中的我们，应该做的也许是吸取龟兔赛跑的教训，注意自己的脚步，不要摔倒，至少不能因为看到别人在调整步伐就以为他们打算中途退出。

2007 年 1 月 25 日《国际先驱导报》

新闻背景：2008 年 7 月 29 日，美国航空航天局宣布将和另外 8 个国家一起建设国际月球网络，在 2020 年前重返月球。

九星逐月？算了吧

7 月 29 日，美国航空航天局（NASA）在自己的 50 岁生日那天宣布将和另外 8 个国家一起建设国际月球网络（ILN），在 2020 年前重返月球，继续"阿波罗"和尼尔·阿姆斯特朗的辉煌。九星逐月？够壮观的。

虽然从参加国数目上还不能和国际空间站（ISS）相比，但九星逐月的历史地位却应该比后者更高，这既是因为多年来的贫血症导致国际空间站气息奄奄，而国际月球网络却是破茧而出，垂死与初生自然不能相提并论；更是因为在电视直播中，回到月球上去要比多弄些人进入上不着天下不挨地的金属大屋子里好看多了。

还有一个可能是最重要的原因，不是所有的国际空间站伙伴都受美国人的喜欢，美国最不喜欢的那个还不可或缺——离开了俄罗斯的大推力火箭，国际空间站连宇航员的牙膏都补充不了。而国际月球网络则是个纯粹的所谓"民主国家"项目。

当然，国际月球网络的历史地位是否真能压过国际空间站，还很不一定——这可不是酸葡萄的借口。而是因为美国航空航天局为 50 岁生日烘焙的这块蛋糕真的不怎么样——来得太晚、块头太小、价钱太贵，而且味道一点也不好，很有可能让迈克尔·格里芬局长及其部属集体消化不良。

首先，来得太晚，早在 2004 年布什总统就宣布了自己的《新太空计划》，提出的目标之一正是重返月球，之后还要去"马丁叔叔"家里做客。现在离布什总统下台只有短短几个月了，这项注定要由后任总统付钱的项目实在来得太晚。考虑到此前数任美国总统都制定过雄心勃勃的太空计划，没有一个能在下任总统手里继续存在的。万一发生中途下马情况，九星逐月的命运就不会比当年美欧合作的国际日极计划（ISPN）好，那一次合作失败就是因为美国人说话不算话，导致欧洲人不得不让自己的航天器"尤利西斯"形单影只地飞向太阳。

其次，块头太小，美国人已经明确表示重返月球的宇航员将肯定是美国人，也就是说那8个国家休想用上月球来攫取属于美国的国际威望，虽然靠别人的力量离开大气层是否意味着自己成了航天国家——就像韩国人在国际空间站住了些日子那样——倒也不一定，可是至少参加网络的印度和韩国是这么觉得的，证据见诸他们自己的媒体。现在美国人却已经明确拒绝和他们分享最后的光荣，只愿意分享账单以及在不破坏美国的技术防扩散体系的情况下分享一些技术成果。蛋糕本来就不大，分给美国人以外的就更少了。

再次，价钱太贵，这一点毋须赘言。官方估计"布什版太空计划"要花费1000多亿美元，按照太空项目的预算规律，也就是那条"往多了算，然后再加倍"才能成功的规律，有人估计至少要3000多亿美元，其中相当一部分用于支付重返月球。这笔钱即使对美国都不是小数目，谁来保证在未来13年内，美国国会每年都愿意拨款至少100多亿美元呢？先不要问别人，问问奥巴马愿意吗？不过问题可是要换成"奥巴马参议员（或者总统），你愿意作为布什总统计划的忠实执行人而青史留名吗？"对这样的问题，奥巴马可能说"I do"吗？

最后，蛋糕的味道也不好。无论如何，不能和当年"阿波罗"的味道相提并论，实际上，美国民用航天计划当中只有一项能长寿过下任以及下下任总统的任期，就是"阿波罗"。而之所以那时整个美国都不遗余力地支持"阿波罗"，是因为他们受了苏联宇航员尤里·加加林的气，心存报复及抱负。在冷战时代，国家威望几乎就等于国家危亡，正是追求这种威望，美国才愿意连续发射17艘"阿波罗"。而也正是因为"阿波罗"，美国才牢固确立了自己所谓"山巅闪光之城"的国际地位。然而，即便如此，"阿波罗"的最后3次飞行还是出于省钱的目的而被取消，可见威望作为一种动机也是有边界的。

而现在，美国人重返月球又能在多大程度上重振美国的威望呢？更重要的问题是，美国人把谁当成了加加林第二呢，难道是我们的"嫦娥"？那可真是受宠若惊，同时也解答了中国和俄罗斯这两个更具技术资格参与国际太空合作的国家却何以被排除在外的疑问。要是"嫦娥"都来了，美国人还到月亮上去干什么呀？

2008年8月4日《东方早报》

新闻背景：2008年8月14日，在上海院士中心主办的第18期院士专家讲坛上，中国工程院院士、原"神舟"号飞船总设计师戚发轫透露，在中国的载人航天"三步走"计划中，中国最终要建设的是一个基本型空间站，它的规模不会超过现有的"和平号"国际空间站。

要太空站，不要太空战

8月中旬，上海有媒体报道中国载人航天"三步走"计划的目标是要建设一个基本型空间站，规模不会超过俄罗斯"和平"站以及美国主导的国际空间站。如果这条消息不在8月而在其他时间出现，那么正如尼克·霍恩比所描述的那样，这条消息"可以预料而又非常烦人地"很快就会在大洋彼岸的媒体、智库甚至国会中得到回音。

以往经验显示，美国人对中国进行太空探索不外乎两种推测：如果不是用来炫耀实力，就是具有险恶的军事用途。这两种推测都很值得怀疑。

首先，建太空站是不是炫耀实力？其实太空技术是有自身规律的。考察美国和俄罗斯的太空发展史，就能发现双方具有惊人的相似之处。军用计划起步，民用载人航天跟上，继而发展太空站，殊途同归，独立自主研发太空能力的国家概莫能外，何以偏偏中国要到载人航天为止？

现代科技进步的特性是，只要经费许可总要前进到极限。工程师在经费充足的情况下不断将技术提升到前所未有的高度，这一点和牙买加人把男子100米成绩提高到9.69秒还不满足是一样的，正是这种不断前进才使我们成为今天的万物之长。就这一点而言，中国的太空站纯粹是中国人的钱袋子和技术目标之间的事情，和"面子"毫无关系，更不是为了要羞辱什么人，就像刘子歌的女子200米蝶泳金牌可不是为了羞辱澳大利亚人一样。

其次，载人航天总具有一定程度的军事色彩，这同样是"普适"而且"普世"的。航天员们往往出身战斗机飞行员，运载火箭一般都脱胎于洲际导弹，航天是军民两用技术最集中的领域，等等。但这并不意味着太空站就具有多强烈的军事色彩，这一点和意图无关，而是纯粹的技术问题。

太空战士乘坐星际战舰远征其他星球，或从太空向地球"投掷"些什么东西，这在科幻电影上很常见，也很好看，唯一的缺点是就现有技术条件以及基于这种技术条件的人类想象力而言，太空战士并无任何存在的必要。有什么太空武器非得要航天员亲身操作而不能由地面站进行控制呢？绝地武士手里的激光剑？算了吧，那个东西再过1000年也不会成为军事装备，不是因为激光，而是因为剑。更重要的是，让航天员操作武器，意味着太空站要从非常有限的载荷中腾出很大一部分安装生命支持系统，这些东西的确能体现技术实力，但要是心存恶意打算打人的时候那可就成了累赘，还不如多装些电池板提高生存周期呢。

这些道理美国人都知道，中国在太空做的每一件事情美国都在几十年前就开始了，并且一直在以更大的规模继续。谈到太空威胁，中国人应该比美国人更加如芒在背，毕竟是美国研发了一大堆"上帝的棍子"等太空武器而不是中国。但事实上恰恰是太空力量最强大的美国多年来以最明确的姿态向全世界宣告，除非由美国主导，否则任何国家的太空技术进步都是对美国尊严与安全的威胁，证据见诸他们自己的军事学说。

其实，太空里面的事情根本不是一个讲道理的问题，而是讲意志和实力的问题，也就是中国是否有勇气和实力，不顾美国人的嘀咕和阻挠将太空计划贯彻到底的问题。时下有一种比较流行的说法，即所谓中国要多些软实力少些硬家伙，做事要考虑"国际反应"。这当然很对，但切不可矫枉过正。"国际反应"只是参数之一而不是唯一参数，况且"国际反应"并不等于"美国反应"，更为核心的问题是，没有硬家伙哪来的软实力？

回到太空站话题上，这意味着中国要想避免美国人用"太空战"吓唬我们，就必须有自己的太空能力，包括太空站在内。多年以来，中国一直表示希望参与国际空间站，但始终被美国拒绝。就这个案例而言，多下工夫在说服美国人让他们相信中国没有恶意，还不如多下工夫建立自己的基本太空设施。不妨在这里大胆预言，只要中国人把自己的太空站送上去，国际空间站的大门十有八九会应声而开——美国的政策一向是在无法遏制的时候便寻求接触，太空领域也不会例外。

2008 年 8 月 26 日《东方早报》

新闻背景：2009 年 10 月 22 日，奥巴马指派的奥古斯丁研究小组提交了载人太空飞行方案评审最终报告——《寻求适合伟大国家的载人太空飞行计划》，也被称为《奥古斯丁报告》。2003 年"哥伦比亚"号航天飞机事故之后，布什政府要求 NASA 结束国际空间站计划，在 2010 年底前让航天飞机退役，开发新火箭和太空飞船，在 2020 年代早期送宇航员重返月球。NASA 因此开发了"星座计划"，包括"战神"火箭和"猎户座"乘员探索飞行器。奥巴马上台后要求奥古斯丁研究小组评估以上的 NASA 航天飞机替换计划，奥古斯丁报告认为该计划会耗资过多、耗时太长，难以形成切实可行的方案。

奥古斯丁报告：从童话回到现实

执政将满一周年的奥巴马总统日前在威斯康星州麦迪逊抱怨自己正在竭力应对的大问题全都继承自前任布什——从阿富汗问题到美国经济。赢得大选之后一年，奥巴马已经需要为自己辩护了——欢迎来到真实世界，童话总是要结束的，即使那是 21 世纪奥巴马版的灰姑娘童话。

某种意义上，奥巴马没有抱怨错，他的童话正是因为没能处理好布什留下的烂摊子而"被终结"的，但他也终结了布什留下的一个童话。那就是雄心勃勃的布什版太空新探索计划。2009 年 10 月 22 日，美国载人航天计划审查委员会主席诺曼·奥古斯丁在华盛顿公布了《奥古斯丁报告》，宣布奥巴马时代的美国将"寻求和强国地位相称的载人航天活动"。

从 1981 年罗纳德·里根出任总统共和党人重燃民主党人约翰·肯尼迪点亮的太空梦想以来，美国太空探索活动经历了一个螺旋反复的循环。共和党人倾注热情和经费，编造童话，而民主党人则负责"纠偏"，让太空活动及其背后的财政支出回归理性和现实。《奥古斯丁报告》中体现的奥巴马意志继承了民主党人比尔·克林顿的谨慎风格，终结了从里根到两位布什总统的共和党太空狂热。

在报告发布会上，奥古斯丁直言不讳：委员会"最基本的结论或者说发现是当前美国正在进行的载人航天项目处在难以为继的轨道上。我们这样说是因为项目的规模和提供的经费支持根本不相称"。作为解决方案，奥古斯丁没有明确表示要废除布什总统提出的三个宏伟目标：研发新型载人航天器、重返月球、登陆火星，然而他的建议是保留目前已经在进行的"战神-I"和"猎户座"计划，其他的新项目以后再说。至于国际空间站和航天飞机——美国宇航局现有项目当中经费负担最沉重的两项，同时也几乎是仅有的载人航天项目，则分别适度延长。

在拨款方面，委员会确立了三条基本原则：（1）2010财年内不进行任何高于低轨道以外的载人航天活动；（2）在财政约束较小的情况下进行有意义的载人航天活动是可能的，这要求在2010财年拨款水平的基础上按照实际购买力年均追加30亿美元；（3）逐步增加拨款将会实现重返月球计划或其他更加灵活的方案，两者都可以在合理的时间段获得重大实际成果。将听上去颇为拗口的拨款原则和直白的对策建议合并在一起，《奥古斯丁报告》的全部内容可以用一句话来概括：除了必要的技术储备研究以外，已经启动的航天项目继续保留，直到把钱花完，没有启动的"以后再说"，也就是奥巴马任期内"不再说"。

奥古斯丁曾经是洛克希德-马丁公司的首席执行官，他用建立在商人缜密财务视角基础上的保守原则取代了布什版太空新探索计划的热情，"德州牛仔"的梦想就此消失得无影无踪。这倒不是因为奥古斯丁在替奥巴马以扼杀布什梦想的方式来报复给后任留下了太多麻烦的前任总统。美国太空政策的舒张-收缩循环规律当中，总统的个人喜好所发挥的作用虽然非常重要，但并不是决定性的，而是因为太空活动本来就是在技术梦想和财政现实之间寻求平衡的一项事业，用冷静的财务视角约束技术扩张狂热原本就是一个健康的太空行业所需要的。

还特别需要指出的是，这种"喜好"其实也不是纯粹个人的，布什家族来自得克萨斯、里根发迹于加利福尼亚，两者都是美国著名的"航天州"，也就是太空工业集中的地方。这两个州出身的政治家很难抵抗太空游说集团的压力。而奥巴马和克林顿的伊利诺伊和阿肯色境内拥有的与太空行业相关的工作机会显然不足以点燃两位民主党总统在送个把人飞离地球方面的热情。

不来自太空州，当然不代表奥巴马不怀有太空梦想——任何一个人当他看到修长的火箭拖着白色烟迹挣脱大地束缚的时候，都会为人类对浩瀚太空的梦想和这种梦想带来的技术奇迹而心潮澎湃。奥巴马显然也不会例外，但对于一位总统来说，太空探索的重要性显然无法和公共医疗、住房以及国土安全相提并论，除非太空探索重要性体现为冷战时期的技术民族主义竞争需要。奥巴马正在背负这三座大山的重压，而这三座大山又全部是小布什的"遗产"，在这种情况下，奥巴马怎么可能愿意去背负小布什颇为异想天开的"太空新探索计划"呢？

不过，奥巴马终结的只是小布什不切实际的2020年登陆火星的梦想，并不是要哪怕只是暂停美国载人航天活动以及整个太空事业前进的脚步。《奥古斯丁报告》建议继续并加大太空科技研发的投入，为美国积蓄太空技术储备，而且还建议扩大商用载人航天活动的规模，以改变载人航天活动的财政主导性质。透过这些建议，人们不但可以看到一个航天强国对占领奇技术"高空间"的决心与恒心，更能展望出美国太空政策的下一个扩张期将在7年之后到达——如果奥巴马能为自己的后任积累下足够的银子，就像当年的克林顿为小布什做到的那样。

就太空活动而言，奥巴马有些类似康熙和乾隆之间的雍正皇帝，他要负责收拾前任的遗产并为后人留下遗产。如果真是这样，在未来的美国航天名人祠，也应该有奥巴马的一幅肖像，尽管现在的美国航天人会不可避免地怨恨这位总统的"吝啬"。

2009年10月《东方早报》

新闻背景：2009年10月22日出台的《奥古斯丁报告》突出了NASA航天飞机替换计划与重返月球计划的不确定性，因此不支持NASA继续研发"战神Ⅰ"。NASA认为，可在2015年实现"战神Ⅰ"火箭飞行准备，但奥古斯丁小组认为，最早也要2017年。在时间断层中，NASA只能被迫从俄罗斯购买"联盟"载具往返空间站，每张船票0.5亿美元。

战神茫然

2009年10月28日，作为美国"星群计划"的第一次飞行测试，327英尺高的"战神Ⅰ-X"火箭飞向蓝天。就技术测试而言，飞行是成功的，两分钟的动力飞行甚至可以说是完美无缺的。然而，"战神"起飞6天前的10月22日，华盛顿召开的一次记者招待会却给"战神"的首次飞行蒙上了一层阴影。

奥巴马总统上任伊始下令组建的美国载人航天计划审查委员会历经半年的研究，正式公布了最终报告《寻求与强国相称的载人航天项目》。这份报告使得"战神"尚未拔剑就已经四顾心茫然。根据报告的建议——奥巴马总统拒绝报告的可能性即使在理论上也是不存在的，肯尼迪航天中心39B发射台10月28日11时30分腾起的白烟不是在庆祝"新时代的首次飞行"——美国宇航局如此评价"战神"初飞，而是在哀悼又一个雄心勃勃的总统太空计划的死亡——前任美国总统小乔治·布什在2004年1月14日宣布的《太空新探索计划》符合惯例地被后任总统终结。

根据宇航局的"战神"项目，2009年的飞行试验之后，"战神Ⅰ-X"的姊妹箭"战神Ⅰ-Y"将在2014年进行项目的第二次试飞，五段式可回收固体燃料助推火箭、飞行控制系统等至关重要的设备届时将进行测试；第三次飞行将对一枚完整的"战神Ⅰ"火箭进行测试，计划将一部不搭载成员的"猎户座1"太空舱送入轨道。2015年将进行首次"战神Ⅰ"载人发射，将宇航员送入国际空间站。

"战神 I"项目的时间表仍然挂在宇航局的网站上,但相信挂不了多久了。"战神 I"项目是"星群"计划四个主要项目之一,负责研制一种能将宇航员送入近地轨道的运载火箭;其他三项分别是"战神 V"、"猎户座"以及"牵牛星"。"战神 V"是一种大推力火箭,能将宇航员和设备送上月球;"猎户座"是搭载宇航员进入近地轨道、飞往月球以及其他天体的太空舱;"牵牛星"则是宇航员登陆月球的登陆车和月球表面活动系统。环环相扣的四个项目,根本任务正是迄今为止人类最后一名月球登陆者、"阿波罗 17"号指令长尤金·塞尔南在返航时致月球的别辞"带着全人类的和平与希望,我们来过这里,我们现在要离开这里,如果情况允许的话,我们还会回到这里的"。

小布什总统 5 年前当着尤金·塞尔南引用了这句话,并发誓"美国将把这些话变为现实"。2020 年前重返月球是小布什《太空新探索计划》的最终目标,没有这个目标,或许"战神 I"项目还能以别的名义出现——反正航天飞机退役后,美国总是需要一种太空运载工具的。但"战神 V"、"猎户座"、"牵牛星"诞生的可能性就很小了,而没有了后三个成员的加盟,孑然一身的"战神 I"也就不成其为"星群"计划了。

根据美国载人航天计划审查委员会的报告——这份报告也因为其主席、洛克希德－马丁公司前首席执行官诺曼·奥古斯丁而被称为《奥古斯丁报告》,除了已经飞上天空的"战神 I"以外,其他三个项目都被放在斩首台的砧木上面等待裁决。这倒不令人感到奇怪,原本布什版《太空新探索计划》就不曾被当成严肃的政策规划。为了落实《太空新探索计划》而启动的"星群"计划要在 2015 年用美国自己的火箭将宇航员送入国际空间站,不再依靠俄罗斯越来越昂贵的"联盟"。然而根据计划,2016 年国际空间站就将宣布退役,送宇航员上去干什么?难道是去关灯?更加逻辑不通的是"星群"计划所需要的经费来源是建立在航天飞机退役和国际空间站停止使用的基础上,也就是省下后者的银子给前者花,而前者至少在官方文件上是为了后者才研制的!

当然,小布什总统可以为自己辩护说,所谓用"战神"送宇航员进入国际空间站不过是官方辞令,他的计划是要重返月球。这倒也说得通,但仍然没有解决一个最关键的问题:美国重返月球干什么?即使计划进展一切顺利,美国也要在 2020 年才能重现尼尔·阿姆斯特朗的辉煌。那时候小布什总统已经退职

12 年了，项目花费则高达数千亿至上万亿美元，那时白宫至少已经两次更换主人，哪个美国总统会为了前任的前任的伟大梦想而向国会要这么大一笔银子呢？

实际上，美国载人航天史上绝无仅有的能维持一任总统以上的"公费"民用太空项目就是历时 12 年的"阿波罗"计划。这一计划能够成为例外是因为苏联人在 1957 年发射了"斯普特尼克"，也就是"人造地球卫星 1 号"。冷战时代美苏争霸为载人航天活动在 20 世纪中叶的高潮提供了精神动力以及源源不断的经费支持，现在美国要重返月球，精神动力是什么？他们已经去过了，再去一次又能把美国的声望提高到哪里去呢？美国总不至于是要让"战神"阿瑞斯背着"猎户"俄里翁去向杀死他的"月神"阿尔忒弥斯寻仇吧？

布什版太空计划出台伊始就被美国太空政策研究学界的专家称为"科幻小说"，人们猜测的不过是他的继任者会以怎样的方式将之终结罢了。现在答案揭晓，"战神 I"飞向了该去的地方，《太空新探索计划》也去了该去的地方——小布什图书馆。当然，美国的载人航天活动不会因此停止，而会继续在理想主义和预算之间徘徊，但愿在这一过程中，"战神 I"甚至"战神 V"都能找到自己的位置。

2009 年 10 月《东方早报》

新闻背景：只要国际社会对"太空军事化"没有形成明确而严谨的共识，日本的太空军事活动就会始终以民用技术的外壳或者打着"防卫"旗号向前推进，能走多远就会走多远。

日太空军事化有多远走多远

只要国际社会对"太空军事化"没有形成明确而严谨的共识，日本的太空军事活动就会始终以民用技术的外壳或者打着"防卫"旗号向前推进，能走多远就会走多远。

联合国安理会5个常任理事国和日本就朝鲜发射物的安理会主席声明内容达成一致。5+1的磋商形式确认了日本作为朝鲜发射问题重要关切方的地位。虽然日媒称是"外交失败"，但就日本当前的国际影响力而言，日本在外交上实际上赢得了一分——和日本比起来，显然更有资格成为任何涉朝问题的重要关切方的韩国没能参与讨论。

外交上得也好，失也罢，这并不是日本在朝鲜发射某个东西后唯一动脑筋思考的事情，可能对日本乃至整个亚洲产生更深远影响的是，日本利用朝鲜的发射行动将原本悄悄提速的"太空军事化"步伐彻底公开化。

2006年朝鲜发射"大浦洞"的时候，日本惊慌失措地叫嚷要对朝鲜发射先发制人的打击，但谁都没太当真，大家都知道以当时日本的太空军事实力，东京也只是说说罢了。

然而，如今事情已经有了近乎本质性的变化。一则太空中的日本卫星越来越多，而且其中很大一部分即使不是专门军用的，也是军民两用的；二则生效不久的《太空基本法》明确提出，今后将把太空开发工作重心"转为满足防卫等实际需求"。"太空军事化"对于日本来说，已成为公开的，甚至大张旗鼓进行的全方位行动。一些中文媒体由此对日本要在太空干什么表示了担忧。

太空军事化是一个很耸人听闻的话题，但从技术范畴解构一下，其实并不那么令人毛骨悚然。太空在军事领域的主要用途包括太空支持、战斗力强化、太空控制与战斗力应用。其中太空支持指的是航天器的发射、部署、维护与回收,这是任何太空军事项目的基础,同时也是最难和民用太空活动区分的部分。战斗力强化指的是应用后可以使武装部队的常规战斗能力得到明显提高的太空技术与活动。在此定义语境下,大部分民用太空技术都能使武装部队战斗力得到显著强化。就连军事色彩更浓的"太空控制",其范畴都是含糊不清的,很难和民用技术截然分开。

仅举一个例子说明。能够使卫星躲避撞击的机动技术,主要是一种防止"杀手卫星"破坏活动的被动防御技术,一般来说属于太空控制范畴,但完全可以打着"规避太空垃圾的民用技术"旗号进行研究和部署,从而模糊了军用技术和民用技术的界限。更严重的是,这种技术本质上和"杀手卫星"所需要的机动能力是一样的,能操纵卫星进行躲避就能操作卫星进行撞击,从而使得"太空控制"和"战斗力应用"变得难以区分。而这只是太空技术军民两用特性的一个证据罢了。

太空的军民两用特性从而使得"太空军事化"成为无法界定的概念,并且完全取决于国家是否确有这样的意图。日本虽然纸面上依然保留着和平宪法,但日本如果愿意的话,可以把自己的侦察卫星叫做资源探测卫星,可以用加密手段在太空民用通讯系统嵌入军事通信内容——美国人在阿富汗和伊拉克战争中都大量租用了民用通讯带宽。当然,早期预警卫星没有什么民用价值,但有什么人能因为别的国家发射早期预警卫星而谴责他们正在沿着军国主义的道路越做越远呢?毕竟,所谓"和平"到底指的是"没有军队"还是"不主动进攻",是一个见仁见智的概念。

实际上,除非日本研制天基武器系统——比如太空激光武器、太空动能猎杀器,否则人们很难断言日本的太空活动对别的国家构成了威胁。只有这类"战斗力应用"的活动,才是无法披上民用外衣的纯粹太空军事活动,但这类活动有个专用的名字,叫做"太空武器化"。而到目前为止,全世界所有国家都至少在外交表态上并不承认太空武器化要求的合法性,只有美国空军曾经公开谈论部署太空武器系统。

即使日本希望实现"太空武器化",就算技术不是问题,日美同盟的限制也不会让日本走到那一步。当然,这取决于对反导系统的认知——放在地面上的东西能不能也算作一种太空武器？而且只要日本留在美国反导系统内，就谈不上独立的太空战斗力应用。因而，话题仍然回到了那个几乎无所不包的太空军事化当中。

可以肯定，只要国际社会对"太空军事化"没有形成明确而严谨的共识，日本的太空军事活动就会始终以民用技术的外壳或者打着"防卫"旗号向前推进，能走多远就会走多远。首先，这本来就是一切技术发展的必然逻辑；其次，要国际社会达成共识，显然是不可能的。谁需要一项捆缚自己手脚的国际协议呢？最后，我们必须要承认，不管我们喜欢不喜欢，这件事情都不可能被我们所阻止。我们所能做的，只能是通过增强自己的太空力量以避免太空实力平衡出现对我们不利的变化。毕竟，太空军事化，和大多数国防话题一样，是一个事实认知问题，而和道德评判无关。

2009 年 4 月 14 日《东方早报》

新闻背景：2010年6月3日，俄罗斯正式启动旨在为未来火星探测积累经验的"火星-500"试验。来自俄罗斯、法国、意大利和中国的6名志愿者在接下来的520天里模拟太空生活，体验飞往火星、在火星表面着陆以及返回地球的全过程。

飞向太空的第三副翅膀

俄罗斯主导的"火星-500"计划已经启动，6名志愿者将在一个200平方米的狭小空间中坚持500多天。宇航员能在太空中坚持多久？这个问题俄罗斯比任何国家都有资格回答。从尤里·加加林的108分钟，到谢尔盖·科里卡列夫的803天，苏联和俄罗斯宇航员不断刷新人类在外层空间不间断停留的纪录。而"火星-500"试验如果成功，则将创下另一项纪录：6个男人在密闭空间中共同生存时间最长的纪录。

显然，创纪录只是试验的结果，不是计划的初衷，俄罗斯组织这样一次规模空前的多国试验，其实是为了测试一下电影《潘多拉》描述的令人毛骨悚然的情景——宇航员在长途飞行中精神崩溃——在人类日后更加雄心勃勃的太空探险计划当中到底有多大发生概率。至于引发人们无尽联想的宇航员能否以及如何在太空中解决生理要求以及在此基础上的后代繁衍问题，考虑到全部志愿者均为男性，就不在计划组织者的试验范围之内了——但这是一个非常重要的问题，需要在未来的试验中加以考虑。

科学探索，尤其是太空探险，既需要扶摇九霄的科学想象力，也需要脚踏实地的试验精神。"火星-500"就是在用500多个脚踏实地甚至枯燥无聊的24小时为人类的想象力插上翅膀，使我们能够像代达罗斯一样振翅高飞，而不至于像伊卡洛斯一样跌进大海。试验的枯燥性显而易见。对志愿者和关注试验的一般公众都是如此，而对于试验的组织者来说，恐怕试验中出现的任何轰动效果都不受欢迎。一个伟大的奇迹将建立在500多个平淡的日子中，这恐怕是对技术进步的科学本质的最佳说明了。

然而，对于太空试验而言，仅仅拥有想象力和实践精神这两副翅膀是远远不够的。很多年以前，宇航理论奠基者俄罗斯人康斯坦丁·齐奥尔科夫斯基曾经说过"地球是人类的摇篮，但人类不可能永远被束缚在摇篮里"。离开这个摇篮飞得更远，我们还需要第三副翅膀，那就是精明的政治动机。

太空承载了人类的梦想，然而让所有仰望星空的理想主义者偶尔会感到郁闷的是，齐奥尔科夫斯基和戈达德以后人类几乎所有太空成就却都建立在功利主义动机和国家间政治博弈的基础之上。从实际后果衡量，恐怕冷战的最积极遗产就是人类的太空成就——没有美苏对抗，根本不会有"斯普特尼克1号"以及"阿波罗"，世界各国的中小学课本中也就不太可能出现尤里·加加林和尼尔·阿姆斯特朗的名字。

冷战时期的技术民族主义为美苏两强竞相把人和设备源源不断地送入太空提供了充沛的精神动力。而冷战结束后的10年，也就相应地沦为了人类航天活动暗淡无光的一段岁月。地面上人们说得倒是很热闹，而太空却已经显得有些寂寞，直到空军中校杨利伟用"神舟"实现了600年前大明子民万户的梦想。人类的地缘政治竞争被再次扩展到了外层空间，地面上的诸强国重新点燃了竞逐太空的梦想。

和美苏两强一较短长时代不同的是，随着中国和其他新兴太空国家的加入以及太空科技应用的不断普及，引领太空的内涵由技术层面丰富到了政治－外交层面。如今的空间竞争仅仅依靠技术上压倒别人是远远不够的，太空影响力以及伴随而来的太空权力还要依赖于更多国际伙伴的参与。换句话说，一枝独秀已经过时，现在需要的是有领导者的团队合作。

就政治效果而言，当年莫斯科满足于为兄弟国家宇航员提供一次太空度假之旅的做法被证明远远不如美国组织国际空间站项目显著。或许这才是莫斯科高调启动"火星－500"计划的政治动机——为了向世界证明，俄罗斯和美国一样有能力领导全人类的空间探索活动。谁说未来世界的宇航员（不管是绞杀太空战蝎的星舰战队还是与异形殊死搏斗的太空陆战队）都得讲英语？

其实，按照全球所有太空国家的现行预算，从今天开始的25年之内，不会有任何地球人飞往比月球更远的天体，包括火星。也就是说今天所有参与"火星－500"的所有志愿者都不会有机会真的前往火星，但这并不能否认他们进入人类太空活动前驱者名人堂的资格。同样地,"火星-500"这样一个前瞻到了至少提早25年的试验研究绝不是全无现实价值的——它给了俄罗斯一次让人们记起加加林和科里卡列夫的机会。尽管"火星-500"在影响力上或许远远不如命运多舛前途未卜的国际空间站,然而引领一项大范围国际合作太空项目对国家形象改善和地位塑造的价值由此依旧可见一斑。

因此,正向太空施展梦想的中国来说,为能飞向更遥远的宇宙深处,我们同样需要那三副翅膀。王跃进入那间200平方米的模拟太空舱让我们很高兴,但我们在保持开放的太空国际项目参与姿态的同时,更应该致力于拥有自己的国际空间合作项目。我们已经参与创建了亚太空间合作组织,这使得我们某种程度上较之美俄更多了一份国际空间合作的制度优势,我们要做的就是尽快将制度优势变为项目优势,还不能是聊胜于无说说而已的项目。说到底,一个人飞往太空是会寂寞的。

2010年6月《东方早报》

新闻背景：2010年4月23日人类首款空天飞机 X37B发射升空，由于它所具有的军事潜质引起极大的关注。从长远的角度看，空天飞机将军民两用，其军事前景不容低估，有可能发展成未来的多用途空天战机。

欢迎来到太空武器时代

4月23日人类首款空天飞机X37B发射升空，这一军用项目肯定无助于奥巴马成为"火星叔叔"——为了火星梦想，美国总统只打算花60亿美元，而且空天飞机项目和这笔钱无关。不过"宇宙神-5"火箭在上周末送进太空的五吨有效载荷却有可能使奥巴马成为使人类进入太空武器时代的引路人，或者说成为"星球大战"里面天行者阿纳金蜕变出的黑武士。

到目前为止，从宇航局手中接管了X37B项目的美国空军并没有确认这种空天飞机的武器性质，然而将空天飞机伪装成普通军用项目甚至是民用项目是毫无意义的。负责美国民用航天项目的宇航局早就对X37B以及其他空天飞机失去了兴趣——严格说来，现有的空天飞机技术并不比即将报废的航天飞机拥有更广泛的民用用途，和航天飞机一样只能部分重复使用而载荷要小得多，理论上要飞向火星实际上要保证国际空间站继续发挥作用的宇航局对大推力火箭显然更有兴趣。而只有空军才会对这种发射反应快、滞空时间长的设备感兴趣，因为空天飞机堪称不可多得的军事太空多面手。

太空的军事用途主要有四种：太空支持，即通用性质的太空发射，这是一切太空活动的基础；战斗力强化，即通过太空设备使得常规部队的战斗力得到加强，如将全球定位系统应用于常规弹药使之成为精确制导武器；太空控制，即保卫己方太空资产的手段，包括被动太空防卫和主动太空防卫，前者可能是发射更多的卫星以获得技术"备份"，后者则可能是反卫星武器；太空军事的最后一个用途则是太空战斗力应用，即在太空中直接部署武器系统对地面目标或者其他空间目标发动打击。

空天飞机能够同时具备以上全部军事用途，它能像航天飞机或者火箭一样将军用设备发射进太空，也能安装某些军用部件为常规部队提供情报支持，还能安装上机械臂将敌方卫星从太空中"摘掉"，更能从太空发射导弹直接打击敌人。

当然，现在飞在我们头顶上的 X37B 技术上还不尽成熟，还不够资格成为乔治·卢卡斯幻想出的激光剑，最多是把"激光匕首"，但是技术进步是没有止境的，太空技术尤其如此，只要思路正确，匕首"成长"为利剑仅仅是时间问题。当年中国的"东方红 1 号"也不过是一个 137 公斤重的广播信号发射机罢了，而且还只能播放一首歌。

就技术而言，讨论空天飞机算不算太空武器是毫无意义的，就像讨论一把菜刀在切白菜和砍人是否应用了同样的物理学原理一样毫无价值。空天飞机之所以将人类带入了太空武器时代，实际上不是因为技术本身，而是因为技术颠覆了 40 多年来的国际太空法律框架。现在仍然有效的涉及太空军事和太空武器的国际法文件只有一个，即 1967 年的《外层空间条约》。曾经有效的《反导条约》已经在 2001 年由于美国的退出而夭折，美苏以及美俄的《削减和限制进攻性战略武器条约》对限制太空武器毫无作用。

而美国仍然在表面上遵守的《外层空间条约》只在第四条对太空军事和太空武器作了如下规定："各缔约国保证：不在绕地球轨道放置任何携带核武器或任何其他类型大规模毁灭性武器的实体，不在天体配置这种武器，也不以任何其他方式在外层空间部署此种武器。各缔约国必须把月球和其他天体绝对用于和平目的。禁止在天体建立军事基地、设施和工事，禁止在天体试验任何类型的武器以及进行军事演习。不禁止使用军事人员进行科学研究或把军事人员用于任何其他的和平目的。不禁止使用为和平探索月球和其他天体所必需的任何器材设备"。需要注意：（1）条约并没有禁止太空军事活动，甚至也没有禁止太空武器，只是禁止太空部署大规模毁灭性武器；（2）必须严格保持和平性质的太空设备仅指建立在天体上的设施，不包括轨道飞行器。这两点使得空天飞机可以成为①合法的，②搭载常规武器系统的太空武器。

同样需要注意的是，现有的国际法文件关于领空的不可侵犯性质最大高度只限于空气空间，对于空天飞机能够自由"停留"的外层空间没有法律效力。这就使得空天飞机可以成为一种在发射武器前一秒钟都③对任何国家不构成侵犯的军用系统。

空天飞机在法律上的这三点便利给了美国空军梦寐以求的一项"特权",使他们可以像达斯·维达一样对任何人叫嚷"你是我的了"。然而,这一特权是有时限的,时限的长短取决于其他国家什么时候拥有空天飞机。显然,如果只有美国拥有空天飞机,要求限制这一技术的武器用途是没有指望的,就像核裁军只能在两个国家或者国家集团拥有水平相近的核力量的情况下才能成为一个严肃话题一样,单方面拥有的武器系统永远不会成为削减对象。

实际上,空天飞机在执行上述四种军事用途方面并不是什么划时代的技术创新,航天飞机也具备同样的技术潜力,而航天飞机没有成为一件太空武器并不仅仅因为技术不够成熟,更因为苏联的航天飞机计划几乎和美国保持了同步,其首飞虽然晚于美国7年,但拥有更具军事前途的技术潜力。从"哥伦比亚"号到"发现"号航天飞机的民用性质与"暴风雪"号的诞生是息息相关的。

这一历史经验意味着要想避免美国空军凭借着空天飞机对其他国家发出达斯·维达般的威胁,取决于两个时间表,(1)其他国家的政治家什么时候决定启动本国的空天飞机研制项目;(2)其他国家的科学家和工程师什么时候完成任务。当然也还取决于另外一个因素:其他国家的纳税人能否承受得起空天飞机的研制费用。

2010年4月《东方早报》

新闻背景：2010年4月15日，美国总统奥巴马15日在佛罗里达的肯尼迪航天中心公布了他为美国制定的"太空探索蓝图"，表示该计划将在未来数十年内实现美国人登上火星的梦想。美国政府计划在今后5年向航空局增加60亿美元预算，主要用于研究更先进运载火箭以及实现人类在太空长时间旅行。与此同时，美国政府将暂停布什政府提出的重返月球计划，把美国太空探索的目的地从月球转为更远的火星。但1969年至1972年登月的部分美国宇航员联名发表公开信，指责奥巴马在财政预算中取消了对重返月球计划的支持。他们认为此举将使美国沦为太空探索领域的"三流"国家。

火星叔叔奥巴马

80岁的俄亥俄倔老头尼尔·阿姆斯特朗赶在奥巴马总统发表新太空探索计划之前联合其他几位老头儿发表公开信，斥责奥巴马的计划是一个"灾难"，将导致"半个世纪以来一直是航天领域领导者的美国降格为太空探索领域的二流或三流国家"。

虽然阿姆斯特朗的故乡俄亥俄是美国的10个"太空州"（拥有美国宇航局基地、一大票人靠太空探索谋生的州）之一，但相信不会有多少人把这一点和他的公开信联系在一起。尼尔老爹和约翰·格伦一样是俄亥俄人民的英雄，更是美国人民的骄傲，作为第一个在月球表面留下足迹的人，他对太空探索活动的热爱无疑是真诚而坦率的。即便如此，人们还是不应该太过重视这位太空偶像的抱怨。他只看到了太空探索活动激动人心的一面，而锱铢必较的另一面在他的时代从未进入过美国宇航局的预算编制人员的脑海，更不是他这样一个前空军飞行员所要考虑的问题。

奥巴马却不能不在乎民用太空事业的成本与收益问题。虽然他的太空计划雄心勃勃地表示将向火星进发，信誓旦旦"将在有生之年看到"人类登陆火星，但正如人们常说的那样"只有诗人才会制订没有预算的计划"，总统只为火星探险拨了 60 亿美元，足见他不是认真的。

6 年前，小布什总统宣布了约为 1400 亿美元的太空探索计划，却只为"星座"计划拨了区区 50 亿美元，当时所有的美国太空政策研究者因此准确判断出小布什"重返月球登陆火星再找个更远的地方逛逛"的三步走战略只是一部科幻小说。自里根时代开始的航天飞机项目一共花了美国纳税人 500 亿～1000 亿美元，估价差别如此之大，是因为有些只用于航天飞机项目的科研和制造活动被用另外的名字单独编列预算，以便让国会拨款委员会的先生们心脏保持正常。

区区 50 亿美元，够美国宇航局的科学家干点什么？答案是他们用这笔钱做出了根本飞不到火星的"战神 I-X"火箭。2009 年 10 月 28 日进行了首次试飞，但承担什么任务，没有人能说清楚，因为"星群"计划的其他两个必需的组成部分，已经因为经费原因被取消——有关"星群"和"战神"的故事，是年 11 月 6 日刊登在《东方早报》上的拙作"战神很茫然"中曾经做过专门的讲述，这里不再赘言。现在奥巴马只肯为探索火星花上 60 亿美元，他也就比小布什认真 10 亿美元罢了，而且不要忘记，考虑到美元贬值因素，这 60 亿还不一定比得上当年的 50 亿呢。

那么是不是意味着奥巴马只是在肯尼迪航天中心和包括尼尔·阿姆斯特朗在内的美国太空从业人员开了个玩笑呢？果真如此，尼尔老爹的愤怒就完全可以理解了。然而事实并不那么简单，奥巴马的太空探索计划虽然和小布什同样装点了许多噱头，却要理性得多，遵循了美国太空探索的另一项传统——即着眼于为美国创造财富的传统。

排除军事考量——诚然这会是相当大的排除——美国太空活动始终存在着两个有时对立有时相容的目标，一是遵循着俄国人齐奥尔科夫斯基的理想，满足人们探索未知世界的可能；二是沿着美国人戈达德的技术实用主义道路前进，为美国创造更多财富使美国人的生活更加美好。前一个目标孕育出了哈勃太空望远镜，后一个目标则导致了全球定位系统的投入使用。

奥巴马的太空探索方案或者说奥古斯丁委员会（有关这个委员会，不妨参看另外一篇关于美国太空政策的评论 2009 年 11 月 23 日的"《奥古斯丁报告》：

从童话回到现实")帮他制定的太空政策,其着眼点本来就不是到火星或者什么别的小行星上兜个圈子,而是要在保持美国太空技术领先的前提下,让太空活动更加产业化。

首先是要将被欧洲航天局的阿丽亚娜火箭夺走的太空商用发射服务市场抢回来,再想办法延长国际空间站的使用寿命,避免这个人类太空合作的标志性工程陷入刚竣工就报废的尴尬境地。毕竟国际空间站每年不是我们某些地方的住宅小区,可以在交付使用之后马上列入拆迁规划。在太空狂热方面奥巴马或许不如尼尔老爹,但在精打细算方面显然超过了昔日的太空英雄们,这倒也从一个侧面证明了专家并不总是有道理的。

毫无疑问地,奥巴马要想成为"火星叔叔"贝拉克,靠他在 2010 年 4 月 15 日的这篇讲话和 60 亿美元显然是不够的,但其实这原本就不是他的目标,因而也就没有理由指责奥巴马"崽卖爷田不知心疼"。

至于另外一项担忧,即某些美国鹰派们担心削减太空活动会导致美国太空军事霸权地位出现动摇,更是毫无必要。证据是就在这两天美国将试飞宇航局和五角大楼联合研制的 X37B 空天飞机。太空军用项目很少成为削减对象,至少总能找到各种名目在打算省点银子的国会议员的笔下生存下来。说穿了,这些鹰们的喧嚣不是担心钱不够花,而是想要多拿点。

2010 年 4 月《东方早报》

第二篇 大国外交篇

第四章　G2 幻象：中美关系及台湾问题
第五章　中日关系
第六章　龙象之争：中印关系
第七章　周边国家：中国的参照与镜鉴

Chapter IV

第四章 G2 幻象：中美关系及台湾问题

中国接好"美国球"需要平常心
进步和固步
怎么看美国的变脸
要敢于向美国提要求
不遏制后又如何
对美外交以俄为师
要行动自由还是要办事公平？
给美国航母点"礼遇"
中美主要矛盾处在关键调整期
小心观赏南海戏码
见彩虹勿忘风雨
东南亚不需要"救世主"
不可将"反华"标签化
60年和7个月的教训
"第三只手"操控"独竹之争"
"龟儿子"也是儿子
"统一法"是招先手
"听其言"可以休矣
赚钱是有代价的
霸权之后？
重建帝国威严
胡德堡的罗生门
八年后的OBL和W
别捣乱，伯曼
帕内塔的烦恼

新闻背景：2003年9月5日，时任美国国务卿鲍威尔评价中美关系目前是"自尼克松访华以来的最佳时期"。但是另一方面，随着美国大选年的临近，民主、共和两党为争夺选票也开始大打中国牌。

中国接好"美国球"需要平常心

不久前，美国国务卿鲍威尔曾评价中美关系目前是"自尼克松访华以来的最佳时期"。这样的判断当然是每一个希望中美关系稳定健康的人乐于见到的。但是另一方面，从华尔街到国会山，从白宫到"雾谷"，不断响起与鲍卿此番言论不和谐的声音，使人不禁怀疑处于"最佳时期"的中美关系是不是要"晴转多云，局部地区有阵雨"了？

种种迹象表明，随着美国大选年的临近，传统的"选举年周期"又将为中美关系增添许多变数，民主、共和两党为争夺选票而大打中国牌已悄然开始。与以往不同的是，这一轮杂音将主要集中在经济领域，如人民币汇率问题、贸易平衡问题等。但是，不管以什么话题为主，在这场政治游戏当中，本来不是参赛队伍的中国都无可选择地将面对来自大洋彼岸的一个又一个发球。那么，我们应该以什么样的心态进行应对呢？

首先，应认清很长一段时间内，在美国说中国的坏话是有市场的。美国的媒体及媒体培育出的公众心态只愿看到中国街角的垃圾，而无视路边盛开的鲜花。虽然某种意义上，近年来美国媒体对中国的正面报道日渐增加，但在美国，中国妖魔化的偏爱者还大有人在。特别是由于美国经济不景气，导致公众寻求"替罪羊"的想法日益蔓延，尽管人民币和中国贸易顺差与美国经济的疲软无关，然而让美国公众相信这一点并不容易。普遍的经验是，处于困境时能反省自身的人永远是少数，多数人还是宁愿寻求一个外部因素以求得心理平衡。要求美国人在这一点上免俗并不现实。

其次，应认清最近出现的种种只不过是"表演"，并不代表美国对华政策真正的转变。这一点已经多次为美国大选所证实。人们都还记得，就是这位开创一任内两次访华的布什总统入主白宫前和执政初期，将中国定性为美国的"竞争对手"，并在台湾问题上"口误"频频。然而三年后，这位总统任命的驻华大使雷德先生却为中美"建设性的合作关系"又增加了一个定语"坦诚的"。"竞争对手"虽没有被忘记，但至少已不再提起。美国的成功政客永远戴有两顶帽子，一顶是治国安邦的政治家，一顶是"亲吻儿童"的大说客。现在是人家戴后一顶帽子保卫前一顶的时候，似乎我们也应该对此表现出一定的宽容，毕竟人家是在为自己的帽子奋斗嘛。说到底，在政治领域，不是大脑指挥帽子，而是帽子指挥大脑。

最后，还应认清，面对美国虚虚实实的反华势力，中国的处境已经比10年前，甚至3年前有了很大改善。中国应该对自己的地位充满自信。仅就经济而言，中美贸易对双方的重要性使拿中国当替罪羊的那部分政要也不得不承认，"中美是现在世界经济成长的主要动力，中国进口的美国货比美国其他任何贸易伙伴都多"。中国成功入世，参与世界经济一体化程度不断加深，使美国动辄以单边行动威胁中国的空间越来越小。虽然加入世贸远不能一劳永逸地解决中国和其他国家的贸易纠纷，但至少给了中国一个"说理"的地方。归根结底，还是中国经济的健康发展及其为美国带来的实在好处使美国政要在对华政策上更加冷静和理智。就连一向习惯于对其他国家挥舞拳头的布什总统也承认，对待中国最好的办法"不是大喊大叫或在家里摇桌子"。

有了这三个认识，中国大可以对大洋另一侧上演的一出出闹剧泰然处之，以"明月照大江，清风过山冈"的平常心冷静以待，本着就事论事的原则接好对岸发来的每一个球。既然本轮主要是在发"经济球"，那么我们不妨也把政治和经济、真实利益和宣传造势分开，在经济领域解决经济问题，让算盘和计算机发言，不要主动把一些局部摩擦上纲上线，避免政治对抗。经济摩擦并不必然导致政治冲突，一时喧嚣也未必意味着政策的转变。认不清这一点，很容易中圈套。

2003年9月26日《国际先驱导报》

新闻背景：2009年9月3日，美国太平洋司令部司令蒂姆西·基廷与澳大利亚国防军司令安格斯·休斯敦在悉尼会晤，双方同意分别与中国国防部门接触，试图说服中国参加演习，并"尽早"地与中国发展军事关系。

进步和固步

2009年3月，在巴基斯坦组织的"和平09"多国海军联合演习上，一名美国海军士兵傲慢无比地对负责组织中国海军观摩演习的巴方联络官说："只要中国人在，我们什么都不演。"幸好这个美国水手不隶属于太平洋舰队，要不然他该怎么遵照执行基廷上将的指示呢？

就在几天以前，美国太平洋司令部司令基廷海军上将访问澳大利亚时，与澳军总司令休斯敦共同建议，邀请中国军队参与三方联合军演。与士兵的骄横相比，从任何一个角度而言，将军的倡议都是一个进步。至少这表明，不论在美国还是在澳大利亚，发展与中国的关系特别是建立安全和防务信任措施，正在从少数富有远见的学者的期待变成长于战略评估的军官们的主张，距离惯于鼓动的政客和媒体将之变成一种被普遍接受的观念，乃至长期政策又近了一步。

对于基廷和休斯敦的建议，我们表示欢迎，当然也只能是一种审慎的欢迎。这一建议是对长久以来西方防务部门惯用的冷战式语言的一次突破，但其思维模式仍然是冷战型的。因为基廷上将说，邀请中国参加军演是因为"美国和澳大利亚一样，对中国采取的似乎已超出防御目的增强军力的举动感到担忧"，对中国防务白皮书的公布"觉得还达不到我们的期望"。总之，拉拉杂杂说了一通，就是一句话，嫌中国不透明。基廷还强调了中澳双方"改善军事和外交关系的必要性"，不过，按照基廷的看法，中澳关系的恶化是要由中国承担责任的。

这不仅让人怀疑是否有一种阴谋论存在。即如果中国军方接受了这一邀请，参与到这一"历史性的"联合军演中去，那么便意味着澳大利亚此前在中澳关系中的所作所为可以一笔勾销。就像一些西方国家通常所做的那样，在现任政要伤害了中国人感情之后，派前任政要来华灭火。

当然，我们不能只用阴谋论的观点来看待这个世界。不管是出于真诚地改善太平洋安全形势的必要也好，或是出于避免更大摩擦的战术考量也罢，动机如何可以暂且不论，该肯定的姿态还是要肯定，哪怕这种姿态还只不过是一个构思。毕竟被冷战思维固步自封了几十年的脑筋，能够开动起来认识到交往和对话的必要性，是很不容易的。

美国人多次邀请中国军队"走出来"，其实，人民解放军早已"走出去"了，只是美国人一直看不到。就像那位不肯在中国军队面前表演常规到了平凡的排爆演练的美国士兵一样，他不知道他的"神秘"在互联网时代其实毫无价值。

三支军队跨过大洋实现一次握手，当然是一种进步。然而，要体现交流的重要性，其实也有更便宜的办法，比如说，按照中国军队提出的要求，将在中国专属经济水域转来转去的美国间谍船撤走如何？金融危机时代，柴油是很贵的。

2009 年 9 月 7 日《国际先驱导报》

新闻背景：2009 年 6 月 14 日第四轮中美战略经济对话闭幕后，美国著名经济学家伯格斯滕召开媒体电话会议，提出他的"G2"构想。G2 是指由中、美两国组成一个 Group 来代替旧有的 G8，即八国集团，以携手合作解决世界经济问题。G2 构想引发中美两国上下的热议。然而，2009 年 9 月 15 日，美国国家情报主任办公室公布了《2009 年美国国家情报战略》报告，对此浇下了一盆冷水。

怎么看美国的变脸

从高调弹唱 G2 到对中国出口轮胎征收惩罚性关税，再到径直点明中国为主要挑战者，美国对华态度的变脸可谓快哉！

然而，这其实并非"意外"，事实上，中国每隔四年也要被美国至少两次定义为或直接或间接的威胁。一次是在《美国国家情报战略》中，另一次体现在《四年防务评估》上。今年的《美国国家情报战略》点了中国、俄罗斯、伊朗和朝鲜的名，将之定性为美国的"情报假想敌"和"主要挑战者"，还格外强调了中俄两国对美国发动网络战的能力。

明明是中国的国家和商业机密不断被跨国公司窃取，我们却总是被人描述为试图威胁、窥探、窃取别人机密的"假想敌"，这当然会让我们心里很不痛快。按照我们的邻居，另一个被描述为美国假想敌的国家俄罗斯的说法，这是华盛顿又一次在发出"咆哮"。

没有人喜欢听别人在自己的耳朵边大声嚷嚷，这是很自然的，每个人都喜欢听自己为别人、为世界作出了多么重大的贡献之类的溢美之词，就像匹兹堡峰会之间一些西方媒体和经济学家对中国经济的最新评价之类。然而，这种自然心绪中的好恶其实不必要也不应该主导我们对《国家情报战略》的看法。因为美国人不过是在这份文件中说了他们一直相信的"大实话"罢了。

首先，这是美国政府不得不完成的一件工作，国会是这么要求的，行政当局不可能拒绝执行,否则就没有情报经费可供支配了,既不能防止"假想敌"刺探情报,也无法对"假想敌"的情报下手。为了保证国会按时拨款,总得搞出些书面文件才好交差吧。其次,情报工作本来就需要假想敌,也就是情报工作的目标。而这个敌人总是威胁越大越好,因为威胁越大,可能申请的经费就越多。环顾这个星球,除了俄罗斯和中国,还有哪个国家的"威胁水平"能唬住国会议员们让他们乖乖打开钱包呢?

再次,中国认为自己没有试图威胁美国,因此不应该成为"假想敌"。然而,想不想是个意图问题,能不能则是个手段问题。中国有没有手段对美国发动情报打击呢?有——我们有卫星、有互联网高手、有电子信号处理能力。许多国家都有这些能力,只是水平不同罢了,这是客观存在无法否认的事实。那么,美国为什么要相信中国的善意而忽视中国的能力呢?

当然,我们可以试图劝服美国不要那么小人之心以己度人,然而问题在于有谁见过不满腹狐疑看谁都像怀揣利刃的刺客的霸主呢?一个像美国这样的正在衰落当中的世界霸主,不把厄立特里亚当成假想敌已经算是理性了,何况是中国和俄罗斯这样的军事+科技强国。

因此,在我们反驳美国的无端指责之余,甚至还可以在心里"感谢"一下美国人。谢谢他们说出了心里话,直截了当地指明中国是假想敌,相形之下,一边大谈中美友好,甚至G2共治,一边向南海派出一串串的间谍船就显得格外虚伪了。

归根到底,无论是中国是假想敌那样的恶语还是G2这样的美言,背后都是基于美国国家利益作出的对华判断,都反映出了美国在某些层面上或许对中国有所求,但在骨子里头却是高度防范。看懂了这些,我们就能从容面对美国的变脸,既不因笑脸而受宠若惊,也不因遭遇冷脸就顿感诧异。

2009年9月21日《国际先驱导报》

新闻背景：2009年10月24日至11月3日，中国中央军委副主席徐才厚上将对美国进行正式访问。期间，徐才厚会晤美国总统奥巴马、国防部长盖茨等高官，并参观美军战略司令部等美国多个军事设施与单位。

要敢于向美国提要求

在杭州参加中美第20届商贸联委会的美国商务部部长骆家辉曾表示，美政府将以合作、建设性的精神对待中方提出的各种问题。这种态度也一定程度上反映在美方对中央军委副主席徐才厚上将美国之行的接待日程中——美方首次向中国人民解放军开放了战略司令部。徐上将一行还参观了贝宁堡陆军基地、内利斯空军基地、圣迭戈北岛海航站以及夏威夷美军太平洋总部。

就气氛而言，这轮被美方形容为"迟到的访问"的中美军事交流确实令人欣慰。在营造良好氛围的基础上，美国国防部长盖茨进而宣称，要打破多年来中美军事交流"时好时坏的怪圈"。

有足够的决心，这很好，但我们还希望美方也要有足够的常识，认识到造成两军交流时好时坏的不是别人，正是美军自己。高层会晤中，中方直言不讳地指出了阻碍中美军事关系的四大障碍，在这个问题上明确了自己的立场。

美国不是一直要求中国加强透明度吗？向美方直言自己的关切和诉求，把中方的要求摆在桌面上告诉美方，这种东方文化中或许不常见的直率，不知道在西方逻辑里算不算是提高透明度的一种表现？美方总不至于把"透明度"的定义窄化到仅仅涵盖东风31导弹的发射诸元吧？

这种敢于向美国提要求，摆明中国的利益和关切的做法，当然也可以扩及中美关系的其他层面。不久前，美国高官在阐述奥巴马的对华政策时指出，中国应该对美国做出"战略保证"，其实，美方倒是应该仔细想想，到底要向中国提出怎样的"战略保证"要求？而且，如果中国真的提出了一些承诺或要求，美方又准备如何接招。

固然，在中美关系框架下，美方仍然是实力占优的一方，否则当美国人发明了"战略保证"这个词汇后,就不会有那么多的中国媒体和学者迅速开始跟进解读了。但是,在同一个框架下,中方也是地位提升的一方,"战略保证"这个中美新概念在太平洋西岸所引起的波澜便远远比不上当年的"负责任的利益攸关方"。在中国人看来,美国人的概念游戏已经不那么吸引人了。

而且,从积极的层面来看,"保证"的概念的确比"责任"有更宽泛的内涵。至少从军事关系而言,可以被理解成中国要保证为美国做些什么——这和"负责任"没什么差别;也可以是中国保证不对美国或者其他国家做些什么——这是美国一再要求中国加强透明的心理动机;还可以被理解为如果美国对中国要做些什么,中国一定会对美国做些什么——作为报答或者报复。

最后一种理解,未必符合美国发明这个概念的初衷,却是美国必须重视的一种可能性。就这一点而言,或许美方更应该想想如何回应中国作出的"战略保证"。美国人一贯是以直言不讳闻名于世的,但他们真的准备好迎接别人的直言不讳吗?

当然,直言不讳不仅意味着直截了当向对方提出要求,有时候也包括朋友之间坦诚的建议。中国在台湾问题及南海中国专属经济区上,都明确提出了要求:美国的触手不要伸得太长;在印度洋明确提出了建议:国际海军反海盗分区护航。且看美国如何应对中国的"合作、建设性的精神"。

2009 年 11 月 2 日《国际先驱导报》

新闻背景：美国总统奥巴马于 2009 年 11 月 15 日至 18 日访问中国，期间会晤了胡锦涛主席和温家宝总理，并在上海与中国青年对话，在北京参观故宫长城。中美发表联合声明，将建立应对共同挑战的伙伴关系。

不遏制后又如何

奥巴马到访中国第一站的重头戏是在上海与中国年轻人的互动。对于初次来华的奥巴马，倾听中国民间关切的确很重要。

自中美建交以来甚至回溯到 1972 年，在北京和华盛顿之间的对话当中，美国人带嘴巴的时候远比带耳朵的时候多得多，甚至在某些话题上给人留下了喋喋不休的印象。金融危机时代还没结束，作为危机的始作俑者以及对摆脱危机负有最大责任的美国人，的确应该多竖起耳朵听听别人的话——既要虚心到能听取别人的官方建议，也得宽厚些忍受他国的民间抱怨。

这些抱怨当中真正应由奥巴马本人承担责任的并不多。奥巴马自己的抱怨"所努力应对的所有难题几乎都是前任的遗产"不是没有道理的。然而对于中美关系语境中的一些龃龉而言，奥巴马却不应该透过于曾经 4 次到访中国的小布什，例如从轮胎到输油管的贸易摩擦，"推迟"会见达赖的承诺等等。

当然，奥巴马在东京宣告的亚洲政策中，第一次明言不准备遏制中国，这句话还是多少说明他听进了一些中国的声音。

不过，不遏制之后又如何呢？或许，奥巴马只带着耳朵来还不够。一次成功的对话是双方都能听得进对方的声音并且坦诚地发出自己的声音。我们同样希望奥巴马在北京能够坦率地说出美国对中国的建议、要求——或者哪怕是抱怨。

回顾中美关系的历史，似乎对美国人提出这样的要求有些不着边际，美国在中美关系当中扮演发球者角色已经不是一天两天了。现在话语权刚刚有利于中方一点点，中国人有必要在这个时候希望美国更加"坦率"些吗？回答是——有。因为中美关系早就不是零和博弈，其模式已不复为美国要价中国还价或者中国要价美国还价的双边买卖。在那种模式下，听话的是要吃亏的，说话的才有便宜占。

今天的情况已经有了很大不同，中美关系的全球意义和双边意义一样影响深远，也可以说双边意义已经成了全球意义。这种情景下，中美之间的话题不再仅仅局限于"你要为我做什么"，而增添了"我们要一起做什么"——气候变化、阿富汗形势、印度洋海上安全。这些话题，听和说的过程，未必可以用讨价还价来概括，更像是某种联合行动的筹备。恰恰是这些话题，美国人的"坦率"变成了一种偶发现象。

奥巴马的亚洲政策表述中，关于对华关系的另一句重要表述是："美国欢迎中国在世界上发挥更大的作用"。然而，类似的话，以前的美国总统和奥巴马在以前都曾经说过。在中美合作应对全球挑战新模式下，美方抽象的原则性态度值得鼓励，但希望中国怎样具体地发挥作用呢？

实际上近年来，美国对中国要承担的"全球责任"话是说了不少，概念都发明了好几个，可究竟希望中国具体做些什么以"履行责任"却一直吞吞吐吐。一则是因为美国并没有完全调试好面对中国崛起的心态，也就谈不上对中国提出发挥作用的具体要求；二则是因为奥巴马团队对很多国际问题还没弄清楚，说不明白自己要实现一个什么样的目标，比如谈了一年的"阿富巴战略"。

我们寄语刚踏上中国国土的奥巴马：如果美国真的希望中国具体而不是抽象地"发挥更大作用"，奥巴马有话请说清楚、请大声说。或许只有这样，中美关系才能真正地超越遏制。

2009年11月16日《国际先驱导报》

新闻背景：2010年4月12日全球核安全峰会在美国华盛顿举行，奥巴马将亲自上阵主持会议，敦促与会国支持"零核"理念，进一步奠定美国主导地位。而2010年4月2日，就在核安全峰会前夕，俄罗斯总理普京第一次访问委内瑞拉，与委内瑞拉总统查韦斯共同签署了31项双边合作协议，协议涉及能源、核能、航天、军事、贸易等多个领域。这其中，核能项目和军售是重头戏。

对美外交以俄为师

中国历史上曾多次以俄为师，成效如何各见春秋，但在当下"最重要的双边关系之一"的中国对美外交正经历起伏波折之时，我们倒不妨再次把眼光投向俄罗斯，看看这个地位、境遇与中国有类似之处的国家是如何与超级老大过招的。

就在核安全峰会召开前夕，俄罗斯总理普京开始了他的首次委内瑞拉之行。一纸俄委民用核协议，体现出普京以及俄罗斯外交决策阶层娴熟的外交技巧和丰富的外交想象力。俄委民用核协议绝不是为了给俄罗斯赚点钱、给委内瑞拉增加些电力供应那么简单。拥有一座以上的核反应堆，无疑将会使查韦斯在拉丁美洲获得更高的声望：一个10多年前摆脱了美国控制的左翼国家成为了手握宙斯闪电的"核国家"，这是其他一些和委内瑞拉同样级别的国家无法想象的一件事。

至于俄罗斯，恐怕最大的战略收益是向美国传递了一个再清楚不过的信息：在核问题上，俄罗斯可打的牌还多着呢，奥巴马的"无核"梦想每迈出一步都得和俄罗斯好好商量，怠慢莫斯科后果可能很严重。

几个月以来，很多人都认为俄罗斯在伊朗核问题的姿态软化，是为了换取美国在反导问题以及新的核裁军协定上作出让步。的确如此，莫斯科既然有条件地对德黑兰板起面孔，华盛顿自然是无法不给予回报的。

然而，作为一个盛产国际象棋大师的民族，俄罗斯自然不会在走完伊朗和核裁军这两步棋之前不想好后手。美俄间的结构性矛盾以及美国对俄罗斯的挤压不会随着伊朗问题双方的立场接近而得到根本性的化解，而在大多数已经存在的美俄话题当中，俄罗斯都不占据上风。

那么，打完了伊朗牌，俄罗斯还有什么手段应对一个实力仍然远在自己之上的美国，在其他领域中必然会加诸己身的压力？答案就在普京的加拉加斯之行当中显出了端倪。普京算得很清楚，尽管忙于把核安全峰会开成"团结、胜利、和谐的大会"的奥巴马，现在没空也不便于对委内瑞拉的核计划表示"关注"，然而当加拉加斯的离心机开始嗡嗡作响的时候，美国人一定坐不住，特别是假如俄罗斯有意无意地推委内瑞拉一把，让后者对浓缩铀丰度的追求比3.5%稍微高一点点。那个时候，美国人还得来找俄罗斯商量，就像今天的伊朗问题一样。

18世纪有一位欧洲战术专家曾经说过"如果剑短，就多冲一步"。那么倘若向前冲了一步两步还是没办法和对方旗鼓相当该怎么办呢？俄罗斯的办法是换个地方再打，找个牛仔转不过身的狭小空间作为新的博弈场。不断创建新的议题，保证了俄罗斯在整体实力远逊于美国的时候依然能保持大致对等的外交态势。

在对美关系上，中国和俄罗斯拥有某种程度的相似之处，绝大多数议题的设定和议程的安排都是由美国完成的。美国要向台湾出售武器、奥巴马要会见达赖、谷歌要退出中国市场、五角大楼要中国军事更加透明、雾谷要中国放弃和伊朗的经贸关系、国会山要中国重新给人民币厘定汇率……相对于10多年前，虽然中国现在已经拥有了更大的回旋空间，主动性也大大加强，但依然没有摆脱外交的防御性质，至多不过是从"被动防御"调整到了"主动防御"，还远未达到"你有来言我有去语"的对等态势，无法迫使美国在中国熟悉的情境下用中国熟悉的方式处理中国关注的话题。

实际上，只要中国还将对美外交话题局限在上述"核心关切"当中，就很难摆脱美国人先发言先动手、中国人再回应再还招的被动局面。

那么，我们应该怎么办？对策也许并非特别复杂：向普京学习，声东击西，主动创造些"新主题"，让美国觉得需要找上门来和我们对话。

这当然不是主张中国也应该像俄罗斯一样找个拉美国家兜售我们的民用核

反应堆——倒不是说这样做有什么不对，而是说我们民用核技术的竞争力还有待加强。不过比如说，我们的商用火箭发射技术和发射服务已经足以和其他主要太空强手相提并论了，这方面是不是多想点办法？

2010 年 4 月 9 日《国际先驱导报》

新闻背景:"国际政治从来都是如此,强者要求的是权,弱者主张的是利;强者坚持行动自由,弱者则呼吁办事公平……"

要行动自由还是要办事公平?

俄罗斯纪念卫国战争胜利 65 周年之际,应邀到红场观摩 14 国联合阅兵的美国总统奥巴马强调,美俄双方都拥有选择盟友的自由,美国"不接受所谓势力范围"。

而第二次中美战略与经济对话举行在即,美国人不太可能对中国谈论"势力范围",倒是很可能既谈到"行动自由",也谈到"办事公平"。

不和中国人谈论"势力范围"是有道理的,一则中国从来没有和美国谈论过西太平洋是谁的势力范围这个问题——考虑到西太平洋驻扎的最大规模的海军舰队基地仍是在夏威夷的那一支,争辩这个问题其实没什么意义;二则,中国人对美国反对"势力范围"的外交传统理念是很熟悉的。这句话第一次被中国外交官听到的时候,咱们的家里还供着皇上牌位呢。

自美国国务卿海约翰发出"门户开放"召回之日起,美国官方始终拒绝"势力范围"概念。那时候门罗主义已经提出了 70 多年,自 1823 年起就没有谁有本事跑到美洲大陆搞出什么动静(时下的词汇应该是"颜色")来,除了当年赫鲁晓夫试了一次。

在保证自己后院安全的情况下,美国不承认势力范围其实是在主张在全球范围的行动自由。国际政治从来都是如此,强者要求的是权,弱者主张的是利;强者坚持行动自由,弱者则呼吁办事公平。原则是随着力量的改变而改变的,所谓坚持外交传统理念,不过是因为当初形成这一理念的实力对比关系没有发生变化罢了。而一旦力量格局发生位移,传统当然应该随之改变。这也就是何以美国在军事和政治领域依然主张行动自由的原因,只要美军依然天下无敌,政治和军事方面的行动自由就会一直是美国的信条。

之所以要在行动自由前面加上限定条件,是因为自金融危机以来,确切地说早在全球金融危机之前,美国在一个原本同样强调行动自由的领域,越来越强硬地主张办事公平,那就是对华贸易。上一次的中美战略与经济对话,这事就成了美国关心的头号问题,本次对话,相信情形也不会有多少变化。

很有趣,自由贸易并不是中国人的发明——这个概念产生的时候,我们还在摆弄朝贡体系,现在中国却成了自由贸易最强有力的主张者。而曾经高举自由贸易大纛的美国却成了贸易保护主义的旗手,只不过那面旗子上写的是公平贸易。

然而,并不能由此推断出在贸易领域上中国已经强于美国。美国主张贸易公平,并不是觉得会在一个自由市场上输给中国,而是认为可能会出现这样一种结果,甚至还可能只是对被中国用数以亿计的鞋子和玩具赚走的美元感到心疼罢了。

再也没有比一个强国自以为虚弱更危险的事情了。因为这很可能导致一个霸主更多地显现出山大王本色,越来越不接受自己当初参与制定的规则,甚至可能对这些规则产生非理性的排斥。就像现在美国人在和中国人谈论双边贸易时一听到自由就会条件反射地强调公平一样。当然,自由这两个字他们这次也不会不说,但他们说的一定是"汇率自由"!

不久以前,曾有一位美国人对笔者说,中国不要在主张200海里专属经济区范围内不受侵犯方面把话说得太满,因为有一天中国可能也会像美国一样坚持只有距离海岸线12海里以内主权才不受侵犯,12海里以外皆为公海,各国均有行动自由——只要中国拥有和美国一样多的航空母舰以及海外军事基地。会不会有那么一天暂且不论,美国人对原则和外交理念的真实态度由此可见一斑,这倒也不难理解,他们40多位总统当中最伟大的那一位还曾主张用圣母玛利亚雕像堵船上的漏洞呢。

当然,中国不能像林肯总统一样用原则去堵漏洞,然而,对于实力和地位都在发生迅速变化的中国来说,关于外交原则,有几件事情是需要牢记的:(1)原则随着地位的改变而改变,国际政治语境下,除了维护国家利益,没有永恒的信条;(2)行动自由和办事公平作为外交理念,都有特定的指向,原则从来都不是抽象的;(3)有人说过"规则是这样一种东西,只有在被打破的时候,才会受到尊重",相应地,要是不对原则进行修订,就根本不会有人发觉我们原本一直在恪守原则。

2010年5月13日《国际先驱导报》

新闻背景：2010年3月26日，韩国军方称，26日晚9点45分许，在西海白翎岛西南方1.8公里海域，韩国海军第二舰队司令部所属的导弹护卫舰"天安舰"因发生不明原因的爆炸事故而沉没。韩国方面自此一直声称是遭受了朝鲜的攻击导致倾覆。此后，美韩在黄海和日本海域频繁搞军事演习，韩国方面邀请美国华盛顿号核动力航母参与军演。

给美国航母点"礼遇"

该怎么"接待"打算停在咱家门口的美国航空母舰"乔治·华盛顿"号？虽说请它离开横须贺的另有其人，而且就算这家伙再"自来熟"也不至于跑到咱们院子里讨杯水喝，但不管怎样，既然别人都来了，我们总不会连点儿表示都没有的。

"华盛顿"号是韩国借由"天安"号事件而一直力邀前来东亚的。打个比方，倘若小区里一位住户的"现代"牌汽车轮胎被放了气，于是请了街面上一家叫做"黑水"的保安公司来看家。结果保安们整天骑着摩托车在小区里转来转去，小区的其他住户是否应该站出来要求他们克制一些，答案是显而易见的——不管那位住户的财物损失是谁或者什么造成的，保安都不能弄得小区鸡犬不宁，否则人们就很有理由认为保安们动机不纯、方法不良、效果必然不佳因而应该早点离开。

这当然是我们这一方的逻辑，对于"保安"和邀请了"保安"的那位"住户"来说，应用的可是完全不同的另一套说辞。"华盛顿"号编队和韩国海军的联合演习并没有侵犯东北亚其他国家的领海，根据目前透露出的消息，也不会经过或进入除日本韩国以外其他东北亚国家的专属经济区；另外，拿扑朔迷离的"天安"号事件当挡箭牌，可以让美韩在狐疑满腹的其他国家面前振振有词——"我们不是冲着你们来的"云云。

美国的行为在华盛顿那一方是可以"自圆其说"的，尽管如此，美国却还是两次推迟了"华盛顿"号的起锚时间,能否最终成行也始终没个准信儿。

国家在使用军事手段进行战略博弈时,最忌讳的就是朝令夕改犹豫不决,这种犹豫将向博弈的另一方传递一个再明确不过的信息,那就是对手并不准备在真正的危机到来之时,也就是两辆汽车即将迎面相撞之际,置一切于度外踩死油门握牢方向盘,而是盘算着在什么地方转弯最不失面子。这显然会鼓励另外一方以更自信的姿态采取更富进攻性的动作。这种可能性曾在13天神经战中击溃了赫鲁晓夫的美国人显然不会意识不到。那么,何以"华盛顿"号始终逡巡不前呢?

原因可能有二,一是遭到了事先未曾计算进去的第三方的强烈反对。美国人有可能或因为傲慢或因为疏忽"忘记"了1994年"小鹰"号航母进入黄海之后引发了军事对抗,只是在中国做出了适当反应以后才记起黄海的特殊敏感性,因而犹豫起来;二是美国人其实根本就没有"忘"。他们的记性好得很,华盛顿非常清楚一旦"华盛顿"号进入黄海将在中国引起的反应以及对中美关系的必然影响。五角大楼宣布"华盛顿"号的行程方案就是要吸引中国的注意力,然后将这个因素纳入到中美军事关系以及整体关系的对话范围内,迫使中国为了保证"华盛顿"号不进入黄海而满足美国其他的要求,比如不再激烈反对美国海军侦察船在中国专属经济区内的活动等等。

这套把戏其实就是把一件价值50块的东西要价200,然后以八折成交,还是挣了110。这可不是把国际政治庸俗化,而是早有先例——以色列人公然袭击人道主义救援船只,用的就是这个逻辑:干一件更坏的事情来转移人们对一件坏事儿的注意。

那么,我们如何鉴别到底是哪个原因在起作用呢?办法很简单,不和美国人在"华盛顿"号的去向问题上谈任何条件。原则上,对于最不顾及我们感受的军事挑衅,只能用最直接的军事手段回应。现实中,无论美国航母最后究竟来不来,面对美国在中国周边海域释放的种种"探气球","听之任之"不会是中国的选项。要用最简单最有效最不对称的办法告诉华盛顿,中国有能力赶走距离本国海岸线200海里以内的任何地方的任何不受欢迎的外国船只。"招待"美国航母的"特殊礼遇"当然很多,在海上搞导弹实弹射击或许是其中之一。

虽然美国可以说黄海军演并非中美海上安全博弈的组成部分,但毫无疑问地，如果中国在"华盛顿"号航程安排问题上选择了沉默或者试图进行交易，唯一的结果只能是更多的"华盛顿"号进入黄海，距离更近、频率更密，不在今天也在明天。美国人愿不愿意把黄海和其他水域的事情挂钩是他们的事情，我们却不能这么想，世界上的水本来就是相通的，水上水下的事情也是互相关联的。正因为这种关联，别人才不要幻想我们会愿意用一个地方的容忍换取另一个地方的自由。

说到底，海权之争，争的固然是理，更是背后的利，而凭借的则是手上的力。就这一点而言，黄海纷争是一件好事儿，它给了我们开工造船一个极好的理由。

2010 年 7 月 1 日《国际先驱导报》

新闻背景：2010 年 6 月 23 日开始的一个多月时间里，来自亚太地区 14 个国家的 34 艘战舰、5 艘潜艇、上百架军用飞机将在美国海军的带领下参加代号"环太平洋 2010"的大规模军事演习。"环太平洋"演习素有世界上规模最大的军事演习之称，美军虽然并未明确表示演习是针对某个国家，但从演习的实际内容和备方的观点来看，军演具有很强的针对性。"环太平洋"演习的日程安排虽然是早已排定，但这次开始的时机，恰好正值中国坚决反对美国向黄海派出核动力航母这样一个特殊时间段。

中美主要矛盾处在关键调整期

中国周边海域上的阵阵惊雷与美国《纽约时报》上一则涉及"东突"报道的"落地无声"，看似遥远的两个迹象，却似乎在预告着中美正在迈步进入"后反恐时代"。

挪威的警察抓了几个企图袭击西方目标的"东突"分子，《纽约时报》惊诧曰"东突"分子居然"在与自己的目的（将新疆分裂出中国）毫无关系的西方国家发动袭击"，并承认"确实存在着一个激进的疆独组织'突厥斯坦伊斯兰党'，这与中国政府一直坚持的说法是一致的"。虽然这些话在我们听起来简直是马后炮了到不知所云的地步，但总算得上是一种进步，显示出"国际社会已经接受了中国立场：疆独分离分子已被看成是对稳定局势的一种威胁"。

可是，我们能不能得出结论说"接受了中国立场"的西方世界从此将认真考虑与中国携手打恐，不再玩弄"一个人的恐怖分子是另一个人的自由战士"那套把戏呢？自 9 · 11 以来的中美反恐合作是否能得到切实加强，起码能突破雷声不大雨点基本没有的长期窘境？甚至我们能否乐观憧憬一下中美反恐合作将化解至少是缓解两国日渐尖锐的安全分歧？或者像我们的一些人曾经主张的那样，以中美在反恐问题上的共识和合作推动两国的安全对话与建立互信？具体说来,用西部反恐来换取包括海洋安全在内的安全互信?

客观地说,以上期望变为现实的可能性要远远小于章鱼保罗猜错世界杯比赛结果的概率。

美国媒体"接受"中国的立场绝不意味着被"接受"了的主张会成为美国政府的政策基础。承认"东突伊斯兰党"是恐怖组织和承认"东突厥斯坦独立运动"的"合理性"在美国看来其实并不矛盾,他们还是可以一边抓捕在阿富汗支持塔利班的"东突"分子,一边任由"东突"分子在国会山摇晃那面蓝色破布,就像他们以前做过的那样。

美国无论是媒体层面还是政府层面同意中国也面临着恐怖分子的威胁和美国支持中国的反恐斗争根本就是两回事儿,更不要说与中国开展反恐合作了。当年美国亦曾在中亚国家的帮助下缴获过"东突"势力袭击美国外交机构的计划,又怎样呢?并没有影响到美国拒绝将"东突"分子转交给第三国供养起来。

进一步推论,即使中美在反恐问题上的共识有所提高,不管这种提高是表现为中国争取到美国发表声明谴责"东突"势力分裂新疆的图谋,还是中国按照美国的要求为驻阿美军提供外交和军事意义的支持,都不会对中美两国的安全"对话"气氛产生奇妙影响。因为对于从反恐战争的迷梦中清醒过来的美国来说,回答谁是反恐盟友这个问题已经远远不如判断谁是新兴军事对手要更为关键和紧迫了。

"新阿富汗"战略以后,美国从反恐战场上摆脱出来的心态日渐明显,这不但是因为"反恐"越反越恐已经没什么便宜好占,更是因为在过去十年美国忙于"反恐"的时候,一些在上世纪 90 年代中期甚至更早就被美国确定为战略敌手的国家实力有了明显的恢复或者增长,比如俄罗斯和中国,这一点已经引发美国的强烈忧虑。

9·11 之后的很长一段时间里,"中美反恐合作"即便更多的是表象而非实质,但毕竟"反恐"成为美国的首要战略需求,客观上给中美关系提供了一定的"战略机遇期",美国对华政策更多从"遏制"转向"接触"。

如今,美国已经基本确定了从阿富汗抽身的战略,与此同时,奥巴马上台后,悄然放弃了同时击败两个敌人并改造其中一个敌人的政权性质的狂妄战略，却加强了新型军事力量建设，以确保美国在新军事技术革命进程中的绝对优势地位。防止新兴军事大国的崛起，对于美国来说，远比抓到本·拉登要重要得多。

或许可以争辩说，至少对眼下的美国而言，击败"恐怖主义威胁"和确保传统军事霸权同是重点，至少美国是这么表述的。可能吧，但这也无法保证美国会在对华关系语境下同时思考上述两个问题。

至少在美国对华政策中一度暂居幕后的"防止战略对手崛起"的考量，已经走上前台。近期无论是"2010环太平洋演习"的耀武扬威，还是美国航母在是否参演黄海问题上思量再三，都恰是未来中美关系如何演进的试金石之一。后反恐时代，确保美国海军在太平洋海域的绝对优势，防止一个新兴军事强国崛起将成为美国对华政策的核心因素之一，海权较量和安全课题或将成为左右中美关系的主要矛盾。

2010年7月15日《国际先驱导报》

新闻背景：2010年7、8月间，围绕南海问题，美国与中国周边一些国家展开了微妙的互动，也出现一些表面上看似乎并不一致的有关南海问题的声音，其中之虚虚实实颇为有趣。

小心观赏南海戏码

小国搭台、大国主唱——一场令人叹为观止的外交戏码正在太平洋海域上演。

在韩国的数番盛情力邀之下，美国"华盛顿"号航母表面上几番反复，但终于半推半就挺进东北亚腹地。而在"华盛顿"号开赴黄海的途中，还不惜绕道越南岘港。美国军舰绕着中国从南到北转了一大圈，不仅给韩国撑了腰，更在南海充分显示"太平洋老大"的存在。

对于另一个亚洲小国越南，这回美国可谓给足了面子。先是国务卿希拉里在河内的东盟地区论坛上宣称南海问题事关美国国家利益，特别主张要形成一个解决南海问题的"国际机制"；后则包括总理在内的越南高官登上了"华盛顿"号航母。白宫甚至许诺在民用核技术方面对河内打开大门，美方"鼓励"但不强求越南方面放弃自行进行铀浓缩的权利。

不过，颇为有趣且令外界有几分惊诧的是，就在这几天，就在同一个问题上，美国在东南亚的"旧爱"之一，华盛顿的长期忠实盟友菲律宾却唱出了反调，与美国和其东南亚"新欢"之间的琴瑟和谐形成了鲜明对照。据法新社报道，菲律宾外长阿尔韦托·罗慕洛在9日的记者会上说，南海谈判应该严格地在东盟国家和中国之间进行，不需要美国或其他任何第三方的介入。当被问及是否支持上月希拉里暗示将介入南海冲突的表态时，他强调："这只跟东盟和中国有关，还需要我说得更清楚一些吗？"

如果菲律宾真心拒绝美国，对中国乃至对整个南海形势当然是件"幸事"。

然而且慢！且让我们在赞赏菲律宾的"直言不讳"之前，先认真分辨分辨这里是否存在着大小国扮黑白脸兼唱双簧的可能性。

如果说华盛顿和河内都能抛弃意识形态差异、抛弃昔日的恩怨情仇，在南海问题上找到"共同语言"，那么，菲律宾这个与美国同属民主价值观阵营、有着数十年老交情、根深蒂固的盟友却想让美国在南海问题上靠边站而不是拉自己一把，这实在是有点不合乎常理。

另一种可能性也是存在的：这或许是美国及一些亚洲国家间的外交谋略，每一步未必都是精心设计却难免暗藏心机，面对共同的对手中国，面对类似的海洋利益，每一步都拥有了默契甚至某种程度上形成了联动效应。

先是由希拉里在河内提出以"国际机制"谈判南海问题，将价码抬得很高，甚至动用炮舰外交来为此造势示威。美国与其盟国当然能预料到，此论调必将引发中国的强烈反弹；再由东南亚小国之一表态"拒绝"美国，而改在"东盟框架"内谈判南海问题。貌似向中国"让了一大步"，实际上都是在向中国主动出击、步步进逼。中国也因而难以做出满足这些国家要求的"妥协"之举，反而会被外部进一步描述成"独霸南海"、"拒绝谈判"的形象。

当然，我们不希望以"阴谋论"来解释这些国家的意图。如果在南海问题上菲律宾的选择真的像罗慕洛所言，拒绝第三方介入，那我们可以拥抱它的善意。但是，即使是这样罗慕洛"建设性的姿态"，也可能被其他一些势力利用这种"进步"作为和中国讨价还价的筹码。

在亚太地区当前错综复杂的局势面前，在南海如此重大的主权及海洋权益面前，我们不能不做最坏的打算，不能不把外部可能的恶意都考虑进去。不过，在揣测一些国家真实用意的同时，我们却不可否认，且更应当善待其他一些东南亚国家对中国真心实意的善意。

在东南亚国家中，有一些是和中国没有领海主权争端的，也有一些尽管与中国存在海洋争端，但不等同于他们愿意拥抱美国大腿，还有些国家未必在中美之间选边站而是可以采取更超然的态度。中国应该有区别地对待周边海上邻国。当然，对于那些一心想要把第三方势力引入他们和中国的海上争端的国家，则必须公开、严厉地给予回击。

"朋友来了有好酒，若是那豺狼来了，迎接它的有刀枪"。只是在外交领域，朋友豺狼并非可以如此轻而易举地划分。更何况我们也不能把所有和我们有分歧的邻居都当成豺狼，甚至多数情况下，还需大度地用好酒招待路人甲路人乙。

2010年8月12日《国际先驱导报》

新闻背景：2010年7、8月间由于美国航母在黄海耀武扬威及希拉里有关"南海涉及美国利益"的讲话，中美关系一直处在较为紧张的氛围下。2010年以来，中美在人民币汇率、互联网政策、对台军售、黄海军演以及南海问题等一系列纷争中关系日趋紧绷。2010年9月5日，奥巴马派出美国国家经济委员会主任拉里·萨默斯和国家安全事务副助理托马斯·多尼伦访华，"启动了美中外交史上最繁忙的一段时期"，一系列棘手问题都在双方的讨论范围之内。

见彩虹勿忘风雨

连续针对中国的海洋安全软肋出招之后，美国一两位总统班底的中国之行，能不能被算作是"明朗的对话"，"是在传递一种双方愿意在此之前几个月出现了不和谐声音之后开始合作的信号"？恐怕不能只看这几位高官在椭圆形办公室开会时与总统办公桌之间的距离，更要看他们的行李箱中到底装了些什么。

总统国家安全事务副助理多尼伦和白宫国家经济委员会主任萨默斯的行李当中恐怕既会有胡萝卜，也会有大棒。两位先生不太可能带着一份如何将中美关系调整回"正轨"的路线图和中国商量，更可能是带着一套关于未来美中关系走向的问卷调查。其中一个问题可能是"中国打不打算承认美国有权在距离中国海岸线12海里以外的地方追踪中国核潜艇？"可选的答案可能是：A. 接受，则美国保证在未来3个月内不派遣航空母舰进入黄海水域；B. 不接受，则美国将给中国在周边水域近距离参观从"华盛顿"号到"夏威夷"号的机会。

倘若中国将之前美国的一系列表现——黄海军演、河内讲话之类的作为今后一段时间内美国的行为习惯加以接受，则不排除给中国倒杯胡萝卜汁喝；如果中国拒绝参照美国此前的行为修正自己以后的行为，那么大棒还将高高举起。

实际上，冷战结束以来，这几乎已经成了中美关系"曲折中前进"的固定模式。美国人先出招，把中美关系的水搅浑然后，双方再举行高级别会谈，把浑水澄清，或者说"让中美关系重回正轨"。差别只是在 20 年前，凡是美国人说的，不管我们多不愿意听，我们都得为自己辩护，而现在有些格外令人厌烦的话题，我们可以选择不去理睬。但美国人制造问题，中国人解决问题这一基本样态并没有多少改变。

就以这一轮中美关系低潮期而论，是 CVN–73"华盛顿"号要不要进入黄海引爆了中美在海上安全问题上的连番争吵，而不是 DDG–168"广州"号要不要去墨西哥湾；是美国国务卿在河内大放厥词要干预中国的周边海洋事务，而不是中国外交部长在哈瓦那就美国海军影响古巴航行自由权发表言论。

当然，这原本并非不正常，中美之间的实力差距决定了中国在短期内很难成为双边关系话题的制定者，但是这也不意味着中国就应该接受美国式坏脾气——最多每八年最少每两年一轮的间歇性爆发。倒不只是因为今天的中国已经不像 30 年前那样，需要来自美国的资金和技术以及美国提供的全球市场准入了，更是因为即使中国愿意遵循旧例努力维护对双方都至关重要的中美关系，其难度也越来越大。

中美建交之后 30 年的博弈，可讨论的话题虽然不断增长，但同时也有很多话题失去了继续纠结的价值，回顾这些话题的平息过程，应该承认每一次烟消云散，中国都为中美关系的"大局"支付了不菲的代价。但是，中国的相对收益是不是值得，或者说是不是还像以前那样值得呢？却不是一个容易回答的问题。

此外，还应该看到中美关系新话题双方立场的可压缩空间也越来越小。海权、人民币汇率自主权这些问题对于中国来说，可以拿到外交舞台上折冲的空间其实远比美国所希望的要小很多，而中国对美国国债安全性、美国市场开放性的关切度和干预能力之间亦存在着不小的距离。刚性利益需求在彼此的关切当中都占据了相当大而且越来越大的比重，这种情况下，寄希望于一两次要员访问就能让中美两颗心"贴得更近"在理想层面很高尚，但在可行性方面则未免显得有些苍白。

当然，这绝不是鼓吹中国应该拿出"前所未有的自信"来干脆拒绝接受奥巴马总统释放出的善意——这和实力无关，却和教养有关。我们要做的是修改目前中美之间玩了 30 年的游戏规则——改不改得成是由实力和运用实力的勇气决定的。但至少我们不能欣喜于别人两次发脾气之间的平静,不能一见到彩虹就忘记了前面的风雨。对于今日的中国来说,我们既要有自信"中美关系坏不到哪儿去",我们还要有自信:如果中美关系坏了,我们不是唯一会害怕的。

对了,还有件非常重要的事情,那就是美国前总统卡特也来了中国,我们要拿出最诚挚的善意来欢迎——我们欢迎的是一位当年促成了中美正式建立外交关系的耄耋老人,和他是不是现总统的特使无关。

2010 年 9 月 9 日 《国际先驱导报》

新闻背景：2010年10月12日，主题为"为了地区和平、稳定和发展的战略合作"的首届东盟防长扩大会在越南河内举行，来自东盟10国和澳大利亚、中国、印度、日本、韩国、新西兰、俄罗斯、美国8个对话国的防长，就东盟防长扩大会的合作机制、原则、发展方向等方面进行了讨论。

东南亚不需要"救世主"

河内建城999年零9个月的时候，漂洋过海来参加东盟地区论坛外长会的美国国务卿希拉里有关"南海涉及美国利益"的讲话，曾搅得南海周边所有国家都不得安生。3个月之后的10月10日，就在河内建城1000年庆典之后没几天，首届东盟防长扩大会在这座城市召开。18位国防部长或其代表排成一排，以远称不上娴熟的动作完成了一次"心手相连"，队伍中间两位的短暂"掉链子"似乎形象地说明了对于今天的西太平洋地区而言，最缺乏因而也最需要加强的到底是什么。

会议上，中国防长梁光烈上将畅谈中国对"和谐亚太"的渴望，美国防长盖茨强调美国对东南亚国家的"支持"，日本防长北泽俊美要在钓鱼岛问题上给日本多找些帮忙与帮闲，而韩国防长金泰荣则再次表达他们对朝鲜的担忧，做东的冯光青将军呼吁大家多花些时间讨论10+8防长会的未来……古城河内能把观念主张相去如此遥远的各位防长们吸引到同一座殿堂下，并且让他们拉起手来排排站好，实在不简单。

更具意味的是，从河内到河内，中美关系呈现出一个决非简单的"轮回"。从希拉里对中国发难到盖茨与梁上将握手，美国人得到了什么呢？以自封的"救世主"姿态重返东南亚应该算得上是最重要的成就，美国成功阻止了东南亚国家与中国以双边方式解决分歧，把南海问题变成了一个世界性的热点问题，从而为在中国大门外的行车道上摆放更多石块奠定了基础。

但是，美国既没能建立起唯华盛顿马首是瞻的南海海上安全国际联盟，两次河内会议也无法让东盟跟随自己形成对"危险的"中国口诛笔伐的声浪，河内所发生的，不是美国天神下凡拯救东南亚芸芸众生，倒像是龙头大哥亲自动手收取保护费——而且还遭到了部分商户的公开拒绝。

至于日本，依旧是那副小家子气，总是纠结于自己眼中的那一小片天地。就像他们在朝鲜问题六方会谈中的表现一样：大家要讨论关于原子弹的使用资格问题，他们却非得拉着大家说其他问题。在河内，北泽俊美和他的中国同行谈到了钓鱼岛问题——这是很正常的，他的领导在不久前也和梁上将的领导谈到了同一问题，差别只在非正式的会晤是发生在走廊上还是在电梯里。

耐人寻味的不是"电梯会晤"，而是北泽大臣和一些与钓鱼岛问题原本不相干的其他国家的同行之间关于那片小小岛群的谈话。日本人想要干什么呢？缓和日中关系气氛——这是值得鼓励的；鼓吹建立针对中国的岛屿声索者联盟——这是中国要批判的。固然可以争辩说日本并不在乎中国对北泽"东拉西扯"可能作出的反应，但问题是防卫大臣的其他对话伙伴的回应似乎也不是很积极，印尼人甚至直接告诉日本人，这样的问题还是留在双边渠道内解决为好——这句话的潜台词可以被理解为"这干我们什么事儿呢？"在北泽会见的诸多防长当中，盖茨的态度自然算得上是例外，但这个例外什么也证明不了，反正能为美日防长提供会晤地点的城市有的是，从华盛顿到东京，实在找不到地儿，还可以去普天间嘛，至少他们用不着算电梯什么时候才能到。

对于东南亚国家来说，第一次河内会议之后的几个月，甚至向前回溯更早，他们早就从美国的所作所为当中学到了一个非常宝贵的教训。那就是美国作为"救世主"，从来不会在"被拯救者"需要得到"拯救"的时候出现，相反却总是出现在"被拯救者"不需要的时候。某种意义上，这种历史记忆促成了希拉里河内讲话后短短两个月越南和中国在军事上的密切高层交流——越南此举当然是靠拢美国之后再接近中国的钟摆效应，而这种钟摆效应恰恰证明了东南亚国家不会甘心为美国火中取栗，也注定了盖茨所谓安抚"被中国吓得战战兢兢"的国家的努力只能是白忙一场。

而中国也必须看到，自己的军事外交依然存在巨大的努力空间。就像美国没有办法建立一个自己控制的南海问题"国际机制"一样，中国也没有办法把时钟拨回到南海各方行为宣言至少在表面上还得到尊重的时代。美国人已经把脚踏入了南海深不可测的漩涡当中，中国还不具备让他们拔脚而去的军事和外交能力。未来的南海，只能是中国和美国面对面深一脚浅一脚地既试探自己也试探别人。至于会试探出一个怎样的结果，或许就与河内这座古代叫做升龙的城市没什么关系了。

2010 年 10 月 14 日《国际先驱导报》

新闻背景：美国政客因为抨击中国而遭到国内媒体一致批评，这种看上去几乎不可能发生的一幕确确实实正在美国上演。美国媒体与政客发生这场罕见冲突的背景是美国2010年11月中期选举逼近，许多政客为拼选举将批评中国当成获胜的"秘密武器"（《华盛顿邮报》），但他们的做法没有被主流媒体认同。《华尔街日报》11月14日将美国的这股风气称为"铜锣秀"。瑞典斯德哥尔摩大学传媒学教授安德斯·鲍威尔14日接受中国《环球时报》记者采访时，把美国国会选举期间冒出的对华情绪称作"反华过剩"。

不可将"反华"标签化

美国中期选举临近，据说这两天那些专门给竞争对手佩戴"拥抱熊猫"胸章的议员候选人日子突然过得不那么惬意了。因为用嗓过度而嘶哑的声音开始显得刺耳，连一贯与之唱和的媒体都调转枪口，开始批评这些往往在城乡结合部开展竞选活动的男男女女。

虽然这些媒体中的相当一部分不像我们国内的媒体形容的那样堪称主流，但这一点与其说削弱了批评"反华过剩"的媒体的力量，还不如说凸现了他们作为"支流"的勇气和智慧。在美国，大多数地方媒体的记者和编辑们是不敢指摘《纽约时报》和《华盛顿邮报》的社论的，批评《华盛顿时报》没什么了不起的——考克斯委员会活动期间除外，而在任何时候，批评《纽约时报》都不是一件值得推荐的事情——除非某个在自家地下室写作的撰稿人打算一炮走红。

就此而论，《加州海岸报》、《商业知情人报》格外应该得到表扬。然而，表扬是要打些折扣的，原因是《纽约时报》也不怎么喜欢那些乡巴佬候选人。更为重要的是，这些媒体突然间的"仗义执言"其实算不上尊重新闻事实，其对自己理论上应该信奉的新闻道德的遵从程度也并不超过他们跟在戈斯和《华盛顿时报》屁股后面唱副歌唯恐跑调的时候——那会儿考克斯委员会可是威风八面。

实际上，美国媒体"看不过去"乡村政客"反华过剩"的原因不是那些政客说错了，而是政客们说得太多了，多得以至于伤害到了美国作为全球贸易秩序领导者和"山巅闪耀之城"的形象。

任何一个受过基本教育行为基本理性的人若是有幸聆听那些议员们的高论，都只能得出一个结论：这些家伙疯了。对于有三亿人口的美国来说，出现几个胡言乱语的疯子当然算不了什么。然而若是不明就里的外国观察者将美国精英的典范，等同于这些诋毁了几句中国货就以为自己是屠过恶龙的六翼天使米迦勒的乡村士绅，那可就糟了。这么一伙人代表的事业怎么可能是有道理的呢？就像若是日本在钓鱼岛问题上的主张都和田母神俊雄的徒众在大街上叫嚷的一般，日本要想引起全世界对"越来越自信"的中国的不安，可就难了。

还好，日本有仙谷由人，一如美国有盖特纳。他们的言论和态度才能真正代表这两个国家的精英和决策阶层。仙谷由人委委屈屈地要求日本人"大家不要再说我们是在迎合中国"——多值得"同情"啊；盖特纳则笑容可掬地赞赏了中国人民币汇率的变化——多么"宽宏"啊。这两位的言谈举止和嚷嚷着给日本弄两颗原子弹的田母神俊雄及在早餐店只吃国产鸡蛋的美国乡绅们比较起来，不啻云泥，但其要在中国身上所要达到的目的，却很难说有什么差别。

自金融危机以来，甚至更早，逼迫人民币升值就一直是美国的既定政策。这档子事情根本不是出于赢得中期选举的政党策略性需求。就像美国要针对中国新能源产业按下"301"键，和钢铁工人协会担心美国新能源行业因为受到来自中国的竞争而丢掉580个就业岗位这二者扯不上什么关系一样，后者不过是前者的借口。人民币迅速大幅度升值、打压中国新能源市场是美国保证全球经济霸主地位的战略性手段，可不是几个政客糊弄家庭主妇的选票把戏，更不会随着中期选举的结束而告一段落。这么大的战略目标，可不能让几个政客的狭隘利益牵歪了方向。这才是富有远见的媒体和华府官员对议员们"反华喧嚣"撇嘴的真正原因——"孩子们，大人要干正事儿，安静点！"

因此，我们还是不要把美国媒体对议员候选人的嘲讽，日本媒体对田母神俊雄的漠视一厢情愿地理解为所谓仗义执言，他们只是不愿意一本正经地谈论

"原则问题"时被别人抓住把柄而已。我们总是说林林总总针对中国的各色图谋只不过是一小撮"反华"或"右翼"势力在背后捣鬼,既蒙骗本国民众以博喝彩又伤害中某关系而图自肥。但问题是为什么这些明显对中国不公平的要求总能在他们的国家得到大量积极响应?或许偶尔他们"反华""过剩"了,但那个"市场"总是依旧存在。

支持台湾"独立"的在美国或许只是"一小撮"——其实不一定,愿意到靖国神社招魂的在日本也只是"一小撮",要求人民币快速大幅度升值、主张世界上没有钓鱼岛只有尖阁列岛,这些难道也只是来自那"一小撮"?要是我们把这些声音的来源都贴上"一小撮"的标签,即使是我们无所无能的代工工厂,恐怕也生产不出足够的标签来吧。

2010年10月21日《国际先驱导报》

新闻背景：2010 年 10 月 25 日，是中国人民志愿军抗美援朝出国作战 60 周年纪念日。而自 2010 年 3 月 26 日"天安"号事件以来，韩国一直抓住此事不放，搅动韩朝关系走向新一轮紧张。或许历史可以给朝鲜半岛局势的走势一点镜鉴。

60 年和 7 个月的教训

国际关系英国学派的领军人员之一马丁·怀特曾经这样写道："小国之间的争端除了损害其自身利益外，很少伤及他国，这些争端有史以来从未引发全面战争。"怀特被公认为最具历史洞察力的国际关系学者，他的遗著《权力政治》直到今天还列在国际关系研究者的必读书目之中。然而就这一个判断来说，怀特的学术勇气似乎超越了他的知识储备。

就在他对人类历史作如此总结的同一时期，一场在小国之间引起的战争几乎让全世界当时所有的军事强国都参加了进去，连同他自己的祖国在内。这场战争发生在距离英国万里之外的朝鲜半岛，历时三年两个月又二天，仅怀特祖国所在的交战一方就承认己方 1474269 人阵亡受伤被俘或者失踪。

时至今日，我们分析国际关系细微问题的工具虽然多了许多，但在涉及可能会影响到千万人生命的重大战略决策时，我们依靠的工具和怀特时代其实并没有太多增加，其作用的依然是人们的洞察能力——而这一能力的可靠性和技术进步的关系是非常模糊的。

仅选取今年 3 月 26 日"天安"号事件发生、到 10 月 25 日中国人民志愿军入朝参战 60 年纪念，这 7 个月时间内发生在朝鲜半岛及其周边区域的一小段人类历史，就可以证明国际关系的演变和国际关系学的进步是完全不同的两个概念。

60 年前朝鲜战争的若干教训直到今天依旧是适用的，而且并不是所有人都记住了这些教训。

教训一：大国并不总能随心所欲地摆布小国，被小国牵着走的概率一点也不低。60年前,所有和朝鲜半岛局势有关或者自认为有关的大国原本并没有在三八线一较短长的意愿,朝鲜半岛南北双方却也都没有承认对方法理和事实存在的想法。战争是在朝鲜半岛爆发的,做出刀剑出鞘武力实现统一的决策也是在朝鲜半岛的某个地方,而不是来自当时的某位大国领袖。结果却是几十个国家上百万军队涌入朝鲜半岛狭窄的两海岸线之间。

这一幕险些在"天安"号事件发生以后重演,大国又一次被自己承担的"义务"驱赶着,使局势向着茫然不可测知的方向演化。幸好,奥巴马的美国没有像杜鲁门的美国一样好斗,太平洋舰队的庞然大物仅仅满足于给一心要将46名水兵的死亡算在北方头上的南方政府一些心理安慰。这一点倒是可以作为人类理智水平不断提升的证据,但也可以作为美国实力下降信心不足的证据。用证据支撑哪一种理论,又是一个重大的判断,我们依然得靠猜想。

教训二:如果不打算用大炮贯彻的政策就不要实施。这当然不是朝鲜战争独有的教训,早在朝鲜战争爆发前半个世纪,德意志帝国的总参谋长就这么告诉过他的奥匈帝国同行了。时至今日,还有人用当年韩国军队粗劣的装备业余的训练为韩国开脱战争责任,但这只能证明李承晚政权没有为贯彻自己的政策而作好准备,却不能证明半岛南方没有武力消灭北方政权的政策。

这一教训对韩国方面来说自然是非常深刻的,因而才在此后的大半个世纪里,打造了一支现代化在亚洲傲视同侪的大型水面作战舰艇部队。然而似乎教训吸取的也不够彻底,一则这支拥有准航母的舰队却奈何不了北方现代化水平远逊于己的小型舰队——倘若"天安"号事件的经过真如南方所说的那样。更加重要的是,韩国政府在事件发生后的反应也表明,他们不知道或者忘记了德国人在100年前说过的那句名言。要朝鲜为"天安"号事件承认责任,等同于宣布朝鲜对韩国采取了战争行为。这难道不应该引起韩国方面符合大多数人常识的反应吗?反对外来侵略,本来就是任何政府的首要职责。而韩国似乎却只打算指责朝鲜是"侵略者",不打算反击这种"侵略",确切地说是不打算采取任何造势和诉苦以外的切实反击行动。这种政策和当初那种天天嚷嚷着用大炮解决问题却连炮膛都不清理的做法着实称得上异曲同工。

最后,也许最重要的一个教训无须赘言,那就是——不要为自己寻找敌人。当年麦克阿瑟狂妄地宣称圣诞节前回家吃火鸡之后,一位湖南农民率领着一大批农民作为美国五星上将的敌人来到了朝鲜。而今天美韩连番海上军演之后,中朝两国举行了盛大的庆祝中国人民志愿军入朝参战纪念活动。作为一个值得补充的细节,就在活动举行的前夜,美国宣布年内的航母联合军演取消,翌日又有消息称原计划不变云云——可见,总有人愿意刻意制造敌人,并惯于采取战争边缘式的恐吓战略。

美国人的一个习惯思维是"如果手中有了锤子,就去找个钉子"。朝鲜半岛上60年前和近7个月的风云应该让外界认识到,锤子钉子式的恐吓战略在这里寸步难行。

2010 年 10 月 28 日《国际先驱导报》

新闻背景：独岛（日本称竹岛）问题表面上是日韩双边之间的问题，也同样受到区域外超级大国在这一地区的安全战略的制约。

"第三只手"操控"独竹之争"

4月22日，韩日两国的"独竹之争"峰回路转，没有像几天前一些媒体所担心的那样上演"全武行"。两国副外长级会谈达成协议，韩国承诺不会在今年6月举行的国际会议上申请将独岛（日本称竹岛）周边海域海底的地名更改为韩国提出的新地名，日本则同意取消在该海域实施海洋勘测的计划。不过，韩国总统卢武铉25日又发表强硬讲话，表示对于日本的武力挑衅，将坚决地予以应对。

短短数天之内，独岛上空经历了阴霾密布和云淡风轻的气候之变，但不管双方一度言论多么激烈，首尔和东京在"独竹之争"问题上的立场还是相当"理性"的。虽然两国的舰只险些发生并不亲密的接触，但离两国的政策底线其实还相距甚远，并且受到区域外超级大国的亚太战略的制约。这就决定了双方从一开始就准备通过谈判解决问题，此前的种种强硬举措不过是迎合国内民众情绪以及争取在必然的妥协过程中少退一小步而已。

从表面上看，韩国作出了更大的让步，最终达成的协议更接近日本的主张。实际上，由于独岛目前掌握在韩国手中，从一开始首尔就占据了主动，接受日方的建议对韩国利益并无损失。这一轮"独竹之争"的实质归根结底还是对争议领土宣示主权的问题。只要岛上"韩国领土"的字样还在，韩国方面就可以对所有日本的要求作出妥协。

不过日本显然更是打赢了一场外交神经战。东京的目的在于挑起事端，提醒竹岛区域的有争议性质，通过一连串的舞刀弄枪和舞文弄墨，这个目的已经达到了。竹岛掌握在韩国手中，不管日本采取多少高明的战术性动作，实现对竹岛的最终占领只能采取唯一的手段，即将韩国人从岛上赶走，而这是目前的日本不可设想的，即使是那位在国际问题上不怎么明白的麻生外相也不会不明白这个道理。

日本的底线在于保持这片领土的有争议性，避免韩国控制竹岛的既成事实成为法律事实，以等待日后可能的有利时机。之所以到目前为止日本没有任何在外交手段外的动作，当然不是因为遵循所谓"民主国家之间无战争"之类美国三家村学究的废话，而是因为其受到区域外超级大国在这一地区的安全战略的制约。

如果说在中日的钓鱼岛之争问题上，美国从背后影影绰绰地介入到与日本共同演练夺岛，其种种动作的出发点都是维护其亚太利益的话，那么在"独竹之争"上，美国似乎没怎么公开表态，然而，日韩这两个美国的盟国心里却很清楚，这个表面上是日韩双边之间的问题，其冲突的底线也在于不能对美国的亚太利益构成冲击。

支持日本在亚洲发挥越来越大的作用是美国亚太战略的核心内容，华盛顿并不介意日本在必要的时候使用那支远远超过需要的自卫队。但是，任何情况下，日本的武力都不能使用在美国的盟国身上，帮助日本壮大起来分担在亚洲实现稳定的责任——防范本地区另一大国的委婉说法——是一回事，帮助日本重新成为亚洲的霸主可就是另一回事了。用美国人的话说，日本是美国一个"可控而不可靠"的盟友，如果日本真对韩国刀兵相向，哪怕只是在竹岛上演一次小小的擦枪走火，那东京就将不可避免地被美国人看作"既不可控也不可靠"。

因此，无论未来韩日在"独竹之争"上摆出多少支枪来擦，两国要走向"走火"的边缘还是需要掂量掂量"第三方"的脸色。当然，除非其中一方真想挑战美国主导的亚太秩序。

2006 年 4 月 28 日《国际先驱导报》

新闻背景：陈水扁锒铛入狱，当年撰此小文时，阿扁尚长袖善舞。现在他的"四不"早已无人记得，也似乎没有回顾的必要，但美台关系的实质其实并不曾有多少改变。而且军售问题——台湾把从大陆赚的钱交给美国充当"保护费"这种情况——也还会继续下去，蓝绿、廉贪与此并不相关。

"龟儿子"也是儿子

"美国在台协会主席"薄瑞光从台北到台南走了一遭。薄瑞光的故地重游被台湾不同政治倾向的媒体赋予了截然相反的解释。蓝墨水着重突出了薄瑞光和马英九的会面，并把薄瑞光一句"民主时代时常有敏感的时机"与菲律宾马科斯政权垮台联系在一起；绿墨水则回顾了陈"总统"与薄瑞光过去的交情，尽管细究这个交情，并不总是那么令人惬意。虽然台湾岛内媒体对薄瑞光此行的解释五颜六色，但绝大多数媒体都在一点上保持了共识，便是薄瑞光此次"巡视"与台湾政局正处于"敏感的时机"绝对不只是时间的巧合。

可以肯定，薄瑞光此时来台绝非由于他买了不可改签的便宜机票，但如果把此行单纯理解为料理台湾的"家庭矛盾"却也未免失之偏颇。作为人类的通病之一，人们总以为自己最关心的事情在别人眼里也最为重要，这一点在台湾的许多媒体和政治派别身上表现得格外明显，好像台北打喷嚏华盛顿就感冒而不是恰好相反似的。评估陈水扁的处境当然是薄瑞光此来最重要的目的，但台湾的媒体在关注台湾民众举着标语向薄瑞光陈情的时候也应该认真听听薄瑞光出发前所说的一句话："此行关注的焦点在于台美关系"。换句话说，薄瑞光并不是为调解家庭纠纷而来，他此行自有其他任务，从薄瑞光在台湾政坛人人焦头烂额的"敏感时机"仍在喋喋不休于推动军购便不难看出华盛顿到底看中了台湾什么。说到底，陈水扁不是美国"民主共同体"中的"好儿子"，不过是不怎么成器的"龟儿子"，只要台湾能扮演好美国赋予的角色，至于自己屋子里干不干净，并不重要。

"龟儿子"也是儿子，只要听话就行了。台湾之于美国，原本便是被敲诈的"凯子"和制衡大陆的棋子。美国当初喜欢陈水扁，两次安排这位"台湾之子"畅游纽约河，并不是因为陈水扁多么清正廉洁，不过是由于他是一个承诺"四不一没有"的顽固"台独"分子罢了。有了"四不一没有"，美国便不需担心"台湾之子"把美国拖进台海的战火硝烟当中。只是因为陈水扁对台湾的价码认识不清，使美国距离台海战争越来越近，才使得美国对陈水扁的称呼由"总统"简化成了毫无尊敬之意的那个"他"。

如果陈水扁继续自己"不做美国龟儿子"的豪言，甚而为了摆脱岛内困局，再度在台海关系上玩火，薄瑞光此访倒是极有可能为美国的"后扁"政策铺路，但现在陈水扁忙不迭地向薄瑞光重申"四不"，美国似乎就觉得暂时还没太大必要抛弃这个一度不怎么听话的"龟儿子"。

毕竟，对于美国来说，清理门户，哪怕只是清理"龟儿子"级别的陈水扁，也要从两个方面着眼：其一，陈水扁自身的价值有没有超过他带来的损害；其二，可能取代陈水扁的人物的价值有没有超过陈水扁本人。美国已经对陈水扁重申"四不"表示"赞赏"，这表明陈水扁对美国仍有价值，虽然美国并不真的相信陈水扁的诺言，但现下陈水扁七成以上的反对率已经使他没什么本钱继续兴风作浪了。而且，即便陈水扁在美国看来已经毫无诚信，因而也没有任何价值，美国也要顾忌接替陈水扁的人选的价值问题，从确保台海局势可操控状态的需要出发，还是不要由目前理论上最有可能的吕秀莲接任的好，因为谁也无法保证政治生命很可能只剩下两年不到的这位"台湾之女"会干出什么惊天动地的事情。当然，由反对党入承大位不是不可能——只要美国存心策划，但反对党得首先保证支持军购才行——保护费还是要交的，这和店主是否贪污没有关系。

2006 年 6 月 16 日《国际先驱导报》

新闻背景：2005年3月14日中华人民共和国反分裂国家法由全国人大通过。该法律的主要内容是鼓励两岸继续交流合作，但同时也首次明确提出了在三种情况下中国大陆可用"非和平手段"处理台湾问题的底线。

"统一法"是招先手

不久前，温家宝总理对海外侨胞建议制订"统一法"的积极回应使得"统一法"一词立即成为许多媒体的关注焦点和政治评论家的"热辣话题"。赞成者有之，质疑者亦有之，就连理论上与此并不相干的大洋彼岸也没能按捺住插上一句的欲望。而这部法律可能的针对对象更是神经大大地紧张了一回。

一部法律掀起如此大的波澜，这在中国法制史上并不多见。普遍认为，这部法律有可能成为决定未来一段时间内台海是战是和的关键因素。正因为如此，这部甚至还没有进入提案阶段的法律才引起了密切关注。

一般而言，对一部法律的质疑可能基于以下理由，法律的性质，即法律是否正义，以及法律的功效，即法律能否有效。关于"统一法"正义与否的问题，任何华夏子孙，对这样一部旨在实现国家统一、确保领土完整的法律都不会怀疑其正义性。实际上，绝大多数质疑"统一法"的人士争论的焦点集中在其功效性，即是否有作用，有什么样的作用以及能否有效执行方面。

防止一桩恶行的产生，无非是使人不愿、不敢或不能实施而已。如果做不到使企图实施恶行的人良心发现的话，就应使恶人因惧怕惩罚而放弃图谋，如果还是做不到，则应消除恶人实施恶行的能力。如果说制订"统一法"不足以使陈水扁集团翻然悔悟，摈弃分裂祖国的迷梦的话，这并不是"统一法"的过错，也不是认定"统一法"无效的理由，因为"统一法"要解决的本来就不是这个问题。毕竟促使人们产生向善的愿望不是法律的首要任务，使人确信必受惩罚而不敢作恶才是法律存在的意义。

客观评价陈水扁掌权四年来海峡两岸的独统斗争，不得不承认"台独"势力在实现其目标方面"成就斐然"。作为香肠战术的"大师"，陈水扁已无数次地展示其蚕食两岸和平空间的奇技淫巧。四年过后，在台湾问题上已经没有多少中间地带可言，盘子里的香肠已所剩无几。

近些年来，大陆一直采取实现两岸双赢的政策。"在承认一个中国的前提下，什么都可以谈"固然也是一条红线，但这却是一条因其最大限度表示善意而被陈水扁集团最大限度利用的红线。划在盘子边上的红线对偷食者是没有意义的，就像放在盘子另一端的捕鼠夹无法防止老鼠从这一端偷东西一样。陈水扁集团的屡次挑衅能够得手，台海两岸间的中间地带日渐狭小已经表明，现在到了放弃模糊政策，伸手盖住盘子，对偷食者说"不"的时候了。

不管"统一法"的内容如何，这样一部法律的出台无疑标志着大陆对台政策红线的公开化和明确化。和四年来对陈水扁集团"听其言、观其行"的后发制人策略相比较，"统一法"将是一招先手，虽然这一招仍是对陈水扁"法理台独"的回击，但却不能简单地将之理解为海峡两岸在法理上的一次角力，其所可能引发的后果远远超越一纸文书所能涵盖的内容。

发挥全体中国人的智慧制订"统一法"，甚至仅仅是目前针对"统一法"所展开的广泛讨论都已经并将继续促进民间与政府力量、大陆民众和海外华人智慧的整合，从而使反独促统的力量得到提升；"统一法"也将是对支持"台独"的国际势力凭借自己的国内法指手画脚的有力回击。"统一法"最重要的意义在于，通过制订"统一法"，把红线明确严密地树立在盘子中间而不是边缘，将改变"台独"势力利用大陆"红线"的不明确不断制造事端的局面，使大陆夺回在台海问题上的主导权，使局势由陈水扁集团不断考验大陆的耐心转变为陈水扁集团的意志受到考验。

一部明确规定分裂祖国行径的定义并规定这一行为所要承担的后果的"统一法"，将把点燃统一战争的导火线抛到陈水扁手中，成为对其"台独"意志的考验，既考验其有没有试图在切下香肠的时候不切到大陆手指的技巧，也考验其有无切伤大陆手指的勇气。当然，同时也要看到，制订"统一法"也是对全体中国人智慧的考验。这样一部法律不能是一部包含广大解释空间和无限可能性的法律，虽然，"统一法"不必然排斥任何弹性空间，但是必须保证任何旨在为台海和平保留希望的弹性空间不被陈水扁这个律师出身的政客利用。

还应该承认，"统一法"也将成为对全体华人，特别是对中国政府和人民勇气的考验。毕竟，如果"台独"分子在国际势力的纵容和支持下，误判形势，一意孤行的话，"统一法"可能最终不得不靠导弹贯彻。比较起容忍"台独"势力继续切香肠以换取片刻安宁而言，这或许是不值得的。然而问题在于首先盘子里已经没有多少香肠了，更在于早在1936年，鲁迅先生就曾经说过："卫国与经商不同，值得与否，并不是第一着也。"

2004年5月21日《国际先驱导报》

> 新闻背景：陈水扁想的是如何实现台湾的彻底"去中国化"，如何拉着2300万台湾人一起和中国说再见，美国人想的是如何使台海局势最大限度地符合美国的利益。明了二者的想法，或许就会明白执着于他们说了什么并没太大意义。

"听其言"可以休矣

陈水扁想的是如何实现台湾的彻底"去中国化"，如何拉着2300万台湾人一起和中国说再见，美国人想的是如何使台海局势最大限度地符合美国的利益。明了二者的想法，或许就会明白执着于他们说了什么并没太大意义

5月20日，那位一心要埋葬"中华民国"的"中华民国总统"陈水扁将第二次宣誓就职。众多媒体和分析家对这位"总统"会在就职典礼上说些什么做出了诸多猜测，远隔重洋的山姆大叔也对此表现出浓厚兴趣，一些政要还不同程度地提出了"劝诫"甚至"警告"。固然，不可低估陈"总统"的演说在制造麻烦方面的"能量"，但问题在于，他说了什么或者没说什么真的那么重要吗？人们还有必要再次"听其言"吗？

四年以来，陈水扁及其手下已经无数次地向世界证明那些把他们的承诺当真的人是多么天真。"本人保证在任期之内，不会宣布独立，不会更改国号，不会推动两国论入宪，不会推动改变现状的统独公投，也没有废除国统纲领与国统会的问题。"从严格的修辞意义上来说，陈水扁并没有在过去的四年突破自己作出的承诺，但是，只需要回顾一个简单事实就可以证明这个所谓的恪守诺言是多么虚伪，现在的"国统会"年度预算只有区区1000元新台币，大概可以在大陆买下200瓶1升装的矿泉水。这个曾经让许多担心台海开战的人们感到欣慰，让许多铁杆"台独"分子嘟嘟囔囔的一个"没有"已经只剩下200瓶矿泉水，而那三个"不"早已被"台湾事实独立"、"防卫公投"、"2006催生新宪"代替，甚至连1瓶矿泉水的价钱都抵不上。如果说这样也算信守诺言的话，那么恐怕出尔反尔这个词的意思就不是汉语所能阐释的了。

种种迹象表明，下个星期陈水扁的讲话不至于走得太远，或许重谈"四不一没有"，或者炮制出什么别的"不"或者"没有"来——对于陈水扁这样律师出身的政客来说，这根本算不上什么难事。困难的是，如何让人们明知道阿扁只不过是在随便说说的时候还继续耐着性子"听其言"？继续"听其言"，甚至执着于其说了或者没说什么无疑是着了这位惯于摇唇鼓舌的政客的道儿，为其实现渐进式台独的切香肠战术提供时间和空间上的便利。

近期，一些评论家和分析家们除了猜度陈水扁会说什么外，还格外关心美国人说了什么。仿佛美国人对"阿扁"的大声呵斥或者小声抱怨对于缓和台海局势具有格外重要的意义。否认美国人对台湾问题特殊而重要的影响力是没有意义的，但这并不必然意味着华盛顿的高声低语特别值得重视。仔细审查华盛顿的声音，虽然时高时低，忽软忽硬，但仍然可以从中发现一个规律，即每次华盛顿呵斥台北轻举妄动的时候都不会忘记强调台湾与美国的特殊关系。三个联合公报从美国人口中说出来总是令我们一些分析家感到快慰，然而不应忘记的是，每次谈及"联合公报"的时候，美国人都不会忘记附加上"与台湾关系法"——这可就不那么悦耳了。

无论是言论，还是行为，都不过是思想的外在表现而已。陈水扁想的是如何实现台湾的彻底"去中国化"，如何拉着2300万台湾人一起和中国说再见，美国人想的是如何使台海局势最大限度地符合美国的利益——对于美国来说，很难接受一个统一而强大的中国对美国是有利的这样一种想法。明了二者的想法，或许就会明白执着于他们说了什么并没太大意义。不论是台湾领导人，还是相当数量的美国政要，在台海局势上，他们都以其行为证明了其言论的不可靠、不真实，至少是不够可靠，不够真实。"听其言"，无论是对前者，还是后者，都已经没有实质意义，"观其行"才应是未来一段时间内的正确态度，而这一段时间并不是无限期的。

2004年5月14日《国际先驱导报》

新闻背景：2010年1月29日，美国新一波对台军售总额约64亿美元，包括60架黑鹰直升机、爱国者三型导弹系统、2艘鹗级猎雷舰、鱼叉反舰导弹、博胜指管系统，总额达63.92亿美元。但F-16C/D与柴电潜艇并未包含在内。

赚钱是有代价的

"不惜一切代价协防台湾"，小布什如是说；"中美关系是最重要的双边关系"，奥巴马这么讲。两位美国总统的表态究竟有多大差距？零——因为奥巴马刚刚批准了小布什离任前的对台军火销售清单。

当然，换一种算法答案可能会有所不同，小布什当年曾批准过110亿美元的对台军售案，和奥巴马的64亿差距还是蛮大的。这个差距就是白宫给全世界"最重要的双边关系"开出的价码。美国的民主党人还会辩护说这个价格被严重低估了，应该是110亿美元，因为奥巴马没有卖任何新东西给台湾，他只是履行了小布什曾经作出的一项承诺而已。

要是美国政府真这么重承诺的话，奥巴马干嘛一上台就任命了奥古斯汀委员会，检讨并最终废除了小布什的太空计划？重返月球计划之严肃宏伟以及刺激就业功效总比得上几架"黑鹰"、若干枚"爱国者"吧，也没见奥巴马对小布什的"遗产"有多大惋惜，几千亿的承诺都可以放弃，却执拗于在区区64亿美元上守信用，算术功力好像有些问题。

至于说"美方有义务确保台湾有足够的防卫能力"这个理由，抛开国际法上站不站得住脚不谈，逻辑上和经验上已先显得不牢靠了。要是美国真想保卫台湾的话，干吗不真卖些可能管点用的东西？不是说老掉牙的F-16C/D，而是说F-22和F-35，或者干脆把自己的飞行中队派回来？就算奥巴马的军事常识有强化补习之必要，但在东京发表上述高见的美国助理国防部长格雷格森原本是一名陆战队中将，他总不会不知道"足够的防卫能力"对于纵深只有百多公里的台湾来说是多么遥不可及的梦想吧？

真不知道哪一件事情更加蹩脚，是奥巴马的对台军售，还是给军售找的借口。不过这一点对中国来说无所谓，奥巴马用什么理由为自己辩护，甚至销售清单上哪些在哪些不在，连同支持白宫继续对台售武的真实动机都无关紧要。

是因为这一年来中国没能按照美国希望的方式帮助美国而暗自憋气，因此要拿台湾问题"敲打"中国也好，抑或被西科尔斯基、洛克希德－马丁、雷神和它们的华府说客牵着鼻子也罢，那些是奥巴马自己的事情，白宫不要指望中国能够理解。

64 亿美元一笔小钱，昭示出包括奥巴马在内的许多西方人对中美关系重要性的理解方式：第一，中国强大了；第二，一个强大的中国能帮美国解决不少问题；第三，一个强大的中国应该只有在帮美国忙的时候才显示自己的力量；第四，一个强大的中国应该心胸更宽广些，对于美国一些"不得不"伤害中国的言行宽容以待，别那么"认真"。对于任何双边关系来说，这都是一套怪异的理解方式。

具体来说，就是中国要多买美国债券和美国商品，但要少买美国公司；在朝鲜和伊朗问题上要与美国步调一致，在阿富汗要挺身而出，但在台湾和南海要保持善意的沉默；在全球气候变化问题上要转向美国，既要和"基础四国"拆伙，和欧洲也得保持距离，同时最好别要求欧盟解除对华武器禁运。不但如此，中国还得对这套理解方式心甘情愿，否则就是实力膨胀后的"挑衅行为"。

正是因为中国非常理解他们的行事逻辑，所以才更不能谅解这种公然的背信弃义。就是在这套理解方式下，奥巴马不但"信守"小布什的"承诺"，而且美国政府和媒体还对中国政府和媒体所做出的完全合乎逻辑的反应表示了"惊诧"。甚至还有人满不在乎"很难想象他们（中国）会做出高于象征意义的任何事情来"。好吧，既然那位来自尼克松中心的高级研究员德鲁·汤普森这么说，那我们就给他些超过象征意义的事情——希望他没有朋友在被中国网民"人肉"的那些美国公司工作。美国不是认为美台军火交易很正常吗？那好，按照正常逻辑，做生意哪有不付代价的？只不过这个代价不见得全都会写在合同背面上。

2010 年 2 月 5 日《国际先驱导报》

> 新闻背景：除了美国人自己讨论美国霸权的衰落外，也有些中国人开始担心美国衰落，认为中国应该及时防止美国的衰落。

霸权之后？

很少有国家能和美国在缺乏安全感方面相比肩，本·拉登之前，美国那些标志性建筑就已经被好莱坞的导演们在银幕上用地震、海啸、彗星、外星人和哥斯拉摧毁了不知道多少次。不要以为这只是好莱坞吸引眼球的招数，在美国相信"美国世纪"行将就木的悲观者大有人在。

如今，伴随伊拉克无休无止的炸弹、美国贸易账本上惊悚的赤字，为美国唱挽歌日渐流行起来，不但在美国，在我们的国家也不绝于耳，日前华文媒体上便出现了探讨中国"如何防止美国的过快衰落"的文章。

美国已经衰落了吗？美国霸权行将终结了吗？逻辑上可以这样说。福山的"历史终结论"不过是美国人一时间的得意，历史不会在"美国世纪"中终结，这是毫无疑问的。和罗马帝国、大英帝国一样，美国的衰落和美国霸权的崩溃迟早要出现。在人类历史当中，永恒是不存在的。凡存在的必将消亡，即使是眼下的白宫主人笃信的上帝也不会使他的国家成为例外，因为"将来总有一天会不存在任何政权，不论是恺撒的政权，还是别的什么政权"。

但是，在国际政治领域讨论神学问题有意义吗？换句话说，现在来讨论美国霸权的瓦解有意义吗？固然可以争辩说美元的霸权地位已经时日无多，而国际制度的美国文本早在美军攻打伊拉克的时候就信誉丧失殆尽，但仅仅凭借美国现在在国际社会越来越不得人心，越来越不能使用制度内的话语和行动推行意志，以及美元体系可能的瓦解就来推断美国霸权的衰落，是不是和福山一样过于乐观了呢？

美国霸权确实是由神话构筑的，至少部分地不来自于美国自身的软或者硬实力，但这并不意味着美国霸权只不过是一个硕大无比的肥皂泡而已，美国可见或者不可见的实力——阿帕奇、绿钞票、好莱坞形成了美利坚帝国军事、经济和文化的三重冠冕。

虽然21世纪以来美军的两场战争都有些捏扁软柿子的嫌疑，但美国军事力量的强大是不需要怀疑的，至少萨达姆灰溜溜地钻出地洞这一幕对某些国家起到了杀鸡儆猴的效果。而好莱坞对世界其他文化的攻击力恐怕比阿帕奇还要略胜一筹——席卷世界的文化保守主义，多多少少是冲着好莱坞来的便是一个证据。而美元帝国的崩溃——这是唱衰美国的人士最津津乐道的话题之一，仍然只是一种可能。眼下的事实是，依靠它在金融领域的优势地位，美国源源不断地从世界经济中牟取剩余，每年多带回6659亿美元的商品。

当然，作为一个具体国家的公民，特别是这个国家最关键的领土完整问题恰恰是由美国霸权造成的，很难对美国的霸权怀有好感，就感情而言，太平洋西岸国家的人民不愿意看到美国霸权成为上帝制造的例外完全可以理解。但对于实力在任何一个层面上都还远远落在美国之后的我们来说，现在谈论美国霸权的衰落以及应该以什么样的态度面对这种衰落是不是过于心急了呢？

美国的衰落是一种必然的趋势，但并不等于明天就要到来的现实，拿彼岸世界的可能景象作为此岸世界制定政策的基准，不但是不明智的，也是十分危险的。危险之一就在于它在逻辑上堪称胡适博士盲目的理想主义的现代翻版。

日前有中国学者主张，中国应该"及时防止美国的急遽衰落"，因为"届时美国将不仅放弃全球强权的念头，而且还得感激中国设计了一套最能确保其利益的、使其成为地区强国的秩序安排"。1933年，面对日本侵华的嚣张气焰，胡适博士为"皇军"开出了"彻底停止侵略中国，反过来征服中国民族的心"的药方。其用心之良苦、道德之高远、心智之深邃在那个年代无出其右者。良策只有一个缺点，便是日本人绝无兴趣听取这位哥大博士的高论。想不到这套理论在70多年后再度以类似的面目复活。

不过新版本却面临着同样的老问题：我们怎么知道美国人需要并且在得到以后会感激我们的帮助？处于实力下降阶段（假如）的美国为什么愿意托庇在中国的善意之下？为什么美国不能凭借其虽然下降但还足够强大的实力先发制人地扼杀一切可能使其成为"地区强国"的企图，哪怕这种"地区强国"是"新型的"，并且"最能确保其权益"？

我们通常理想主义地认为会叫的狗不咬人，可是问题在于那只狗知道吗？说这句话的可不是我们，而是美国人自己。

2006年8月17日《东方早报》

新闻背景：美国东部时间 8 月 31 日 20 时，奥巴马在白宫椭圆办公室发表全国电视讲话，时长 18 分钟。奥巴马说"今天，我宣布美国在伊拉克的作战任务已经结束"，美军将于 2011 年年底前全部撤离伊拉克。

重建帝国威严？

关于造成 4000 多名美军阵亡、伊拉克军民伤亡无法统计的第二次伊拉克战争的结局，用不了多久，下面这句话就会成为"标准"的国际表述——2010 年 8 月 31 日，历时七年零五个月的第二次伊拉克战争结束。因为奥巴马总统在椭圆形办公室发表的那篇时长 18 分钟的讲话说的就是这个意思。

这种表述是纯粹美国中心主义的，以美国为事件的观察视角和记录基准。战争只是对于美国人来说结束了罢了，而对于伊拉克来说，其实战争远未结束，并且没有人能够预言自 2003 年 3 月 20 日开始的又一轮灾难什么时候能够画上一个句号。就像当年的越南战争一样，1973 年 1 月 27 日的《巴黎协定》只是让美国人从"泥潭"中解脱了出来，越南人的痛苦却还要再延续整整两年零三个月又两天。

无论以哪一个节点作为结束，这场战争都注定会给历史学家留下无数的争论空间。就像直到现在还有人拿到博士学位靠的是争辩 1941 年末罗斯福总统是太聪明且太阴险而故意向民众隐瞒了日军的进攻计划，还是美军情报部门太笨拙太迟钝完全被山本大将蒙蔽一样，相信以后许多年也会有关于到底小布什总统是个骗子还是被人骗了的书不断被摆放在书架上。历史甚至连一个能够获得共识的时间表都无法建立，更不要说能给这场战争下一个经得起后人评说的公论了。

耐人寻味的是，人们往往是在长篇论述了战争对美国的影响之后，才会附带谈到战争给伊拉克带来的后果。

至于战争给美国带来的后果，除去那些带着所谓"无形的伤口"返回家园的美军士兵如何融入社会这些在美国看来极其重要在别国看来略显无病呻吟的事情以外，就全球秩序而言，至少有一个后果可能会让美国在未来若干年内头疼不已。那就是1000多天的非对称战争让全世界都认识到，武装到神经的信息化军队能打赢一场战争，但解决不了一个国家重建的问题。在这七年来，全球几乎所有反美行为体（从国家、军事集团到恐怖组织）都慢慢地坚信，可以依靠伤敌八百自损一万的方式迫使美国从自己的地盘上滚蛋。二十一天闪电摧垮萨达姆政权的赫赫武功已经被运回国内的四千具棺材所掩盖。美国军事霸权的心理威慑力明显下滑，而对于一个帝国来说，这就是跌入深渊的开始。

一个强大的帝国被迫在一个军事力量远不如自己的敌人面前退缩自保，不论是基于痛苦，还是出于厌烦，都将造成帝国威信的下降。倘若帝国不能迅速修复威信，真正的多米诺效应才会不可避免。

伊拉克战争是不是美国霸权旁落历史进程的关键步骤，取决于美国的国内状况而不是它的对外政策。这一点，奥巴马的认知是很明确的，而美国共和党前副总统候选人萨拉·佩林和福克斯电视台主持人格伦·贝克却不这么认为。他们在一次公众聚会上高呼："今日美国开始远离上帝。"这种空洞的呼喊与其说指向了某项政策——从伊拉克撤军应该包括在其中，还不如说表达了一种对帝国失序的恐惧。他们要求美国重新成为"山巅闪耀之城"，而奥巴马如果不想在中期选举中被摔个跟头甚至直接摔成"跛鸭"，也不能不认真倾听来自美国灵魂深处的这种呼唤。

美国如何才能"走近上帝"呢？可以重新让世界感受到"美国梦"的吸引力，这意味着接纳更多移民并给他们提供实现梦想的机会，意味着让更多美国人享受其他国家民众难以企及的生活水准——医疗服务以及住房等等，也意味着一张可能高达数万万亿美元的账单，以及一大堆繁琐的工作。

除此以外，还存在着另外一种选择，即再打一场以胜利告终的战争，从而迅速恢复美国的威信，将这些年来美国在伊拉克和整个伊斯兰地区的所有郁闷一扫而光。就这一点而言，萨拉·佩林和格伦·贝克其实不是在向耶和华祈祷，而是在召唤战神玛尔斯。如果能做到这一点，这当然会极大地帮助美国人摆脱当下的抑郁心情，但必胜的战场在哪里呢？朝鲜？伊朗？还是在南中国海？奥巴马所谓朝鲜"对美国国家安全、外交政策与经济构成异常重大威胁"、马伦上将关于对伊朗战争计划的"是的，我们有"、希拉里·克林顿的南中国海问题"事关美国的国家利益",这些话是什么意思呢?是不是在预示着美国打算在这三个地方的某处甚至全部重建帝国威严?

将近100年前,一位德意志人告诉一位奥地利人"如果阁下不打算用大炮贯彻这项政策,就不要执行这一政策"。或许美国人应该用这句话来测量一下他们现在所有的对外行为。

2010年9月2日《国际先驱导报》

新闻背景：当地时间2009年11月5日中午，美国得克萨斯州的胡德堡陆军基地的一个士兵训练中心发生枪击事件。这是美国有史以来发生在军事基地最严重的枪击事件。被当场击毙的头号嫌疑人名为哈桑，现年39岁，阿拉伯裔美国公民。案发前为胡德堡军事基地的心理医生。

胡德堡的罗生门

是恐怖分子，还是精神病患者，对于已经摘掉了呼吸机还不能说话的尼达尔·马利克·哈桑少校，这个问题已经不再重要了。当哈桑平静地用馈赠家具的方式向邻里告别的时候，他肯定知道自己这一出门，失去的不只是那几件家具，还有他的军衔、自由并很可能包括他的生命。身后的毁誉未必是这个性格孤僻怪异的单身汉在那一刻以及现在会在乎的问题。

但美国人显然不能不在乎哈桑的新"身份"，这倒不是12名美国军人和1名女警官的在天之灵和他们的家属正等待着有人来回答一个问题——他们到底是为什么而死的？是一个精神错乱者歇斯底里的自我毁灭的不幸受害人，还是在一场捍卫美国生活方式的战争中献出生命的光荣烈士？颇具令人心酸的讽刺意味的是，对13名牺牲者"性质"的认定——不是抚恤政策意义上的，因为就这一案件而言，是受害人还是阵亡人员应该不会有区别——取决于对哈桑行凶动机的认定。

尽管现在哈桑还无法接受审讯，然而从政府到媒体的相关调查已经把哈桑的过去纤毫毕现地展示在美国和世界面前了：他的上网记录、生活习惯、他母亲葬礼的举办地点等等。然而随着调查的深入进行，哈桑的形象反而愈发地模糊，更准确地说，是人们越来越能明显地感受到罗生门的故事正在胡德堡重现，两套完全不同版本的细节为世界呈现了两个完全不同的尼达尔·马利克·哈桑。

一个哈桑思想极端，生前曾经和"9·11"事件的两名袭击者同去一个清真寺,曾在网上讨论自杀式袭击的道义问题,公开质疑阿富汗和伊拉克战争;行踪可疑,生前接待的最后一位客人身穿阿拉伯服饰、肤色暗淡、须发浓密(像不像电影《真实谎言》里面那个偷了原子弹的中东恐怖分子?);血统也有问题,父母都迁移自以色列的大麻烦巴勒斯坦。作为这些细节的结论,哈桑完全有理由被定性为不折不扣的"恐怖分子",而对于这样的魔鬼,美军应该采取"零容忍"政策,并马上对其他的类似人员开展调查。

没有人说哈桑是天使,呃,不一定,或许有,比如说某个网站上的自称"基地"分子或者巴基斯坦塔利班头目哈基姆拉·马苏德,不过后者这会儿正忙着逃命,大概没空关心胡德堡发生了什么。

但的确存在另一个哈桑:性格和善,除了最后的歇斯底里以外,从来不和人争吵;家事清白,父母虽然来自巴勒斯坦,却是约旦后裔,而且自己"生在美国、生在弗吉尼亚、生在阿灵顿,是一个美国人"——哈桑的堂妹这样说,"深以所受的美国教育而自豪"——哈桑的堂弟这样说,特别需要指出的是,这位堂弟可不是美国人,他是住在拉姆安拉的巴勒斯坦人;生活不幸,青年时不顾保守的父母反对毅然入伍从戎,"9·11"后却因为宗教信仰和血统被起了个外号"骑骆驼的",希望找一个虔诚的穆斯林姑娘作为新娘未能如愿,身为精神科医生,因为感受到阿富汗、伊拉克老兵的创伤而备感苦闷却求告无门,两次提出心理援助要求都无人理会。

至于最可疑的两件"疑似"涉恐行径,和"9·11"袭击者同一清真寺以及上网讨论自杀式袭击,也都可以解释。前者是因为这座清真寺曾经举办了哈桑母亲的葬礼,而后者其实哈桑表达的是触发引信把自己炸飞和牺牲自己拯救战友的行为在心理上到底有什么差别,他是个军队的精神科医生,提出这个问题很奇怪吗?这些和魔鬼版哈桑故事中完全没有提到的细节勾画出了另一个哈桑——一个不堪战争重负的心理脆弱者,最终精神失常毁灭了自己也伤害了别人。

概述了两个版本的哈桑故事以后,自然而然的问题是:谁在讲这两个完全不同的故事?或者说谁在对现在还说不了话的哈桑进行身份诠释?政治上的不二定律,在听一个人的谈话内容之前,先看看他是什么人。这条定理在胡德堡的罗生门故事上同样适用,或者说格外适用。

魔鬼化哈桑的代表人物是康涅狄格州参议员、参议院国土安全与政府事务委员会主席乔·利伯曼。他的从政履历中还有事情在这里必须提到，作为民主党人，却在议会中长期支持共和党，而且曾在2008年选战期间被共和党人麦凯恩提名为副总统候选人，只是受到民主党的压力，利伯曼最终不得不选择了拒绝。他是小布什两场战争的坚定支持者，还有——他在2004年与戈尔搭档竞选美国总统，由此成为美国历史上第一个犹太裔副总统候选人。BINGO——答案揭晓。

这一派当中还有一位辛迪·亚当斯值得一提，她在"圈中"大名鼎鼎，不过不是政治圈，而是文艺圈。这位师奶级人物是美国著名的八卦作家，曾经爆过尼科尔·基德曼怀孕期间大饮白葡萄酒的猛料，可惜最终证实是假新闻。

亚当斯的动机无需猜测，她是八卦作家，身份说明了一切。对了，辛迪·亚当斯？这个名字怎么这么熟悉呀？香港的译法是"仙蒂亚当斯"，著名香水品牌，旗下的一种香水就叫做"流言"（Gossip）。

至于利伯曼，他的动机也不难猜测，他是以色列游说集团的重量级人物，而以色列目前显然谈不上对奥巴马的中东政策满意。要是能证实胡德堡袭击是"9·11"事件的后续，美国政府便只有一个选项：增兵伊拉克、增兵阿富汗、增兵中东大打出手，小布什的政策重返白宫。

哈桑是不是恐怖分子，既是"11·5"枪击案的重要调查结论，也是美国反恐政策如何调整的关键前提性事件。这才是罗生门重现胡德堡的原因。这一点，被利伯曼放在火上烤的奥巴马非常清楚，否则他就不会在7日呼吁美国公众"平静下来等待调查结果"了。调查什么、如何调查，和哈桑本人倒是没什么关系了，他就算能从医院中出来，结局也只能是走进死刑室或者走进大牢"完成"13个终身监禁以及30多个年数不等的有期徒刑。然而，对于其他50万身心俱疲的美国陆军士兵以及对于阿富汗（只是阿富汗？）的千万百姓，调查结论怎样，差别可就大得很了。

2009年11月《东方早报》

新闻背景：9·11 事件八周年。

八年后的 OBL 和 W

G. H. W. 布什总统卸任 11 年后，他的儿子将萨达姆·侯赛因从地洞中抓了出来，算是偿了乃父心愿，或曰弥补了前人"过失"。被奥利弗·斯通用一个字母代表的 G. W. 布什总统却很难设想有朝一日也能得到类似安慰。他的女儿们再过 N 许多年也当不了美利坚合众国总统，而现在的白宫主人好像对生擒或击毙本·拉登兴味索然，"阿富巴战略"的要点早就不是除掉本·拉登为双子座报仇，连追杀本·拉登的秘密行动小组都解散了。

9·11 事件 8 年后，生死不明的 OBL 得到了由普利策奖得主斯蒂夫·科尔作传的待遇——厚近 700 页的《本·拉登家族及其财富的故事》已经由企鹅书屋出版。W 则至少得到了斯通和迈克尔·摩尔两位大导演的"垂青"，只不过他们的作品，前总统本人恐怕没什么雅兴购票一观。不精确地评估一下，美国电影中的美国总统形象，大概以小布什为最差。乌韦·波尔的烂片《邮政恐怖分子》中甚至为 OBL 和 W 设计了一个手牵着手走在原野上的恶搞结局，地平线的尽头是两国亚洲国家对美国发动核反击升起的朵朵蘑菇云。

唉，美国人也真是的，有必要这么看 W 不顺眼吗？W 的确不是美国历史最好的总统，但肯定也不是最坏的一个。而且他的错误并不全是他本人的愚钝造成的。乔治毕业于耶鲁大学，智力水平和知识储备绝对不像电影上描述的那样惨不忍睹。

也有人说是切尼和拉姆斯菲尔德蒙骗了可怜的小乔治，把美国拉进两场打不赢的战争。做此种论断的美国历史学家实际上是在有意无意地替另外一群更应该承担责任的人们开脱，那就是美国公众。乔治发动第一场战争的时候，支持率高达 85%，发动第二场的时候虽然低了一点，但依然是美国历史上最受欢迎的总统之一。2001 年前往阿富汗的美军士兵是踏着鲜花出发的；而 2003 年对伊拉克军事行动展开之前，面对全世界的反对，执迷不悟到了歇斯底里地步的也不只有美国总统、副总统以及国防部长。

刻薄的剑桥大学历史学家 A. J. P. 泰勒这样描写德国人的二战史心态"当今的人们似乎认为：希特勒事必躬亲，甚至独力开火车和填塞毒气室"，"有希特勒担罪，所有其他德国人都可以自称无辜"。当然，美国人对 W 的恶评还比不上德国人对元首的清算，一则乔治的过错和阿道夫的罪孽在宗教上处于完全不同的两个等级，二则美国只是陷入了麻烦，没有被击败，用不着找出一个罪人来为自己开脱。

其实，W 只不过是千千万万太胖太自以为是太理想主义的美国人中的一个典型，因而才成了他们的代表。他们太胖，过于充裕的物质享受使他们养成了用金钱计量成本（任何成本）的习惯；太自以为是，总以为这个世界上没有什么事情是美国解决不了的，"世界是一个乱七八糟的地方，而美国能够修好它"；太理想主义，虔诚到了把一切都赋予宗教价值渴望非黑即白世界并愿意为此付出努力的地步。

当然，可以争论说美国精英集团才不真正富于理想精神呢，他们关心的只是把阿富汗当作中亚大战略的轴心，而把伊拉克看成是一个不肯交纳保护费的加油站老板。就战争的实质而言，这种判断肯定有道理，人类历史上还不曾有过为了理想而发动的战争呢。但同样地，人类历史上也不曾有过不打着理想的旗帜而进行的战争。要动员自己的男孩子上战场杀掉别人家的男男女女，用石油或者更抽象的"地缘战略价值"作为口号是远远不够的。

然而问题在于，任何一场以理想之名追求现实利益的战争都应该在取得现实利益之后立即停止。否则，就是对战争发动国有限资源的浪费——即使是美国，战争资源也是有限的。美国公众或许愿意看到民主自由的新国家在伊拉克和阿富汗的废墟上诞生，乔治、迪克和唐纳德却绝不应该追求这个虚无缥渺的理想，不是因为这个理想太虚伪，而是因为太贵！

从这个角度来说，W 是有错误的。马后炮地说，要是美国军队 2001 年打完了塔利班就从阿富汗撤走，抓到了萨达姆就退守到伊拉克的石油管线附近，今天的美国人会把 W 看作是历史上最差的美国总统吗？人的恒久弱点之一不是不知道怎么开始，而是不知道如何结束。

还有一种争论说不是 W 没能及时结束战争，而是出于维护美国的帝国威严根本无法在实现功利主义目的之后置"道义"于不顾而结束战争。但这正说明

W 的错误其实是一种无奈：是谁把 W 推得更远？国际压力？法式薯条都改了名字了，就算有国际压力，十有八九也是反向的。美国国内精英集团？他们对民主和自由之花能否在阿富汗与伊拉克开放才没兴趣呢。这两者之外，还有谁呢？

"9·11"八周年，奥巴马应该从 W 身上吸取什么教训？或许是应该更少地考虑一些所谓"美国道义"，"道义"会让公众心安理得，但公众不会愿意为之买单，更重要的，"道义"有时候是要死人的——北约秘书长拉斯姆森说什么来着？误伤平民"在所难免"。

2010 年 9 月《东方早报》

新闻背景：2010年3月4日，在美国国会众议院外交事务委员会主席伯曼的推动下，该委员会通过一项议案，将第一次世界大战期间奥斯曼土耳其帝国杀害100多万亚美尼亚人的历史定性为"种族屠杀"。为表示抗议，土耳其政府旋即召回了驻美大使。

别捣乱，伯曼

在主席伯曼的提议下，美国众议院外委会"确认"了90多年前日暮夕垂的奥斯曼帝国对亚美尼亚人的暴力为"种族屠杀"，支持者仅以23对22的一票多数达到了目的。出于报复，土耳其立即召驻华盛顿大使回国述职。

就在几天以前，观察者还在揣测埃尔多安政府翻七年前的旧账逮捕数十名军官是否会冲击到土美关系，美国众议院翻更久的旧账无疑坐实了这一推测。当然，不能据此得出结论说美国翻旧账是为了报复或者压制埃尔多安翻旧账——霍华德·伯曼先生的提议是在2月初提出的，那时候土耳其反恐警察还没敲击部队营房大门呢。

尽管如此，梳理一下未来一段时间土耳其的政治时间表还是有意义的。3月份，土耳其政府将试图修改宪法，废除这个国家自1982年以来实施甚至更早时间已经成型的"文官治国军队监国"的体制，这一体制缘起于阿塔图尔克·凯末尔的政治遗嘱，导致土耳其共和国三次发生军事政变。最近的一次发生在1997年，时任总理埃尔巴坎被迫下台走人，而埃尔多安也在次年被捕入狱。连续执政7年的埃尔多安要削弱直至取消军队干政的"合法权利"于公于私于古于今都不缺乏理由。

2011年，土耳其将举行大国民议会选举，埃尔多安能否超过阿德南·曼德勒斯成为连续在位时间最长的土耳其总理就看这次选举了。对正义与发展党的伊斯兰倾向深深担忧的土耳其军队如果出手干预，2011年大选是最后一次机会。即使是在土耳其，军队取缔一个连续三次在大选中获胜的政党也是不可能的。实际上，是否存在这样的机会已经是可以争论的了。自2007年连任以来，埃尔多安被军事政变推翻的可能性已经降低到可以忽略不计的地步，否则这位总理绝对没有胆量派警察闯进现役军官家里公开羞辱在这个共和国 80 年历史中无人敢指摘一字的军队。

这一切和 1915 年 4 月 24 日开始的亚美尼亚悲剧，和霍华德·伯曼主席以及整个众议院有什么关系呢？换句话说，为什么伯曼的委员会要在这个节骨眼儿上通过这样一份决议呢？虽然我们高度评价同一个众议院三年前口头表决通过的谴责日军二战期间强征慰安妇行径的议案，但美国众议院的决议对日本和土耳其、对东亚的慰安妇和亚美尼亚的冤魂能起到怎样的劝解及告慰作用实在是一件没人说得准的事情。

日本还是会判慰安妇败诉，土耳其还是会召回大使表示抗议，差别只在于看着普天间上空飘扬的美军军旗一筹莫展的日本政府不敢对美国人说"走开"，而在因吉尔利克同样驻有美军的土耳其却明白无误地告诉伯曼以及 2007 年时候他的前任汤姆·兰托斯"不关你的事儿"。

由于担心美土关系必然因此而受到的损害，奥巴马总统和克林顿国务卿已经先后与伯曼主席协商，希望不要翻旧账。其实他们应该担心的问题远比美土关系的暂时受损要严重得多，之所以加上"暂时"，是因为相信土耳其大使很快就会回到自己的岗位上，毕竟安卡拉还得罪不起华盛顿，就像 2007 年美国众议院通过针对亚美尼亚历史问题的类似决议时土耳其作出的反应一样。

如果伯曼决议能够促使更多的土耳其人在这个问题上赞同他们的诺贝尔文学奖得主奥罕·帕穆克的观点，付出美土关系的一点代价应该被归类为富有自我牺牲精神的高尚行为，然而众议院外委会的投票只是表明了一种态度而已，丝毫不会起到任何促使土耳其"睁开眼睛"直面历史的作用——其实，在美国众议院表态之前，土耳其已经和亚美尼亚达成协议，决定对这页悲惨往事开展共同研究。伯曼这时候的直言不讳恐怕只会让土耳其人怒火中烧，让这个超过 83% 人口认为自己的文明冠决全球的民族更难躬身自省。

伯曼的表态还很可能给土耳其的政治进程造成不可测知的外部影响。这个国家正又一次处在身份认同、发展道路的十字路口上。是按照阿达纳农民的要求逐步在民主当中增添伊斯兰成分，还是遵循凯末尔的精神遗产为了维持世俗原则而保留军队监国的权力？一个世俗、民主、忠于西方的土耳其，显然是美国愿意看到的，但当这些目标开始互相矛盾的时候，又该怎么办呢？就算一时半会儿想不出辙来，至少也不应该翻出95年前的旧账来捣乱吧。真的有人愿意土耳其在缅怀奥斯曼帝国无上荣光的道路上越走越远吗？那个帝国可曾经自诩为"全世界所有穆斯林的共同而唯一的祖国"。

其实，连伯曼自己都知道这纸决议颇为不合时宜，在要求议员投票的发言中，伯曼先是强调"土耳其是美国在一个动荡地区至关重要的、在绝大多数方面都很忠诚的盟友，美国也是并且仍将是土耳其的盟友"，然后才批评土耳其面对历史问题态度不老实。很难想象前面说给土耳其人的好话能让亚美尼亚人满意，而后面的坏话只会让土耳其三尸神爆跳、七窍内生烟。何必呢？

这当然不是说不该关心历史真相和终极道德，只是要劝告伯曼先生以及不少和他颇为相似的一些名人，关心这些以及任何其他原则性问题不该成为让自己更有名的手段，就像中国明朝时期"讪君卖直"的谏官邹元标那样——原来这号人物并不专美于番邦，我们又是一个"古已有之"。

2010年3月《东方早报》

新闻背景：2009 年 12 月 25 日，尼日利亚青年阿卜杜勒·穆塔拉布在飞往美国的航班上，试图引爆藏在内裤里的炸弹。5 天以后，阿富汗的一个美军基地发生恐怖袭击，7 名中情局特工丧生。2010 年 1 月 5 日，奥巴马公开承认，美国政府掌握的信息，本来足以发现和阻止圣诞节炸机阴谋，但情报部门没将零散的信息联系起来加以分析。

帕内塔的烦恼

美国中央情报局局长莱昂·帕内塔这个元旦过得有点郁闷，在夏威夷度假的奥巴马总统大老远地来电话要和帕内塔"讨论"一下近来的工作。"讨论"些什么呢？第一，有关尼日利亚"富二代"炸机犯穆塔拉布的人头线索为什么没能在国土安全诸部门之间及时实现共享；第二，那七名在阿富汗查布曼基地遇袭身亡的中情局特工到底是怎么死的。

帕内塔肯定觉得自己特别冤。这位前克林顿政府的白宫管理与预算办公室（OMB）主任在 2009 年 2 月出任中情局局长之前恐怕连兰利都没去过几回，对于情报工作是个不折不扣的外行。

实际上，选中他主管世界上最大的情报机构恰恰是因为 72 岁的帕内塔在他长达 43 年的政治生涯中和兰利一点关系都没有。中情局的声誉因为小布什时期的虐囚和假情报丑闻严重受损，奥巴马选择一个帕内塔这么个局外人就是要他去打扫牛圈的。结果就像人们常说的那样，让一个人清理多年未扫的牛圈，他会得到什么？什么都没有，除了一身的牛粪！帕内塔现在就处在这么个尴尬境地。"清扫工"莱昂打扫屋子的行动进行了快一年，仍然没有什么人被问责，他自己却因为年底的两起重大工作纰漏被推到了风口浪尖上。

其实，这两件事情帕内塔和中情局全都有充分的理由可以为自己提出辩护。关于情报共享，这是美国各执法部门之间扯皮了几十年的一个老大难问题。当年国土安全部成立的时候，在选择部徽方面曾经颇费了一番周章，最终确定环绕着象征美国的鹰徽增添一圈红色封闭圆环，寓意在于保卫国土安全需要各部门之间形成合力。

然而，在部徽上画个圈儿很容易，让所有有关国土安全的情报在各个部门共享——国土安全部的列席部门一共有22个之多呢，涵盖了从国防部、司法部到农业部、财政部的许多下设机构。中情局虽然不在其列，但根据"红圈"原则却要向他们之中的大部分通报信息。美国从来不是一个对官僚主义免疫的国家，庞大的情报数据在如此复杂的政府架构之间流转不出错是不可能的。对于穆塔拉布的成功登机，帕内塔的人马最多只应该承担部分责任，实际上，把板子单独打在任何人的臀部上都是不公正的——出错的不是齿轮，而是齿轮的互相咬合。真要有人负责的话，恐怕就要找上三军统帅本人了。

至于查布曼悲剧的发生，也不能责怪帕内塔。在阿富汗的中情局人员不是007，喝喝茶找几个"邦女郎"就把任务完成了，他们从事的工作其正义性或许可以争辩，但危险性是毫无疑问的。查布曼基地孤悬在巴阿边境上，一群当将军还不够老当士兵已嫌太老因而一看就不是作战部队人员的男男女女待在基地里摆弄一大堆亮晶晶的设备，不是特工，难道是《2012》里面阿德里安·赫尔姆斯利博士的手下，专为监测地心有没有变成微波炉而来？塔利班或许很疯狂可一点都不傻，用不着多少情报就能分析出把那些人干掉能给美国造成多大损失。

当然可以争辩说那7个人——他们的名字将被刻在中情局的荣誉墙上，但外人恐怕永远不会有机会知道他们姓甚名谁了——是可以避免悲剧性的光荣结局的，要是他们工作态度再仔细些或者工作热情再低些，或者对每一个前来应征的"线人"都进行充分安检，或者待在基地里打打牌喝喝咖啡不出来。

然而，就征募"线人"的工作特性而言，这两种做法显然都不会被一个有荣誉感的特工所采取。前者会妨碍与线人之间建立必需的信任关系，后者简直就是耻辱，就像当年躲在英军保卫圈和价值数千万美元堡垒之中无所作为的驻伊拉克日本陆上自卫队一样。

除非什么都不干，中情局在普遍对美国怀有敌意的阿富汗招募线人，遭遇"死间"是早晚的事情。很难想象那些特工身处巴阿边境，会不知道人体炸弹的厉害。他们的被炸身亡与其说是因为粗率或鲁莽，还不如说是基于勇敢。

归根结底，在查布曼乃至阿富汗，发生的是一场战争，是战争就有伤亡。而且中情局战地特工和一般军人相比，所冒的风险只会更大。

这是美国反恐战争不断给中情局追加任务必然会造成的结果，中情局要羁押审讯恐怖嫌犯、指挥无人机、招募线人、通报涉恐信息，就算帕内塔的人马有10万之众，也难以负担起如此沉重的任务。客观地说，10年反恐战争中情局不断遭遇一个情报机构所能设想的最大灾难——不是人员牺牲，而是被曝光在媒体面前反复接受拷问，出错的不是兰利，而是白宫，是白宫迫使中情局为了完成反恐任务而无所不用其极的，就像当年迪克·切尼坐在兰利的贵宾室里督导萨达姆大规模杀伤性武器报告出台一样。

据说2010年奥巴马总统还要对也门的"恐怖分子"下手，当然美国不太可能采取1993年索马里式的地面入侵，只会用无人机加导弹之类高来高去的家伙进行定点清除，以避免人员伤亡。但是即使是这种理论上零伤亡的作战方式，也需要查布曼式的前进基地，中情局恐怕还是要一马当先。要是奥巴马在滔滔舆论的压力下"处理"了帕内塔或者其他担当类似职务的人员，谁还愿意接手兰利指挥中情局特工进行前线潜伏呢？奥巴马已经不是一位新人总统，2010年他要面临的考验会很多，其中之一就是他能不能像小布什一样做到在压力面前保护好自己的手下。要历史性地当选，可以把错误统统诿过给别人，而要是想成为历史性的总统，就必须有承担错误的勇气。

2010年1月《东方早报》

Chapter V

第五章 中日关系

拆除慰安所，会拆掉什么？
靖国神社知错能改？
且看日本猴子七十二变
台湾有事，关日本什么事
小岛国的大梦幻
小把戏掀不起大风浪
等待鸠山
日本如何补历史课
咱们"饶"了丰田吧
中日美不是三国游戏
日本的惯性与恐惧
船长回家不是结束
钓鱼岛风波的拐点效应

新闻背景：2004年3月25日，利济巷的慰安所遗址被列入南京市白下区城市拆迁范围，在拆迁中，原居于此的老居民写信到南京市文物局，要求保护这处遗址。媒体报道有关消息之后，引发社会各界的关注，拆还是不拆众说纷纭。当年6月，南京市文物局在白下区政府举行了"南京利济巷历史遗迹"专家论证会，讨论结果倾向于迁移保护。不过，有媒体在2009年年底再次探访时发现，此地既尚未被拆迁，也没有采取任何遗迹保护措施。

拆除慰安所，会拆掉什么？

如果我们的子孙在研读慰安妇的历史时了解到，原来利济巷这样一个如山的铁证不是毁于败退的日军之手，而是消失在一个名叫"拆迁办"的机构手中，他们会作何感想？曾经是日军"慰安所"的南京市白下区利济巷2号极有可能在一个月内烟消云散，消失在城市改建的轰鸣声中。或许拆掉了的利济巷空地真的能为人们带来可观的经济效益，六朝金粉地的现代化建设可以由此而上一个新的台阶，然而这一切都不应该也不能作为销毁利济巷这一日军暴行铁证的辩护词。

人们有足够的理由为有关部门在一片反对声中的"执着"与"坚定"感到愤怒，本着宽仁为怀的原则，人们宁愿相信隐藏在拆迁办的大刀阔斧和文物管理部门的袖手旁观背后的是无意与无知。但是，回顾一下近年来屡屡发生的刺痛人们神经的"新闻"——从响彻全城的警报下我行我素的花车游行，到某明星的军旗装，再到撕破国旗当公厕门帘，这些不知道要算是"新闻"还是"丑闻"的消息至少有一个共同点，当事人无一例外地以无意或无知求得谅解。或许所有无意或无知都是实情而非遁词，但是人们还是不禁要问，这样的无意或无知是不是太多了呢？这些或许能原谅的疏忽是不是折射出一些不可原谅的过错呢？

换个话题，几天前举行的诺曼底登陆60周年纪念活动在亚洲也引发了许多人的联想，60年前同样是血雨腥风的欧洲大陆上早已绽开了和解之花，而在亚洲，沉重的历史却使民族之间的仇怨越积越深。毫无疑问，中日和解，毋宁说是不能和解，关键在大海的东边以及更东边。关于日本人在历史问题上态度的评论，对其炮制"中国威胁论"的心理剖析，以及美国人扶日抑华战略的解读，各家之言，已是汗牛充栋。然而在剖析别人的同时我们是不是也应该躬身自省一番呢？说到底，日本人怎么看历史，怎么看中国，是他们自己的事情，我们没必要为其摆事实讲道理。

但是，如果我们自己都不能善待历史，又怎能要求别人"以史为鉴"呢？如果我们自己都在无意或有意地遗忘历史，要别人正视历史又有什么意义呢？如果我们的孩子连"9·18"是什么日子都记不住，我们又有什么资格谴责东洋的青年跟在招魂幡后面亦步亦趋呢？

"凡是愚弱的国民，即使体格如何健全，如何茁壮，也只能做毫无意义的示众的材料和看客。"这句话，每一个读过《呐喊》的人都不会忘记，今天的中国人虽然早已不是"愚弱的国民"，前面说到的种种无意或者无知并不是我们民族精神的反映，但是，不可否认，这些令人感到愤怒的消息如此之多以至于到了令人厌烦的地步，还是反映出了我们精神世界里长久以来一直存在的缺失——对包括历史在内的非物质世界的冷漠。这种冷漠并不是单纯的无知，而是基于功利主义的满不在乎。

我们有着太多太多丰富的历史经历，以至于人们不在乎淡忘其中的一部分，我们有着太重要太紧迫的时代任务，以至于人们除了不断轻装跑向未来以外什么都不想关心。拆迁利济巷就是这种满不在乎心态的最明显例证——"在规划拆迁之前，这里也没有得到过任何特别的保护，那就拆了吧！"在利益的驱动下，道理的解说显得格外苍白，这可真的应验了管子的名言"天下熙熙，皆为利来，天下攘攘，皆为利往"。

70年前的中秋前夜，鲁迅先生写下了自己的两个心愿，其中一个是"从此不再胡乱和别人去攀亲"。固然，在今日的中国"大说一通日本人是徐福的子孙"已经没有多少市场，"一衣带水"、"友好邻邦"之类的词语在中国出现的频率还是远远高于日本。而考察海那边从政府到民间的种种举动，只能得出

"从中日两国友好关系大局出发"在很大程度上仍然是我们的一厢情愿。在这种情况下,拆除利济巷无疑是在为日本人否定历史、编造历史的企图送去一份大礼,将要产生怎样的政治后果是不言而喻的。如果我们的子孙在研读慰安妇的历史时了解到,原来利济巷这样一座如山的铁证不是毁于败退的日军之手,而是消失在一个名叫"拆迁办"的机构的一纸公文当中,他们会作何感想?这样的损失恐怕不是任何经济上的短期财富所能弥补的。

南京政府日前表示,利济巷并没有在拆迁名单上。我们宁愿相信利济巷最终能够幸免于难——希望如此,毕竟此刻它还存在于世上,但仅仅保住一座"慰安所"是不够的,更为重要的是,人们应该从中了解到保存历史,特别是保存中日之间血泪斑斑的历史对我们这个民族意味着什么。

2004 年 6 月 11 日《国际先驱导报》

新闻背景：2006年9月，在日本前驻泰国大使冈崎久彦的运作下，靖国神社同意对"游就馆"陈列中"片面的历史观"说明进行修改，改掉"所谓太平洋战争的爆发是由于美国施诡计迫使日本对美国宣战"之类的表述。

靖国神社知错能改？

靖国神社素来摆出一副"民间"面孔，对批评其供奉战犯以及"游就馆"历史陈列公然扯谎的声浪一向装作没听见。不过，现在日本人，准确地说是前驻泰国大使冈崎久彦之流的那部分日本人可以振振有词地争辩说，靖国神社已经"改过自新"了。

几天前，经过冈崎等人的"努力"，靖国神社同意对"游就馆"陈列中"片面的历史观"说明进行修改。改掉"所谓太平洋战争的爆发是由于美国施诡计迫使日本对美国宣战"之类的谬论。力主此事的冈崎久彦说，修改是"很重要的，至少能拔掉令美国不悦的这根刺"。

"不修改会令美国不悦"，把理由说得如此直白。

但是，正是这个理由告诉那些在"游就馆"中发现了许多其他公然扯谎的内容的人士，不必对靖国神社"知错能改"抱有任何信心。靖国神社的"改过"并不是因为认识到了自己的错误，仅仅是由于害怕大洋对岸的美国雷霆震怒而已。

"游就馆"的谬论人人皆知，但许多年来日本人却一直表现出对谬误惊人的"执着"，不管亚洲国家政府和人民发出多少抗议，也不论日本国内的开明人士提出多少修改意见，就是依然故我，最"谦逊"的时候也不过是推出"耻感文化"的挡箭牌遮挡一下。而游就馆一度被认为"坚不可摧"的顽固以及厚脸皮却在《华盛顿邮报》一篇尖锐的批评文章面前轰然坍塌，让人们再清楚不过地感受到了美国对日本的决定性影响力。不但日本政府的外交政策要随着美国的指挥棒跳舞，甚至于所谓的"先人"牌位，也是可以出于防止美国"不悦"的需要而挪动一下的。

对美日均不可抱有幻想，虽然"游就馆"所作的修改并不需要该馆的工作人员付出多少艰辛劳动，但几处文字上的改动却有着重要的象征意义，证明了原来靖国神社并非如日本右翼宣称的一般不可触动，也不是所谓的"民间"性质，"无关政治，只是为了表达对先人的情感"云云。

但让我们更为清醒的是，"游就馆"改掉了"让美国不悦"的内容，并不意味着也会改掉其他更加亵渎历史的部分，尽管那些部分让所有遭受过日军蹂躏的国家的人民远远不止是"不悦"。关于其他部分，靖国神社并没有考虑作任何的修改，冈崎说"除了针对美国的那一部分，其余表述大东亚战争的展品都是在说明一个历史事实，都是恰当的"。

冈崎的所谓"恰当"除了会遭到亚洲各国人民的同声反对，想来也会引起那些在神社中享受香火的鬼魂的不安——二战期间死在太平洋上的"JAP"（美国人对"日本鬼"的叫法）和死在中国的"鬼子"从此不再一样感到精神上的满足。和美国打仗的"JAP"们成了唯一的侵略者，其他的"鬼子"仍然得以保留为天皇和"大东亚共荣"献身的荣耀。这真是对历史奇特的解释。当然，难以理解这种历史观念的只是我们这些外人而已，靖国神社自有解决的妙招：在有些日本人的宗教观念里，罪行累累的凶徒死后和积善行德的圣人是一样的，都应该受到尊崇。

当然，这些罪行累累的侵略者漫说并不可能以某种灵异的方式继续享受香火，即使真的有，他们能否感到"平等"也不是我们关心的问题。"游就馆"机会主义的修改举动对周边国家的真正"意义"也许在于，为促使日本正确认识历史提供了另外一种可能：既然美国曾经是亚洲所有受害国的盟友，而且可以对日本随心所欲，能否通过美国的力量促使日本在历史课上取得令人满意的进步呢？然而，冷静地想一想，答案却很难令人满意，原因很简单：美国为什么要出来主持这个公道？一个因为和邻居关系紧张而不得不与保护者保持更为紧密关系的日本不是更好吗？美国人不肯放过日本的战争责任和日本肯承认自己的战争责任一样，仅仅是一个日美关系的话题，并不具备地区乃至世界意义。

2006 年 9 月 1 日《国际先驱导报》

新闻背景:日本富士电视台 2006 年 6 月推出了新版《西游记》连续剧,在日本创下了平均 22.8% 的收视率。新版《西游记》连续剧阵容强大。编剧是因《东京爱情故事》一举成名的坂元裕二,悟空的扮演者是日本偶像组合 SMAP 成员香取慎吾,配角中也不乏木村拓哉、角野卓造等明星。人物造型和性格也有很大改动。悟空留着时髦的黄头发,淘气、爱冲动。他摆脱了纯英雄形象,言行举止颇具搞笑色彩。三藏法师由女演员深津绘里扮演。有关消息传到中国后,引发不少批评的声音,认为这部电视剧偏离原著,歪曲了人物形象。

且看日本猴子七十二变

大概给太上老君看丹炉的两个童子偷了不止紫金葫芦和玉净瓶两件宝贝,他们离开兜率宫的时候,行李里还藏着一部"好易通"之类的东西,因为金角和银角大王要做讲日语的妖怪了,而且,唐僧师徒四人也配备了类似的装备。

近来,日版《西游记》的消息在大陆互联网上一石激起千重浪,一轮"保卫传统文化精粹"的"抗日风暴"正在互联网上兴起。

网友们的拳拳爱国之心是可以理解的,面对近些年外国文化产业动机多半不怎么单纯地对我们的传统文化进行重新"解读",保护中华传统文化的精髓、捍卫祖先留给我们的文化符号,确实是一件非常值得大众关注和参与的事情。

问题在于:是我们无法容忍恶搞,还是我们可以容忍外国人恶搞,只是无法容忍日本人来恶搞?

如果是无法容忍对传统文化精髓的"恶搞",这是一个对"文化"作何理解的问题。抛开"名著之所以为名著,即在于其无限可解读性"之类的大言不谈,不妨列举一下周星驰版《大话西游》的孙悟空与其他人物的关系设定:爱上如来佛祖的灯芯、喜欢头有 400 多斤重的白骨精、和铁扇公主偷情、与牛魔王妹妹结亲……比起六小龄童的大圣来,周星驰的猴子当然是颠覆性的恶搞了，但又有谁能否认《大话》非凡的票房业绩和卓越的艺术价值呢？特别是在中国的"大话一代"中，《大话》不是被公认为"后现代解构主义"的典范之作吗？虽然不是每个把这个名词挂在嘴上的人都知道它是什么意思。

即使是非体制的恶搞，只要没有触犯底线，就应该宽以待之。而这个底线，就是对人类共有价值的尊重。正因为如此，我们才认为《大话》至尊宝的"一万年"和吴承恩老先生的"强者为尊应让我"一样感天动地。

对艺术作品作延伸性甚至"颠覆性"阐释或解读是应该宽容的，不应该宽容的是诋毁艺术作品的精神内涵——不管是出于蓄意或者无知。一个颇具代表性的例子是，电影《刮痧》里面那个将孙悟空诠释为监守自盗的小偷的傲慢的美国"黄蜂"。所以我们才对梁家辉在法庭上不计后果的勃然大怒击节叫好。至于东洋版《西游记》是否涉及诋毁《西游记》的精神内涵，在电影还没上演之前就下断言是不是过早了些呢？

盗不走的中华文化精髓既然并不是对恶搞一概不能容忍，那么，大约可以推定，网民所不能容忍的应该是由外国人来恶搞了。不过这个假设却遭到了从《图兰朵》到《花木兰》的反诘，要知道，普契尼对什么是中国文化几乎一无所知，《图兰朵》不过是一些穿上"中式服装"的外国人在抒发他们自己的情感世界，而他另一部关于东方的不朽歌剧《蝴蝶夫人》更是充满了马可·波罗式的对东方的幻想——而且还不是纯洁的幻想。至于《花木兰》，那条名叫木须的龙是怎么回事？难道不是对我们最重要的传统文化符号进行的颠覆性恶搞吗？好像并没有人对这部"不忠实于原著"的作品大惊小怪，是吧？

更何况，其实就《西游记》而言，我们的猴子也颇具些天竺血统，美猴王的原型其实来自于印度的伟大史诗《罗摩衍那》里的哈奴曼猴王。可见，无论洋为中用，还是中为洋用，都是"古已有之"。

看来问题在于，只是因为这回来翻拍的是日本人，有人才如此反应激烈——有的出于对民族文化的忧心，有的则是纯粹出于一种感情的宣泄，后者典型的例子是声称"谁翻拍都可以，就是日本人不行！"

对于后者，正如一位网友所说："这种日式中华料理，没有好不好之说，毕竟日剧取悦的是日本人。以各种艺术形式演绎中国经典《西游记》在日本并非首次，此次也仍属于日本文艺界正常的文化活动，并不涉及到什么民族感情不感情的问题。"

对于前者,我们说,其实,日本人在误解或者曲解中国传统文化方面早在辜鸿铭时代就已经举世闻名了,草率和粗疏作为他们比较文化学的一个"特性"并不始于这部日版《西游记》或者类似的任何电影。让猴子和唐僧谈恋爱不过是他们并不怎么高明的一种文化解读而已。那么,既然是草率和粗疏的,我们又何须担心呢?

就像我们无需担心欧美拙劣的洋中餐砸了我们中华美食的牌子一样,我们为什么要为这样一部影片而发起所谓"文化保卫战"呢?即使我们需要这样做——因为据说日本人还要把他们的《西游记》卖到海外去,他们那个扮相实在不怎么样的"孙悟空"就在戛纳的海滩上耍了一番不伦不类的猴戏,我们应该做的也是请章金莱先生再度出山,拍出更好、更正宗、更原汁原味的《西游记》奉献给包括中国观众在内的世界各国观众。对不起,日本观众不在此列,根据29个百分点的收视率,看来他们更喜欢他们的香取慎吾,那就算了。

说到底,让香取慎吾或者随便什么人,粘上点猴毛,就想盗走我们的文化精髓,哪有那么容易的事情。

2006年12月1日《国际先驱导报》

新闻背景：2007年1月5日日本媒体报道，日本多名外交人士日前透露，日本和美国已基本就台湾海峡"有事"时做出应对措施达成一致，两国的外交和防卫部门将从2月起就自卫队和美军在该地区的共同应对计划展开讨论。日本《周边事态法》设立之初，日本对"周边"概念采取模糊态度，但随着日本加强与美国的同盟关系，开始公然声称"台湾有事"属于《周边事态法》适用范围。

台湾有事，关日本什么事

2007年1月8日是安倍首相访华100天。小泉时期的中日关系和以前咱们股市一样，不断创历史新低。好容易日本首相府换班，中日关系由"熊"转"牛"，虽然"牛"的程度远不能和我们现在股市的一路飘红相比，但是这三个月总算带来了丝丝暖意，特别是在经过五年的寒冬之后，更属难能可贵。尽管只有短短的不到100天，还是值得"纪念"的。

令人遗憾的是，就这100天，也有人不愿意让主张中日友好的人们平静地度过。据日本媒体称，日美两国"已基本就台湾海峡'有事'时做出应对措施达成一致，双方军事人员将开始对共同应对计划进行讨论"。

其实，早在两年前，日美双方就已经发表"二加二"声明，将中国领土台湾纳入共同战略目标之中。两年后的"讨论"不过是这一声明的逻辑后果而已，并且可以预见，类似这样的后果以及比这更为实际的后果都会接踵而来。

日本效仿美国把双手伸进别人家的院子已经不是第一次了，解释日本为什么要这样做并不困难。动机不外乎老警察所说的"情仇财色"四字。其实国际政治也是如此，日本对前殖民地的宗主情结是于"情"；确保战略台海"生命线"的畅通是为"财"；至于"仇"，作为常识，伤害过别人的人总是仇恨被害者的，这和被害人是不是想报仇没什么关系；可能只有"色"不怎么沾边，但也难说，美国不就有政府高官因为台湾的美色而下马吗？安知日本没有？

《周边事态法》明说或者没有明说的东西告诉了我们两件事情。

其一,有些话是当不得真的。30年来日本已经不知道重申多少遍"一中"原则了,但听其言,更要观其行。即使日本现在再说上几遍"一中",能掩盖得住白纸黑字的《周边事态法》吗?能确保防卫省和五角大楼拟议中的共同应对计划成为一纸空文吗?

其二,"症结"和"唯一"是两个概念。靖国神社问题一直是中日关系的症结问题,现在至少是得到了冷却。不过一则历史能不能真的就此成为历史还很难说,安倍并没有说过"再也不去了"之类让我们高兴的话,他只是没有说"要去"而已;二则"症结"只是一堆问题中的一个,虽然可能是最重要的,但绝非唯一。即使"症结"从此解开,也不意味着其他问题会迎刃而解,毕竟为证据确凿的历史罪行摆个反省姿态是一回事,放弃对自己曾经占有过的别人土地的觊觎可就是另外一回事了。

这两件事情当然不让人愉快,不过细想想,要是台湾真的"有事",对那些"绿绿的"来说,现在叫作"自卫队"的"皇军"真的能帮上什么忙吗?很难说吧。

2007年1月8日《国际先驱导报》

新闻背景：据日本《产经新闻》2009 年 7 月报道，日本政府 4 日确定方针，在位于国土最西端的与那国岛配置陆上自卫队部队。这将是日本在冲绳本岛外的离岛首次驻扎自卫队。

小岛国的大梦幻

日本要在与那国岛派驻自卫队。这个人口不满 2000 的弹丸小岛距离我国台湾 110 公里、距离钓鱼岛 170 公里，而距离日本领土冲绳却有 500 公里之遥。

麻生政府采取的这一行动，在国际法以及日本国内法的语境下都无可厚非，然而合法的事情未必合理，也未必符合行为人的利益。不会有任何法律禁止成年人在自己家里玩火柴，但如果烧掉了自己的花园甚至烧到别人的家里去，后果可就不是用一句"有权"就能遮掩过去的了。日本在与那国岛的自卫队当然有权在当地万一发生地震的时候参与救援——这个理由是他们自己说出来的；也有权关注"周边国家的动向"——但这种"关注"是有边界的，那就是别把自己拿着火柴的手伸到别人的院子里去。

问题是，自卫队进驻到与那国岛后，能不能管得住自己的手呢？毕竟就军事态势而言，自卫队进驻与那国岛将为日本在东海油气田问题上持更加强硬的立场提供军事基础，也将使日本获得军事干预台海局势更加有利的出发阵地，还将使日本及其盟友在监视中国海上力量向东进入太平洋时拥有一个更加理想的监控平台。至于其他一些"更加"，相信随着与那国岛上自卫队设施的不断加强，人们日后自会逐一领教。

尽管日本的这一举动显然无助于东海局势的稳定，然而，这一行动的目标指向国家却似乎没有任何办法。归根结底，日本是在自己的领土上调动自卫队，完全是他们主权内部的事情。由此看来，日本的手段还真透着点聪明劲儿。近些年来，从冲绳岛、宫古岛到下地岛，又到与那国岛，日本一再将自卫队触角伸向邻近中国的敏感区域，却始终不踩踏国际法和国内法的红线，闷声大发财原本就是日本人的长项，不足为奇。

然而，在宣布将向南方的与那国岛派兵的同时，日本参议院高调通过了北方四岛为日本"固有领土"的法案，政府还表示要在意大利 G8 + 5 峰会上和俄罗斯理论一番。这就有些令人费解了。日本难道认为自己有能力在北方向俄罗斯"讨还"四个小岛的同时，在南方将与中国的领土领海争端进行到底，并且在两个方向都取得令他们满意的结果吗？

对于日本来说，如今已经比不得 20 世纪 80 年代那个财大气粗到连夏威夷都差点被他们买下来的那个时代了。在军事实力上，日本距离俄罗斯还很遥远，在经济实力上，中国和日本之间的差距却越来越小。在全球政治经济格局下，日本的地位都在相对下降，这是一个让东京非常无奈却很难挽回的趋势。

照理说，处在这一趋势中的国家应该清醒地认识到自己的位置，安分守己一些。然而，东京的举动却恰好相反。个中原因也是可以解释的：一个走下坡路的国家有的时候反而可能因为觉得"时不我待"而愈发地焦躁不安，甚至铤而走险，希望在局面变得更坏之前把一切东西既成事实化。唯愿我们对日本心态的推测是错误的，因为历史证明，这种因为对未来的恐惧而在现世的冒进举动从来都只能以未来发生更大灾难而告终——不是别人的灾难，正是行为人自己的。

2009 年 7 月 6 日《国际先驱导报》

> 新闻背景:"疆独"分子热比娅于2009年7月28日从美国华盛顿飞抵日本开始5天的窜访。法新社称,在中国新疆刚刚发生严重的暴力事件后不久,热比娅希望借助此次日本之行寻求支持。日本不顾中方反对批准了她的签证。

小把戏掀不起大风浪

热比娅·卡德尔去日本了,应的是一位议员和日本中央大学一位据说是研究中国近代史的教职人员的邀请。邀请"层级"、活动日程都远远比不上曾经并且将要访问日本的达赖喇嘛和李登辉,这是很容易理解的——热比娅只是一个处在"被造神"过程中的泥胎,而达赖早已经被西方媒体塑完了"金身",虽则骨子里差不多,外观上的差别可大着呢。

至于李登辉,虽不是被造的神,但由于有着岩里正男这样一个名字和岩里武则这个在靖国神社里享受元宝蜡烛的哥哥,在日本享受非同一般的待遇也在情理之中。热比娅一无达赖的外表,二和日本扯不上多少关系,三也是最重要的一点,没有为日本乃至整个西方的反华势力作出什么拿得出手的"贡献",得到的待遇自然与这二位无法同日而语。说到底,出于成本计量原因,并不会有人为所有敌方阵营的叛徒提供同一标准的份餐盒饭。

达赖、李登辉和热比娅这几个宵小有个共同特点,都是主张把中国的一部分领土从中国分离出去的"独"派,而他们也正成为国际上某些势力牵制中国的几张牌。这些外国势力就是愿意藏污纳垢,把这些家伙供奉起来,妄想着有天削弱和肢解中国的所谓"中国分成七块论"真能化为现实。就算这事儿没指望,养着他们给中国捣捣乱没准儿也是一笔划算的买卖——今年给热比娅发签证先开个头,等到明年,拿不发签证向中国邀功或者拿发签证来撒气,称得上惠而不费。

日本以及相当多数的西欧国家都有这个毛病,喜欢在处理与中国的关系时搞一些小把戏。而且在谈到这类勾当的时候经常美其名曰,这是基于不同价值观的分歧，不应该影响两国关系的正常发展。也就是说我可以请你的逆子到我家里来做客看着他或她出数典忘祖的笑话，但你不能生气，还得跟我照样做生意。日本人请热比娅吃寿司是这样，波兰要在华沙修建自由西藏广场也同出一理。哪有那么好的事情?!

不过，我们倒不必对这些小动作太过在意。小动作有两种，一种是在有能力策划大动作的时候却偏偏用小动作来消磨对手的锐气；而另一种则是闹不出大风浪而只用小动作来自我满足。前者，我们自然要小心提防，而后者，一笑置之便罢了，不必和事实弱者以及心理弱者纠缠不清。已故著名作家三毛女士曾说："恶狗咬了我，我绝不会去反咬狗，但是我可以拿棍子打它。"更何况中川议员和水谷教授只是拉着热比娅一起叫唤了两声，难道还能真和不久前的亚洲大日食扯上什么关系？

日本就要大选了，麻生首相很可能成为自民党王朝的孺子婴，这种情况下，日本很可能有更多的人要跳出来搞一些小动作，比如唆使麻生前往靖国神社，以保持日本"民族精神的延续性"。希望麻生能有勇气和智慧拒绝这类愚蠢的建议，小动作掀不起大风浪，何必呢？

2009 年 8 月 3 日《国际先驱导报》

新闻背景：日本众院选举2009年8月30日举行，民主党在大选中获胜，民主党代表鸠山由纪夫担任首相的新政权诞生，取代自民党首相麻生太郎。

等待鸠山

8月30日，日本众议院举行大选，之后日本将正式进入后自民党时代。很难说自民党在这个初秋的黯然神伤是麻生之过，甚至不能说这是前自民党干将、现民主党党魁鸠山由纪夫之功，摧垮自民党的是两个字——"变革"。日本民众们期待"变革"的普遍心理给了暮气深重的自民党沉重一击。

日本政党史上新的一页就要掀开，这也同时意味着中日关系迎来了一个新起点。自民党一直是战后中日关系史的日方撰写者。盘点自民党时代的中日关系日方主笔，既出现过为推动中日关系作出历史性贡献的田中角荣、大平正芳、中曾根康弘，也出现过让许多中国人想起来就不舒服的岸信介、小泉纯一郎。而如今不是要变革"主笔"，是要改组整个"日方编辑部"，"变革"在即，鸠山由纪夫又会怎样书写他的那一章呢？

民主党许诺要"变革"，要变革日本朝野流弊甚深的派系政治，重拾民众对政治的信心与热情；要变革日本逐渐失去吸引力的经济模式，重塑这个国家20世纪60年代的奇迹；也要变革日本越走越窄的外交路线——鸠山由纪夫对日美关系日中关系都曾作出了一些让人耳目一新的承诺。虽然没有人不知道日本外交独立性与日本人的期待还有相当长一段距离，而未来的鸠山首相是否有勇气有能力比即将下台的麻生走得更远也并不让人特别乐观，但是，存变革之心总比暮气沉沉要更有希望。一个变革的契机已经到来。

鸠山由纪夫能否以及能在多大程度上兑现民主党变革日本政治、经济的诺言，我们不得而知，也只能等待，毕竟这不是中国能够且应该发挥直接影响的领域。但对于理论上同样处于变革中的日本外交而言，等待却不是中国应有的态度——中日关系是如此重要，以至于我们应该在新任主笔尚在构思期间就积极传递我们的信息，而不是等待日本新政府形成对华新战略之后才作出反应。

中日关系的历史进程当然不是中国单方面能决定的。任何双边或多边关系都是建构过程，要搞坏一对关系，只要一方存有故意就足够了；而搞好一对关系，却需要双方的共同努力。我们付出了努力，未必会获得我们想要的中日关系状态；但如果我们不付出努力，就很难避免我们特别不想要的那种中日关系状态出现。

有了中日两国的携手努力，这出中日共同排演的等待鸠山不会是等待戈多般的荒诞剧，而或将是中日共建东亚秩序的正剧。

也就是说，鸠山由纪夫如何书写他的日中关系章节，不但受制于日本国内各党派之间、日本与美国之间的互动，也会因我们的参与而发生变革。作为参与变革的第一步，我们应该坦诚地告诉未来日方主笔人我们对中日关系的期待和不期待——等待鸠山的同时，变革中日关系的努力应该已经开始。

2009 年 8 月 31 日《国际先驱导报》

新闻背景：由日本导演执导的南京大屠杀纪录片《南京——被割裂的记忆》从 2009 年 11 月 14 号到 12 月 4 号在东京涩谷的小剧场上映。影片中，6 名日本老兵和 7 名中国幸存者使用了真实姓名。他们根据各自的记忆讲述了当时日本兵用刺刀集体屠杀中国人和强奸女性的情况。在日本，公众对南京大屠杀的认识却存在着广泛不同的情绪及观点，尤其是保守派，认为南京大屠杀是被夸大，甚至是凭空捏造的反日外交工具。而具体到对遇难人数的研究上，日本学界的估计，从二十万以上、四万人以上到数百人不等，甚至还有南京大屠杀"不存在"之说。

日本如何补历史课

数月前，30 出头的导演武田伦和与 60 有余的大阪退休小学女老师松冈环合作拍摄的纪录片《南京——被割裂的记忆》在大阪上映。11 月，东京也将有电影院公映这个建立在松冈女士两部著作基础上的影片。这两部著作分别是，记载了数百位原侵华日军士兵证言的《南京战——寻找被封闭的记忆》，及汇集了数百位南京大屠杀受害者证言的《南京战——被割裂的受害者之魂》。

这两部书在日本的销路并不好，电影在大阪公映也没有引起媒体的关注，观众不多。由于电影在东京的放映只能在涩谷的一家小剧场举行，相信观众人数不会比松冈女士的家乡大阪更多。松冈依然是那个人口密度高居世界前列的国度的独行者。这位在当了 10 多年家庭主妇后才开始自己追寻历史真相的旅程的老人，她的事业即使得到了年轻的武田导演的加盟，依然是孤独的。

今天，相当多的对战争没有任何记忆的日本中青年不知道，也不愿意知道他们的先辈在别人的土地上干出过怎样的罪恶勾当，他们中的许多人并不是顽固坚持错误的右翼史观，而是根本没有任何历史观念和历史常识——不会去买那两本书、不去看那部电影并非出自反对，而是由于漠不关心。

在人类的历史上，埋葬真相的往往不是恶意编造的谎言而是有意无意的遗忘。这种在日本被冠以"耻感文化"之名的集体健忘，使得松冈和武田成为用火柴去融化坚冰的少数战士。我们在对他们的执着和坚韧表示钦佩的同时，也必须承认，让日本拥有一个值得尊敬的历史观，并不可能仅仅依靠松冈、武田以及已经于3年前去世的东史郎。

现在是日本的民主党政权时代，或者说是"去右倾化时代"，松冈和武田或许可以不太担心来自右翼分子的子弹威胁，但这并不等于他们的努力，已经成功地迫使这个自战后以来一直逃避历史教育的社会开始"正视历史"。没有来自日本官方和主流媒体的有力支持，仅仅通过少数勇敢者直面血淋淋的历史的行动，让日本社会完成"补课"几乎是不可能的。他们的行动甚至还有可能沦为冷漠者的自我安慰。

鸠山首相当选前多次强调不会去靖国神社参拜，冈田外相也表示希望中日韩三国之间共同编撰历史教科书。和自民党部分政客的冥顽不灵比起来，民主党的进步值得鼓励，但这只是进步的开始而已。不去靖国神社，很好，但应该是出自对战争罪犯的痛恨，而不是由于日本是一个政教分离的国家；编撰共同历史教材，很好，但还应该在教材有朝一日完成之后大力推动在日本中小学的使用，而不是摆在一边了事。

更重要的，反省过去，是一个民族自我成熟的表现。归根结底，有没有正确的历史观念，是日本自己的事情，在任何情况下，都不应该也不能设想历史观念与其他现实问题的外交博弈的连接性。

2009年10月19日《国际先驱导报》

新闻背景：2010年3月1日，丰田汽车总裁丰田章男在北京举行记者会，他表示：丰田汽车在包括中国在内的全球范围实施了大规模的召回，给中国消费者带来了影响和担心，对此表示道歉。此前由于丰田一系列的产品质量问题，他还被要求出席了美国国会的听证会。

咱们"饶"了丰田吧

丰田章男来北京道歉了，但这个丰田掌门人没有像在美国国会接受质询时那样哭，于是有些人认为他态度不老实。一个50多岁的男人当众流泪的确颇能打动人，但能打动人就说明态度老实吗？其实也未必，归根结底对于一家出了问题的汽车企业来说，态度老实与否取决于召回及时不及时、维护彻底不彻底，而不是总裁流了多少眼泪。

也有人说了，丰田在美国召回的规模、涉及金额远大于在中国，给中美消费者提供的补偿亦颇为不同。这意味着丰田对中国消费者存在歧视，可能吧，但从另一个角度思考，这似乎也能作为中国汽车市场召回制度不如美国完备的证据。

毕竟在中国的汽车市场上，汽车召回，不论是自主品牌还是合资独资品牌，其规模、涉及金额都远远小于美国。实际上就在几年以前，汽车召回在中文当中还是一个新名词呢。这倒不是说出了毛病的丰田车在美国应该召回，而在中国就可以装作什么事儿都没发生。只不过我们得明白，如果我们的规章和规章执行力度与其他国家相比本来就存在差距的话，要求别人在我们的市场上遵循他们的、往往也就是更严格的标准是做不到的。这或许是中国汽车市场和汽车行业能从丰田召回事件中学到的第一个启示。

我们已经是世界上第一大汽车市场了，我们也得赶快成为世界上最规范的汽车市场才行。尽管丰田章男自己强调，汽车企业考虑问题的第一顺位应该是顾客安全、质量其次、产量再次、成本最次，然而任何一个在随便哪家企业工作的白领蓝领金领粉领都会告诉我们，实际的顺序是完全不同的。要想让中国消费者和世界其他任何消费者享有同等质量标准,指望制造商的好心善心自动自觉是不靠谱的。中国质检总局刚刚发出消费者警示,丰田章男就直接从华盛顿飞到了北京,这就是认真的力量。当然,要认真,大家都得认真,在中国的汽车市场上,不能也不应该有任何例外。汽车召回在中国的不常见,可不专属于洋品牌。

丰田给中国汽车的第二个启示或许是:"事物是普遍联系的",美国人很不喜欢这句话,不但因为这是列宁的名言,更因为如果我们把2009年的针对中国的特保措施和2010年的丰田召回事件也"联系"一下的话,得出的逻辑结论不太可能让美国人高兴。一个幽灵,贸易保护主义的幽灵,正在北美大陆上空徘徊。连克鲁格曼之类的经济学家都不在乎自由经济了,奥巴马等政治家为什么还要遵守"反对贸易保护主义"的承诺呢?现在不是小布什时代了,那个自我感觉超级良好的、要在全世界推行民主的美国暂时让位给了一个奥巴马治下的、时不时有些沮丧的、关心自己工人的饭碗远多于关心阿富汗民主的美国。保护本国产业,为什么不呢?

曾有一种说法,在贸易关系上,强者偏爱自由,而弱者则强调公平。这句话原则上正确,但细节上需要完善——强者也会主张"公平",如果强者觉得自己的地位不太牢靠的话,而这个"公平"肯定会让某些外来者倒霉。丰田在2008年取代美国公司成为世界汽车制造业的龙头老大,2009年就被迫召回800万辆汽车。这当然也是一种充满阴谋论色彩的"普遍联系",丰田章男面对中国记者用828个汉字回避了直接谈论这一假说。

他要是不觉得这一点可能有些道理,为什么不直截了当地给一个明确的否定答案?为了至多20000个钢铁工人的饭碗,奥巴马政府不惜启动小布什拒绝了多年的"特保",为了美国汽车产业(可不只是就业那么简单),美国对丰田"下手"恐怕一点愧疚感都不会有,尽管丰田是日本企业,而日本是美国的盟国,并且25年前曾被美国人狠狠整了一次。

美国对日本企业尚且如此,对中国企业又当如何呢?这恐怕是我们那些雄心勃勃要进军国际舞台的企业应该仔细想想的。没有哪一个市场是完全公平的,又当裁判又当球员其实是普遍现象。100多年前,美国历史上最受人尊敬的总统林肯曾把宪法这一美国最神圣的文件比作船上的圣母雕像,如果船漏了,这位总统会毫不犹豫地用雕像去堵漏洞。自由经济,甚至公平贸易,不会比《美国宪法》更神圣。吉利和奇瑞都得记住这件事儿,当然,腾中就不用记了。

看在丰田给了我们这样两个启示的份上,"饶"了丰田吧。

2010 年 3 月 5 日《国际先驱导报》

新闻背景：2010 年 6 月 8 日，菅直人正式就任日本新首相。任前菅直人曾表示将延续鸠山前首相拟订中的访华日程，也就是出席 6 月 12 日上海世博会的日本馆日活动，但正式上台后他又表示放弃这一计划，改由前首相鸠山代替出席。

中日美不是三国游戏

菅直人首相不来上海主持日本馆日活动了，对此，日方的解释是：（1）届时无法安排元首级会晤；（2）菅首相在八国峰会期间首次亮相"印象"更"强烈"。对于这样的解释，我们要相信，要理解，还要体谅日本不方便公开宣之于口的苦衷。

回顾一下这几天来时间上的细节。菅直人是在 6 月 4 日宣布参加竞选日本民主党党首并宣布如果当选首相将延续鸠山前首相拟订中的访华日程，同一天，中国外交部宣布了胡锦涛主席近期的外事活动日程。6 月 12 日日本馆开幕那一天胡主席在哈萨克斯坦访问，元首级会晤的确无从谈起。

日本的理由至少在文字上是说得过去的，但究其真实原因，就完全不是那么一回事儿了。根据第三方媒体报道，菅直人首相改变行程的原因是受到了美国的强大压力，在普天间基地问题上一筹莫展的日本民主党不愿意再去挑动近年来越发敏感的美国神经。要是日本新任首相首访中国而不去美国报到，岂不是坐实了日本要"脱西入亚"？

这个只见诸媒体的理由我们也可以并且应该体谅。毕竟对于眼下的日本政府来说，中日关系既不是最棘手的也不是最要紧的，我们和日本没有在近期内爆发激烈争吵甚至冲突的可能性，我们也没有在日本驻扎一支越来越不受欢迎的军队，为什么日本新任首相要首先访问中国？

当然，这并不是说菅直人来不来都无所谓，而是说只要他首相的位置坐得牢固，总是会来的，我们没有必要计较他是不是在出访顺序上实现了历史性的突破，因为中日关系不会因为一位日本首相将第一次正式访问的目的地选择在中国就发生什么本质的变化。对于基本上不超过形式和姿态的外交成果，有当然好，没有也算不上什么大事。

对于菅直人首相的"食言"，我们应该更加宽厚些，因为这至少反映出日本民主党高层对发展日中关系的重视和急迫。当前的菅直人和当初的鸠山由纪夫一样，的确都怀有建立东亚共同体的美好梦想，这个梦想虽然因为美国的存在而显得有些不切实际，但还是应该得到鼓励的。我们要鼓励日本政府对东亚合作抱有的理想主义姿态，相应地，我们也应该理解日本在日美同盟关系上的现实主义动作。

一个普天间基地，就让鸠山付出了政治生命基本完结的代价，从首相变成前首相。殷鉴不远，菅直人要正视日本在日美同盟关系中的地位——日美同盟的实质是美国命令日本服从，这一点千万不可搞混。菅直人毕竟不打算成为鸠山第二，即使他愿意，民主党和日本政坛也承受不起这样的代价了：他们还有多少个首相可以更换呢？

其实鸠山的外交方略原本也不是要"脱西入亚"，他不过是把普天间基地换个地方罢了，又不是要取消这个基地，实在不能算是背叛日美同盟。但就是这样一个小小的要求，美国居然以黑社会大佬般的蛮横手段加以阻止，不惜把损害日美关系的实质暴露在日本每一个老人和孩子面前，处理问题也不见得有多聪明。不过这不要紧，既然蛮横无理能管用，还要那么多客套干什么？

美国是虚弱得只剩下蛮横也好，还是强大到只需要蛮横也罢，其实就日美同盟这个话题而言，并不干我们什么事儿。无论如何，日本的国土上还有几万名全副武装的美国人幕之宾，而且还没有迹象表明日本对这些"客人"的厌烦超过了对自己西邻的担忧。

因而，就中国而言，我们还是该淡看日美纷争，说到底，日本和美国吵得再激烈，也是别人的家务事儿，中国和日本关系再升温，仍不过是邻居间的礼尚往来，亲疏远近是不可混淆的。中国切不可指望美国在中日东海争端中支持大陆架划界方案，也不可设想日本会有一天在中美冲突中保持中立，日本从来都不是三国游戏中的吴国，没有资格在魏蜀双方之间骑墙的。

不管怎么说，且让我们以最诚挚的态度欢迎鸠山先生来上海，一方面是出于对作为现任首相代表的前首相的外交尊敬，更为重要的是，也是表明我们对鸠山先生曾经怀有并在继续主张的美好理想的赞成与支持——这种支持相信会通过鸠山先生传递给菅首相和日本民众的。

2010 年 6 月 10 日《国际先驱导报》

新闻背景：2010 年 9 月 10 日，日本批准了防卫大臣北泽俊美提交的 2010 年度《防卫白皮书》。与去年的《防卫白皮书》相比，今年在第一部分增设了"日美安全保障条约缔结 50 周年"，以强调日美同盟关系的重要性。这份厚达 488 页的报告有关中国的篇幅达 19 页，对中国近年来的军事动向表现出强烈关注。并首次增设专栏，介绍与中国接近的"西南诸岛"的防卫情况。在"国防政策"一节中比去年增加的一句话是："中国在我国近海的活动趋于活跃"。

日本的惯性与恐惧

日本首相菅直人虽然刚在国内选举关中险胜，但一个星期来，其在中日关系中却已严重失分。数日来，前有钓鱼岛风波，后有新出笼的白皮书也高调针对中国，中日两国关系的"突然降温"或许应该由日本政坛的动荡承担一部分责任，但深究其源，似乎并非应该由菅直人一人埋单。

最新版本的日本国防白皮书当中，菅直人的观点到底占了多大比例？进而言之，一如既往渲染"中国威胁论"的白皮书和执政一年的民主党有多大关系？这到底是一份菅直人汲取了鸠山由纪夫的教训而向美国表忠心的文件，还是能够体现尽管有了民主党改变官僚主导政治的姿态，日本的官僚们却依然保持国家政策制定权这一政治现实的证据？

没错，是菅直人批准了这份文件，但总理大臣仔细阅读过吗？上台以后一直忙着和小泽争夺党代表宝座的他有时间阅读吗？作为一位从来没有接触过防卫问题的"平民政治家"，菅直人恐怕只能听从他从前任手中接下来的防卫大臣北泽俊美的意见。而在任何国家，担任国防部长及相似职务的人，即使不是鹰派，也得表现出鹰派的派头来。

这就是为什么民主党的国防白皮书和自民党以前的 30 多份只在文字表述的方式上有所差异的原因。白皮书本来就是同一帮人写的。这帮人就是防卫省的技术官僚，一定程度上，也可以把自卫队的军官们算进去。他们的仕途、观点甚至文风都几乎不会受到日本政坛"十年九相"的影响。

负责撰写白皮书的官僚们的意见在日本防卫政策制定过程中能发挥多大作用？这个问题的重要性或许不低于菅直人和鸠山由纪夫在日本未来发展方向问题上的分歧，至少不低于北泽俊美在担任防卫大臣之前享有的"亲华派"名声是否浪得虚名。

国防白皮书的出笼是这样，钓鱼岛也是如此。钓鱼岛撞船的事件显然是出于日本的存心策划，但问题是谁是策划这件事情的最直接决策人？首相？打算担任首相的民主党大佬？防卫大臣？国土交通大臣？抑或海上保安厅的官僚们？都有可能。其中最大的一种可能性是日本只是沿着长期以来的行为习惯行事，一厢情愿地以为中国大概不会采取措施进行反制。

很难说这是一种会有人最终从中获益的政策。钓鱼岛的法律地位问题不可能通过扣押中国渔船和渔民的方式而得到解决，渲染"中国威胁论"的国防白皮书也不可能使日本变得更加安全。

至于说折腾了半天的所谓"撞船现场模拟"，更是荒诞无稽。日本的重建现场过程再怎么精细，也不可能让中国人信服；再怎么粗糙，日本人都不会怀疑。搞这么出戏来有什么必要呢？

这一连串动作连同那份很不是时候内容也很不准确的白皮书固然能够证明炮制这些勾当的日本人的恶意，却无法证明他们的聪明——这类把戏只会使中国的立场更加坚定。

作为一个高度组织化、官僚色彩浓厚、严重依赖日美安保同盟的国家，日本在防务上采取新思维的空间其实小得可怜。从目前日本官僚的防务政策中折射出的更多的是恐惧：（1）对别人干过坏事儿的人总担心因果报应的恐惧；（2）从亚洲领头雁的位置掉下来担心被人取代的恐惧；（3）除了因为一座基地的地理位置而得罪了龙头大哥担心被人抛弃的恐惧以外，还有一个原因就是那些具体制定政策的官僚们对思考新问题的天然恐惧。

日本经济的复苏甚至整个民族的未来，取决于一个良性互动的中日关系及其经济成果。这是100年来中日关系从未有过的新局面，想出应对之策，对于日本官僚们来说，的确太困难了些。遵循习惯，是官僚主导政治的主要特点，优势是政策能保持长期的连贯性——这种连贯性曾为日本当年的经济崛起作出了不可低估的贡献，而劣势则是——在日本的外部环境已经发生重大变化，必须要为这个国家确定一个新的相对位置时却会出现想象力缺乏的问题。

我所熟悉的一位日本问题观察者曾将当前的日本描述为"无政治"的国家，也就是在需要政治智慧和勇气的时候却无人能够提供的国家，的确如此。

2010年9月17日《国际先驱导报》

新闻背景：2010年9月7日在钓鱼岛海域，一艘载有约15名船员的中国渔船被日本海上保安厅巡逻船冲撞。而后又与追踪的另两艘日本巡逻船中的一艘发生碰撞。日方登船检查。中方就此事与日方展开外交交涉，14名中国船员被日方非法扣押6天后返回，船长詹其雄被扣押17天获释。

船长回家不是结束

对于中国来说，詹其雄船长能否回家并不只是一个公民的安全与自由在海外遭受非法侵犯时能否得到祖国救助和保护的问题，也关系到一片被他人窃据的领土的主权地位问题。任由日本"逮捕"甚至"审判"在中国领海正常捕鱼的中国公民，无异于变相承认钓鱼岛属于日本。这个道理每个中国人都非常清楚。所以中国政府才会连续15次通过外交渠道表达抗议并且采取了一些反制措施。

但对于日本来说，情况则完全不同。日本继续扣押詹其雄，能够体现所谓日本对钓鱼岛的"主权"，满足国内民众的心理需求，体现跟着美国跑的决心，并把偷来的东西大模大样地摆在自家桌面上，可谓一石四鸟。"释放"，哪怕是无条件地"释放"詹其雄却并不会影响到日本政府长期以来对钓鱼岛的"主权主张"，也不会改变钓鱼岛目前实际被日本所控制的状态，在对美关系上蒙受任何损失，只是会让民主党和菅直人在日本民众面前很没面子。

当然，无条件"释放"詹船长这种可能性就当前而言，只具有理论意义。以日本人的性格，哪有不讨便宜的道理？别说现在他们手中扣押着咱们的公民，就算他们的人跑丢了，还不是照样狮子大开口，他们在1937年就这么干过，不是吗？当然，现在这样的事情不可能再发生了。但唯因如此，这一回日本才会在詹船长的自由问题上格外多打算盘，这本来就是他们在钓鱼岛水域动手的原因。

日本当然不打算永远扣留詹船长，这样他们什么都得不到。利用抓人在手的"优势"待价而沽才是日本的如意算盘。只要中国的抗议仍旧是外交层面的，日本就大可以国内民意压力为由不断推迟詹其雄的归期，直到争取到中国同意日方的某些条件，倘若中国什么都不答应，日本作为一个国家固然无所得，日本民主党作为一个政党和菅直人作为一位首相，却会在国内被奉为英雄，好处"大大的"。这种稳赚不输的心态为日本的嚣张气焰奠定了基础。

实际上，在詹其雄船长的自由问题上，中日双方并不处在零和博弈状态，倒不是因为这事儿还可能有什么双赢结局——在领土争端上寻求双赢基本上属于白日做梦；而是因为就算日本把船长无条件地还给我们从而在某种意义上"输"了，中国也不能宣称己方获胜。原因很简单，即便在某种情形下，詹船长回到了祖国，钓鱼岛也还是在日本的控制之中。他们要是愿意，随时还可以再抓扣几条中国渔船，再来一次詹其雄事件。除非在那片中国的蓝色国土上再也没有飘着五星红旗的船只驶入。而这恰恰是日本所希望的。

因此，对于中国来说，要回詹船长固然是当务之急，对日本政府扣押中国公民的恶劣行径必须给予足够严厉的反制。但是，我们的反制措施却不能以詹船长的自由为终结。透过詹其雄事件，日本在钓鱼岛问题上的立场已经昭然若揭，东京所做的一切都是为了最终能把这片中国领土据为己有。不解决詹其雄事件发生的根源，要回詹船长也远远谈不上是一次外交胜利。

作为结论，我们要詹船长回国去祭拜自己未曾见上最后一面的老祖母，我们也要钓鱼岛上升起五星红旗。这两件事情享有同等的重要性，解决时间固然有先有后，却不能互为代价。这就意味着中国在坚决要求日本交还詹船长的同时，还要坚决和可持续地强调我们对钓鱼岛的主权，这种强调绝不能只是姿态上的。这两项主张只能通过强有力的行动而不只是强有力的语言来表达。

要想维护中日关系的大局，便必须对破坏这一大局的图谋给予强有力的回击。在当前中日关系的力量对比态势下，中国的回击显然是有成本的。事实上，零成本的反制在涉及主权和国家尊严的问题上本来就是没有任何意义的。中国自身不可能不为我们的反制支付代价，我们应该对此有足够的勇气和忍耐力。

在反制日本的问题上，中国应该考虑的是给日本带来的绝对代价，绝不是相对代价。就是要打在他们最疼的地方，不管我们的拳头会不会因此皮破流血甚至指骨骨折，而不是考虑打在哪里我们的拳头不会痛。过多考虑姿态是否严正、是否不违背全球化时代世界的"规则"，试图找到一种不产生回火、不授人以柄的反制方式是没有必要的，甚至有可能是有害的。

那么，哪里是日本的痛脚呢？我听说这个国家的失业率很高，好多人之所以还有工作是因为他们公司的海外业务部效益很好。好像有这么回事儿。当然，我们也有失业问题，但在中国开办一家新工厂的成本比日本要低很多，好像也有这么回事儿。

2010年9月24日《国际先驱导报》

新闻背景：2010年9月日本巡逻船在钓鱼岛撞击中国渔船事件给中日关系造成了裂痕。10月29日，中国国务院总理温家宝和日本首相菅直人都出席在越南首都河内举行的中日韩领导人会议，不过，中国方面拒绝了菅直人与温家宝进行正式首脑会谈的可能。两国领导人仅在30日进行了10分钟的非正式会谈。

钓鱼岛风波的拐点效应

中日两国政府首脑没能在河内实现会谈，短短10分钟的"非正式会面"显示出尽管双方政府都不打算让中日关系因为钓鱼岛附近海域的一次小撞击而"沉没"，但"修补裂痕"或者"维护战略互惠关系"似乎对中日外交部门来说仍旧力有不逮。

钓鱼岛撞船事件发生以后，关于中日关系出现了两种完全不同的解释文本。一个是中文的，一如既往地将问题归咎于日本"少数"政治势力试图利用钓鱼岛问题搅动日本国内政局从中牟利。而另一种版本则是日文和英文的，认为中国外交继越来越"自信"和越来越"强硬"以后，正在越来越富有"侵略性"，不惜用危害全世界高科技产业发展的办法来追求自己的领土野心和地区秩序霸权。

如果中国的阐释文本是"真实"的，中国就应该想办法把日本外相前原诚司所代表的"势力"赶下台，让他们无法干扰中日外交大局。当然，中国也可以采取截然相反的外交策略，用道义或者利益促成前原之类人物转变立场，使他们幡然悔悟，认识到发展中日关系对于他们自己以及整个日本民族的重要性。

但是，以中国对日本政要和选民的影响能力，不论是赶走前原，还是感化前原，其成功的可能性有多大？集中火力打击"不称职的外交家"前原，难道不会把他在日本民众当中捧成一个非常称职的"爱国政治家"吗？

而倘若日文及英文的文本是"真实"的，中国就将面临两种选择。一是中国体会到外部世界对中国的疑虑正在变大,因此要采取措施增信释疑,维护中国和平发展所需要的外部环境,换句话说就是努力让世界继续把中国想象为憨态可掬的大熊猫。另一种选择则是把"越来越强硬"理解为大国崛起中身份转换的自然过程,承认国与国关系当中可能存在无法以扩大共同利益方式化解的结构性矛盾,承认必要时通过激化矛盾来解决矛盾也是一种外交选项。

中日关系的当前困局正在于:不但存在两种阐释文本,而且根据每种文本还会产生不同的行动方案。到底哪一种文本是"真实"的呢?就表相而言,这个问题显然是最重要的,常识告诉我们"真实"的判断才可能衍生出"正确"的行动。然而实际上这个问题却几乎可以说是毫无意义,因为两个文本都是"真实"的——说到底,这两个文本都不过是建立在自己的想象利益基础上对双方行为动机的想象阐释罢了,"真实"远不如"动听"更重要。同时,这两个文本也都是不完整的——中文文本无法解释何以前原会因为其表演而成为"民族英雄",日文和英文文本不但在钓鱼岛问题上割裂了中国对外行为与外国对华行为之间必然存在的联系,而且还在限制稀土问题上"精简"了事实,省略了中国国内自然资源正在枯竭的这一重要信息。

对于中国和日本来说,问题的关键并不在于如何使文本变得更完整,而是要认识到文本从来都不可能是完整的。所谓的完整文本无非是要将对方的立场、主张甚至对所谓事实的叙述纳入到本方的阐释范围内。

中国和日本都不太可能在钓鱼岛问题上从根本上修订自己的文本——这不是因为思维惯性,而是由于钓鱼岛问题作为海洋领土争端,其解决方案在人类现有的思维框架下本来也只能是以零和的方式解决:或者叫做钓鱼岛,或者叫做尖阁列岛,中间方案根本就不存在。所谓结构性矛盾的概念就是用来描述这类问题的。

正是这两种文本的冲突及其显示出的结构性矛盾使得中日关系无法回暖,也使得中国长期以来的外交策略——在对话中求同存异,用扩大共同利益来缓解利益冲突——没能取得实质效果。

钓鱼岛风波对于中国外交的重大象征意义正在于此,对于同一事件的"两种不同叙事文本"已经成为了当下中外交往中普遍存在的模式,在中国国家实力上升、中国和其他大国力量态势变迁的客观大背景下,中国的行为即便自认为一如既往地"求同存异"却也往往被外界的眼光解读为"变强硬"。

钓鱼岛风波对于中国外交的拐点性意义还在于,中国对"撞船事件"的前期处理及面对前原再起事端的后续态度,不仅是一场决定东亚两大国未来交往主旋律的大前奏,还或将成为中国未来外交走向的一个重要风向标。亚洲周边邻国和对钓鱼岛事件发话的美国都在旁观,并据此掂量未来与中国的相处之道。

"欲渡黄河冰塞川,将登太行雪满山",富有中国特色的和谐外交至少在目前的处境正如李白的诗句所描绘的那样,即使中国还没有到"拔剑四顾心茫然"的地步,至少也到了该想想自己长期信奉的外交理念是否已经是"多歧路,今安在"的时候。

2010年11月4日《国际先驱导报》

Chapter VI

第六章 龙象之争:中印关系

中印:感情是谈出来的
光靠善意成不了好邻居
印度大选"中国热"的背后
印度战略司令部的梦想
印度打卫星,又一个"技术民族主义"
奥巴马来电话了
印度纪事之小事一件

新闻背景：2009年8月7日，中印边界问题特别代表第13次会晤在新德里举行。而此前一段时间里，中印边界问题被两国媒体不断热炒，"中国威胁论"在印度时有抬头，印军在边境地区动作频频，以应对所谓的"中国军队的越境骚扰"。

中印：感情是谈出来的

第13次中印边界问题特别代表会晤已经告一段落。会议安排了三项内容，其中"共同关心的国际和地区问题"等两项严格说来与边界问题无直接关系，这从一个侧面证明了北京和新德里并不打算在此次会议上取得所谓"历史性的突破"，在承认边界问题的艰巨性和长期性的同时，为两国关系进一步发展增添新动力才是会谈的题中之意。

相对于双方谈判官员的从容，两国不少人都显得有些耐不住性子。毕竟中印关系受制于边界问题在磕磕绊绊中进两步退一步，蹒跚而行了几十年，"特代"磋商就进行了13轮，具体划界依然遥遥无期。有格外心焦的媒体甚至预言说，中印两国将在2010年，也就是建交60年之际完成边界谈判——给大家一个痛快的。

其实，倒是没有必要这么急不可待。自中印两国就边界问题恢复谈判算起，今年是第28年；自中印设立"谈判联合工作小组"算起，今年是第21年；自"工作小组"升格为"特代"算起，今年才是第6年。客观地说，对于三段总共约12.5万平方公里的争议领土来说，中印的谈判历程并不算长。别说用边界问题的解决来庆祝建交60周年和痴人说梦相去无几，就是等待中印建交70年、80年时才取得"历史性突破"也一点都不会让人感到奇怪。英国人和西班牙人为了一个小小的直布罗陀谈了数百年，到现在还是没有找到办法，而中印早在4年前便确定了解决边界问题的政治指导原则，算得上动作迅速了。

实际上，要想彻底解决这个问题，除了双方要继续开展艰苦的外交谈判以外，还需要两国为有朝一日解决问题调试好心态。涉及争端领土面积太大，只是中印边界问题长期难解的一个方面。另一个同样重要的因素是这片土地曾经以血与火的方式在两国民众心中深深地刻下了伤痕，1962这个年份在那个秋天后就化成了一道比喜马拉雅山还高的城墙。这使得对本国民众进行充分的思想动员成为解决边界问题的先决条件之一。在解开心结之前，斩断边界上的"戈尔迪之结"是不现实的。若是两国民众感情上不能接受，靠一纸协定可确保不了边界的长治久安。

关于这一点，喜马拉雅山南侧的一方尤其需要提高重视程度，至少是不能采取背道而驰的鼓动策略，比如采取总统、总理、外交部长、T72、Su30MKI、山地步兵师、炮兵师先后驾临争议领土之类的举动。除非他们根本不打算通过谈判解决问题，只是希望用谈判这种形式把自己的要求毫无折扣地变成正式协定。问题是，这可能吗？

在中印边界问题上，两国需要的是为对方设身处地考虑的体贴、正视问题症结的勇气，而不是嘴上唱赞歌背后调兵遣将的言行不一、幻想单边军事部署不会引起对方同等反应的鲁莽冒进。同时，还需要相信后人可能更加聪明的信念，以及认识到合作、竞争和冲突在国家间关系语境下可以同时并存的智慧。唯有如此，以后的边界会谈才会让人有所期待。

感情只能是谈出来的，然而要是一边谈一边搞小动作，那可成就不了好姻缘。

2009 年 8 月 10 日《国际先驱导报》

新闻背景：2010年4月1日，中印迎来了建交60周年纪念日。

光靠善意成不了好邻居

就在中印建交60周年纪念日到来之前不到一个星期，印度政府宣布将向不丹王国和锡金邦提供补偿，以便穿越这两个地方的高等级战略公路能够尽快开工。当然，这两件事情可能仅仅是时间上的巧合。然而，这项由印度国防部担任发包方的工程，目的是修建能够起降印度战斗机的国防公路，选择在这样的日子里"赶工"，至少也能说明主导该公路工程的印度各有关方，并不认为有必要为营造一个中印建交60年纪念的"和谐"气氛，而做出哪怕区区数日的推迟。

根据皮尤中心的调查，2005年印度城市人口中持对华友好态度的占56%，不友好的只占20%，而在2009年初，不喜欢中国的上升到了39%，喜欢的则下降到46%。这还是在2009年中开始的印度媒体频频对华做出不友好报道甚至是假新闻之前，经过这一年关于中国"入侵"、"阴谋"的发酵，数据只会向我们更不愿意面对的方向转变。

难道中印建交60年之后，双边关系要再经历一次上世纪60年代到70年代的低谷？尽管双边经贸总额增长势头迅猛，尽管两国领导人和外交人员在各种场合下都强调中印友好的重要性和必要性。曼莫汉·辛格总理曾说"中印两国联手就能改变世界"，然而，令人遗憾的事实却是，双边关系的民意基础正在一点点被喜马拉雅山上空不时掠过的杂音所侵蚀，现在已经没有人奢望中印关系能回到1950年代建交之初的"印地秦尼巴伊巴伊（印中人民是兄弟）"了。

到底是什么原因导致中印两国的心理距离越来越远？是媒体的恶意炒作？这样说恐怕过于高估媒体的影响力并低估媒体的专业精神了——但不得不承认的一个事实是，不让受众"耳顺"，报纸就不会有人愿意看。就这一点而言，炒作对抗性话题以吸引眼球的媒体可不只印度独有。

是不是印度媒体以外的精英集团蓄意要破坏中印关系以图自利？比如军火

商为获得更多的国防采购拨款，或者边界地方政客能捞到更多的联邦财政资助，又或者外交安全部门由此可以在公众面前把自己打造成英雄般的国家卫士？都可能，但也都不充分。毕竟，一个精英集团要策划一个针对其他国家的蒙蔽自己人民的阴谋，成本上和技术上是难以实现的。

又或者因为1962年的边界战争使得印度至今耿耿于怀？即便如此，那也应该是印度的中国观一直呈负面状态，而不会是当前这样在经历了21世纪最初几年的上行通道之后逐步低落，直至出现"媒体战争"。

导致中印出现情绪问题的根本原因还要在情绪以外去发现。一个甲子以来，两个总人口达到23亿的亚洲大国第一次肩并肩地实现连续多年快速增长，"崛起"由此成为中国和印度这两个名词之后最常见的动词。对于两个身量越来越大信心越来越足的国家来说，其看待自身和周边乃至整个世界的视角每一天都在发生变化。而在这一变化过程中，趋向强硬并不是一种非理性的选项。

对于国家来说，尽管幅员、位置、资源占有情况是"恒量"，而人口、政治制度、文化等要素是"常量"，这些因素对国家的邻里观、世界观的塑形作用是本质的，但有无核武器、远程导弹、载人航天器这些"变量"却能在某个时间段内导致一个国家的对外行为发生重大变化。21世纪初以后的中印互视时出现的情绪变化原因恐怕就在于此。在两个强国崛起的过程中，摩擦和碰撞在所难免。

指望双边关系在两国都已经经过60年强身健体后意气风发信心满满自我感觉良好的时候，还能像当年两个大病初愈的弱者那样互相提供道义支撑是不现实的。对于今天的中印关系来说，主张双边合作共同创建国际政治经济新秩序体现了乐观主义和宏观思维，而现实主义和脚踏实地则意味着要重视彼此存在的长期分歧以及力量增加导致的立场更加坚定。

说到底，互相喜欢从来不是稳定的双边关系的基础，而中国和印度一样，不能单纯依靠自己的善意和对对方善意的渴望来维持双边关系，更应该着眼于对各自最小主张和对方最大主张的精确考量。好邻居毕竟是要靠好篱笆来保证的，这意味着在经常给对方家中送去点心的时候，也要悉心维护好自己家的篱笆，当然，更不能总想着把自己的篱笆修到人家的院子里去。

2010年4月2日《国际先驱导报》

新闻背景：世界最大规模的大选——印度大选2009年4月16日正式拉开帷幕。投票结果显示，现任总理、执政党国大党的曼莫汉·辛格以较大优势，战胜了包括印度人民党领袖阿德瓦尼在内的其他候选人，获得连任。而在印度本次长达30天的马拉松议会选举中，中国成为整个印度政坛讨论的热门话题。辛格反复强调：如果印度实行正确的改革方案以及选择合适的政党来实行，印度最终可以超过中国。阿德瓦尼则一直批评印度现任政府所采取的种种政策，他借用中国改革开放所取得的辉煌成就显示中印双方之间的巨大差距。他声称："如果中国是以强大的公共基础设施而闻名于世，我们印度就要以庞大的IT服务网络而称霸世界。"

印度大选"中国热"的背后

历时1个多月的印度大选以主张"超越中国"的执政党获胜告终，大选的结果表明选民对古稀老人曼莫汉·辛格领导下的政府施政方略尚感满意，认为无需换上已进耄耋的阿德瓦尼来领导另外一轮"超越中国"的运动。

照理说，印度选举是别人家里的事情，硬把选战胜负和中国牵扯在一起，未免显得咱们有些夜郎自大一厢情愿。国大党获得连任肯定不是因为曼·辛格比阿德瓦尼更多更有说服力地谈到过中国。美国《商业周刊》所谓"中国在印度大选中的地位，变得越来越突出"的说法，对中国的影响力其实有些过誉了，叙事的准确性和立论的动机都未必经得起严格推敲。

尽管《商业周刊》有夸大和歪曲之嫌，然而"中国"话题在印度大选中的分量越来越重的确是一个事实，就像几年前的美国大选时期那样。差别只是在美国，民主和共和两党争吵的是该对中国好些还是坏些，并且在最近的选举中这个话题几乎消失得无影无踪，而在印度，国大党和人民党辩论的是谁能更好地领导印度超越中国，相关话题可热闹着呢。正如有印度议员表露的那样，

"印度政界最喜欢以中国作为参照来阐述内政外交,因为这个话题最能激起印度人情感,凝聚印度人注意力"。

国大党强调"如果印度实行正确的改革方案,并且把它交给国大党来执行的话,印度最终可以超越中国"。而印度人民党则批评对手"在过去的5年中阻碍了印度的发展,以至于印度和中国的距离越拉越远"。这两种看起来截然相反的表态当中还是有两点共同之处的,那就是(1)印度现在不如中国;(2)印度能追上中国,但需要时间。合并在一起,便成了时下在印度朝野颇有市场的"超越中国说"。

不过,并不是所有印度人都同意这种说法。时至今日,仍有不少人认为在与中国的竞争中,印度是占据上风的,证据包括印度的国际环境比中国更有利、印度的可持续发展能力更强,当然还要加上印度人在任何情况下都不会忘记的软件优势。

其实,印度"可以超越中国"也好,印度现下已不逊于中国也罢,看法虽有差异,出发点却是一样的,那就是和中国一比高下的心态。印度的这种心理状态成因大致有二:其一,中印两国确有相当引人瞩目的可比性。中印作为"金砖四国"中的两个亚洲成员,分别在上世纪70年代末和90年代初开始改革,经过数十年努力均有傲人建树,"崛起"成为这两个亚洲大国的共性。另一方面,中印两国的"崛起"方式或者说经济增长模式又有很大的差异,两国的政治制度、文化传统亦相去甚远。快速发展的共性背后是模式上显著的差异性。世界上人口最多的两个国家相差10年一前一后以不同的方式驶上快车道本身就是一个非常吸引眼球的话题。

其二,西方世界热衷于炒作中印话题极大地产生了推波助澜的作用。欧美世界乐于在中印之间作一番比较自有其动机,其中之一是为了确保已经将发展模式从一个地理范畴转换为时间范畴的西方独一性原则继续成立,当然也还有其他原因。中国是80多年来唯一一个没有按"西方民主"+"自由市场"模式实现崛起的国家,若是不再找一个例证以平衡中国崛起的影响,西方独一性岂不就此破功?

而要平衡中国的影响,这个例证要足够大,心理上还要足够"东方",但制度层面必须足够"西方",否则便难以服众。能同时满足这些条件的,纵观全球除印度无他。西方世界把印度这个好学生的成绩抬得高些，有助于提高自己开办的这所精英学校的品牌效应，这是可以理解的。

西方世界通过各个渠道为印度摇旗呐喊，虽然未必全出自对事实的认知与判断，很可能具有一定程度的情感因素和利益动机，略显有作弊之嫌。但这一点对于印度来说并不重要，印度在西方的鼓励下，自信心提高要与中国一较高下，这当然也是可以理解的。

有趣的是，10多年来人们拿中印两国比来比去，其实比得颇为莫名其妙，一个长于基础设施和工业制造，一个长于软件研发和服务外包；不同发展策略指导下两国各有所长，分出优劣殊非易事。

在中国，批评印度的人士愿意拿印度饱受诟病的种姓制度以及破破烂烂的基础设施说事儿，赞扬印度的则总是对印度人的"安贫乐道"和"民主"运行艳羡不已。其实，种姓制度未必有那么残酷，印度的基础设施也非一无可取之处，同时，"安贫乐道"的印度并不乏扯旗造反的游击队，印度的"民主"一直坚持着家族传统，从表到里都充满着世袭精英的味道。"挺印"与"贬印"之争，公说公有理婆说婆有理，很多情况下都是结论走在了证据前面，持何种观点往往取决于立场而不是逻辑，概言之，中印之间的比较变成了一场"让胖子和瘦子比谁高"的游戏。

不过，至少在目前，中印之间的强弱态势倒是有一个可能有些参考价值的衡量指标，那便是在现在的中国，和印度比较已经不像几年前那么热闹了，现下印度很少会成为政府、学界乃至媒体追捧的"赶超对象"。这既是因为中国政府不需要用和印度相比如何来证实自己的合法性，也是因为当今中国的参照系自有别人只是并非印度罢了。

不管我们愿意不愿意和印度相比，印度人愿意和中国比上一比却无可厚非，甚至应该受到鼓励。毕竟我们不以印度为对手的这种心态也可能是自信心过度膨胀的产物，未见得有不可逆的证据作支撑。有人在追赶我们，既证明了我们已经不只是追赶别人的落伍者，成就足可我们自豪，也提醒我们前路漫漫当再接再厉自强不息。就这个角度而言，让我们更应该把印度"超越中国"的口号作为一句警训以图自勉。

然而，问题在于印度的"中国热"当中除了竞争心态以外，还夹杂了某些不那么令人惬意的味道,这就很难让我们对印度"超越中国"的口号心存感激了。这次选举期间的一些"中国"话题便明显带有针对中国甚至诬蔑中国的成分,比如把尼泊尔内乱说成是中国在背后操纵,全然"忘记"了印度大使在10天内6次拜会普拉昌达总理,公然对别人的家务事指手画脚;再如将中国在斯里兰卡和巴基斯坦承包港口工程说成是为了包围印度,甚至把斯里兰卡的打虎归结到中国"突兀和不协调"的对科伦坡政府援助上面——不知道这个"突兀"一说由何而来。当然,关于中国的正面和友好的声音也不是没有,只是不那么容易被人听见罢了。

印度"中国"话题中夹杂着许多杂音,也是人之常情——我眼中有你,你眼中却没有我,的确很伤人自尊心。然而,这并不是说印度人对中国的不满完全出自于因落花有意而流水无情的失落,还有更为现实的原因促使印度在看待中国时的眼光并不总是友善的。

印度"中国热"是正面的也好,负面的也罢,理论上这都不关我们的事,毕竟我们不能要求别人按照我们的意愿来看待我们。但"中国热"所揭示出的印度对中印关系性质的认知,却不能不引起我们的重视。

所谓"亚洲崛起"或者说中印"崛起"究竟是否已经成为事实其实是有争论的。然而假设中印崛起必然最终梦想成真,那么中印关系究竟是否会出现如同贾拉姆·兰密施所预言的"龙象和合"(Chindia)的前景呢?是否还存在另一种可能:中印互为敌手,互相遏制?

要回答这些问题,一个最简单的办法是解构一下中印关系的方方面面,看看两国之间到底有多少可以支撑长久合作的共同点。毕竟仅仅出于中印两国对彼此古老文明或经济奇迹的尊重,并不足以让双方同意建立紧密的"龙象和合"关系。中印能够从彼此或取或予的内容越丰富,他们的关系就将越稳固。问题是中印之间有这么多的共同利益吗?

就国际层面、地区层面及双边层面,对中印对彼此的需求进行的分析表明,从目前而言,"龙象和合"还不是而且短期内也不会是一个现实的国际政治话题。

在双方的国际战略中,中印都反对单边主义,并一致认为应该从根本上重新塑造国际政治秩序。然而,在国际关系中,没有联合行动的共同看法是毫无意义的，中印双方都在口头上强调在重建国际政治新秩序过程中进行合作的重要性，但以两国采取的实际步骤来衡量，双方却存在着明显差异。中印都同意要修订国际政治秩序，但对于如何修订却各有主张。

例证之一是印度成为联合国安理会常任理事国的诉求。尽管对比中国对其另一个邻国——日本"入常"的态度，应该说中国对于印度"入常"的态度更为积极，然而远未能令印度满意。

而在国际经济秩序重建方面，中印的分歧其实更加深刻。2006年9月，国际货币基金组织进行第一阶段改革，中国的投票份额从2.98%上升到3.72%，试图阻挠这一改革的并非美国等主导型的西方国家，而是印度和其他20个国家。印度拒绝支持中国就印度自身利益衡量是可以理解的，因为这项改革导致印度的投票权从1.95%下降到1.91%。而现在中国承诺将为国际货币基金组织提供更多资金，相应地，也必然要求更大投票权，对于总额只有100%的投票权而言，中国的增加显然意味着别人要有所减少。印度这一次的态度会是什么呢？

而在南亚地区语境下，中印发展关系存在一个无法回避的障碍因素，即印度对中巴关系的疑虑，印度认为"尽管印度和巴基斯坦在许多方面携起手来，并达成了不少协议，但是中国与巴基斯坦的兄弟情谊还是会长期给中印互动投下阴影"。"毕竟，中巴在国防和安全上的合作对印度的国家安全影响深远"。

中国方面指出，中巴关系并非用于遏制或制衡印度，正如《中巴睦邻友好合作条约》里所指出的，该条约并不针对第三方，然而，没有证据表明，印度对中方的这种解释感到满意，至少在目前中巴之间任何的进展都被印度判定为不利于印度的地区利益。

印度希望中国"在南亚采取更为平衡的政策"，中国也多次重申其对南亚各国的政策是"平等以待"的。但是真正困扰双方的不是各自的意图，而是信任问题，或者更准确地说，是无法信任对方的问题。

在双边层面，中印关系则更为复杂，受到一些长期存在的、严重的负面因素的影响，如边界问题和西藏问题。中印两国致力于加强经贸联系和民间往来，以消除或者缩小双方因为历史、领土和政治因素而形成的长期分歧，应该承认，双方的努力在经济和民间往来层面取得了显著成果，但属于国际关系

"低政治"层面的经济合作能否必然导致"高政治"层面的连带效应是存在疑问的。

中印在边界和西藏等问题上的根本分歧是发展双边关系的最大障碍。虽然双方都承认两国关系对本国、对地区乃至对世界的重要性,但问题在于,在多大程度上,两国政府愿意冒着政治合法性遭到国内民族主义挑战的巨大风险,用让渡领土和主权的方式换取双边关系的改善?

西藏问题和领土争端一样,都是中印关系史的负面遗产,但这两个问题的性质完全不同,印度承认"西藏是中国领土",2003 年,印度将关于这一问题的表述强化为"西藏自治区是中华人民共和国领土不可分割的一部分",但同时,印度却在长达半个世纪的时间里,容留中国政府认定的民族分裂分子达赖喇嘛以及所谓"西藏流亡政府",印度在这一问题上的自相矛盾,新德里对此作出的解释是"这是一个历史问题",而且在大多数印度有关中印关系问题的学术著作或者官方文件中,西藏和达赖集团这两个词都消失得无影无踪,这显然无法让中国满意。

实际上中印"合作"的主要方面集中在经贸领域,总额也不过 300 多亿美元。这 300 多亿对于并不依赖对外贸易的印度和对外贸易总额达上万亿美元的中国来说,都算不上什么特别有分量的砝码。

解构一下中印关系,不难发现国家间双边关系的三种状态,即合作(Cooperation)、竞争(Competition)和对抗(Conflict),后两个"C"占据优势至少在目前还是一个难以否定的事实。在这种双边关系框架下,印度有什么理由不以中国为对手而以中国为伙伴呢?强求印度对华要"摆正心态"、"从大局出发"是相当困难的。对于一个就其根本利益而言很难不以中国为战略对手的国家,中国又怎么能指望印度在和中国比较时"心态平和"呢?更何况印度对中国态度越不友好,就会有人对印度的态度越友好。说到底,关系决定态度,人如此,国家也是一样。

2009 年 4 月《瞭望东方周刊》

新闻背景：2009 年 9 月 12 日，印度战略部队司令部向国防部提交建议报告，要求成立两个中队的核攻击战斗机部队，由 40 架战斗机组成。

印度战略司令部的梦想

印度战略部队司令部日前打报告给印度国防部，要求在战略部队司令部编制下组建一支辖两个中队 40 架飞机的核战斗机部队，并且提出可供选择的战斗机"应该经历过战斗考验"。

此前，印度频繁测试自己的"烈火"系列导弹，而且兴高采烈地在地图上比划新型导弹能打到中国的哪里哪里；印度总统在自己国家的第一艘战略核潜艇"歼敌者"号船艏摔碎了一枚椰子；印度还宣布在靠近麦克马洪线的提兹普尔部署 SU－30MKI 战斗机……所有这一切都可以被列入印度建设主要针对中国的三位一体核力量的诸多努力及成就之中，但是组建核战斗机部队这件事儿却不能被算进去。或许可以这样表述，和印度此前所有明里暗里以中国为目标的核武计划及行动不同，印度战略部队司令部的这桩最新动作是人家纯粹的家务事儿，和咱们一点关系都没有。

战略部队司令部要的其实不是扩建印度的核武库，而是要将印度空基核力量从空军手中夺过来，置于自己的控制之下。此前，战略部队司令部作为印度核力量的最高军事指挥机关，麾下只控制着印度的全部陆基核导弹，编制上和前苏联时期的战略火箭军司令部有些类似。尽管就实力和规模而言，印度人几年前刚刚成立的这个司令部再过多少年也无法和苏联战略火箭军司令部曾经达到的水平相提并论，然而，前者在印度军事统帅体系内谋求更大权利的雄心壮志显然远远高于苏联的战略火箭军司令部。战略部队司令部不仅要控制印度的陆基核力量，而且要成为印度三位一体核力量的唯一主宰，将印度海陆空三军"降回"常规部队层级。倘若战略部队司令部的努力能够变为现实，印度便将是全世界唯一一个把本国所有核力量合并在同一个兵种甚至军种之下的国家。

严格说来，印度还不是三位一体核力量的拥有者，它的核潜艇倒是下水了，但还没有进行过水下发射试验，这可是要别人承认自己的核大国地位的必要但非充分步骤。然而无论怎样，印度战略部队司令部的要求甚至本身的组建在核国家中都是独一无二的。

有什么理由非得把三军核力量统一起来，置于同一部队编制下呢？为了便于指挥？世界上拥有三位一体核力量的国家并不只有印度，其他所有核大国的核力量都是由不同军种分散控制的，丝毫没有影响到最高统帅部的最终决定权。任何一个拥有三位一体核力量的国家，三军都不可避免地拥有自己偏爱的核武器运载系统，却不可能有自己独立的核政策。

为了节约后勤成本？这其实是印度战略部队司令部已经在做的事情。多年来印度三军核力量的后勤保证都是由同一支部队来维持的。当然，这支部队只能为核弹头提供维护保养，其任务并不包括为三军不同的核武器运载系统提供后勤支持——就全世界范围而言，没有任何一支后勤保障部队能同时负责维护陆基、海基和空基的核武器运载系统，这意味着同一支部队要能修理飞机、维护导弹，还得能保养核潜艇。这种做法即使在技术上可能，在经济上也毫无合理性可言。

印度之所以能做到三军核弹头统一保障，并不是印度军队的核技师各个都是多面手，能上天能下海能入地，而是由于印度军中并没有足够的核工程技术人员，无法组建三军各自的核保障部队或分队。随着印度核力量的壮大，以及印度拥有核物理学位的军人的增多，这种临时措施注定是要被颠覆的。本来是急就章的手段，却被战略部队司令部拿来作为整合三军核力量的一个理由。

需要注意的是，印度三军核弹头及其运载系统的研发工作也是由同一个部门——萨拉斯瓦特博士的国防研究组织——来执行的。但这种智力资源上的整合与核武器的军兵种各自指挥在原则上并无任何矛盾，也不是"收编"三军核力量的借口。

实际上，将全部核力量统归一支部队指挥反而会造成资源上的浪费——这支部队需要的供应和支持系统，如军事基地和作战装备还要不要与其他部队共享？具体说来，负责核轰炸的空军飞行员还要不要参加常规科目的训练和作战行动？如果战略部队飞行员只完成核轰炸任务，那么与将飞行中队仍归空军管辖相比，不是核力量增加了40架飞机，而是能既执行核战斗任务又执行常规战斗任务的战斗机少了40架。假如印度拥有Tu160"海盗旗"或者B2这类的战略轰炸机，情况自然另当别论，但问题是印度全部可供选择的四种飞机——"美洲虎"、幻影2000、Mig-27以及Su-30MKI，要么是对地攻击机，要么是战斗轰炸机，均为核常兼具的作战飞机，没有一种是专门设计用来执行核作战任务的。

基于技术装备现状，将空军的40架飞机划归战略部队司令部，实际上受益者只有一家，那就是战略部队司令部，一下子多出了两个中队的人员、装备，当然还包括相应的国防经费。但对于印度的核战略，很难说会带来什么奇妙的积极效果，至于说能给中国造成什么新的核压力，还是等到战略部队司令部拥有一种真正的战略轰炸机以后再说吧。就现在而言，那40架"核战斗机"——几乎可以肯定中选的将是SU-30MKI——归空军指挥，还是归战略部队司令部指挥，差别并不大。

这事儿到底和我们有什么关系呢？倒也不能说没有，我们需要搞清楚的或许是这样一个道理：很多人谈论中国的时候，尽管表面上须发皆张言辞凿凿，其实人家说的是自己口袋里面的钱那点事儿。

2010年9月《东方早报》

新闻背景：2010年1月3日，印度国防研究及发展组织（DRDO）主席萨拉斯瓦特在第97届印度科学大会间歇时透露，研究太空安全将是该组织今后一项重要课题，印度正在整合各方面的技术资源，着力研发一种低轨道"卫星杀手"。这种"卫星杀手"能够摧毁敌方卫星、远程雷达、通信系统、激光制导系统以及呈现完整卫星图像的红外导引头等。

印度打卫星，又一个"技术民族主义"

印度国防研究及发展组织主席萨拉斯瓦特博士，也就是他们的维尔纳·冯·布劳恩或者说钱学森日前表示，鉴于"印度的卫星及火箭发射技术已相当发达"，印度将研发一种太空武器，"用以摧毁敌人部署在地球低轨道的卫星"。

萨拉斯瓦特博士的这番言论倒是不会在多年以后使印度成为首个装备反卫星武器的国家。反卫星技术40多年前就出现了，到目前为止，不止一个国家进行过反卫星技术验证性质的实验，而从太空中摘掉自己用不着的卫星和破坏别人正在用的卫星应用的是完全相同的技术。然而，萨拉斯瓦特主席的表态却让印度由此成为了首个公开表示要研制太空武器的国家。其他太空军事强国都是把自己的类似技术用比较温和的称呼包装一下，比如说"反导系统"。

道理很简单，在《外层空间条约》仍然有效而且将无限期继续有效的国际法框架内，没有任何国家愿意背上太空武器化始作俑者的名声，哪怕是正在研制诸如"上帝的棍子"之类可怕极了的货真价实的太空武器的美国，也只是通过兵种学说文件（空军2-2.1号学说文件《反太空行动》）羞答答地承认自己在打别国卫星的主意，直言不讳在太空武器化领域可不是什么普遍的态度。

1966年通过、印度和美国都是签署国的《外层空间条约》第四条规定："各缔约国保证不在绕地球轨道放置任何携带核武器或任何其他类型大规模毁灭性武器的实体，不在天体配置这种武器，也不以任何其他方式在外层空间部署此种武器。各缔约国必须把月球和其他天体绝对用于和平目的。禁止在天体建立军事基地、设施和工事,禁止在天体试验任何类型的武器以及进行军事演习。"这就是外层空间活动的所谓"限制军事化"原则。在这一原则下,太空军事活动是合法的,太空武器却是不提倡的。

严格说来,印度要研制的反卫星武器并不在《条约》的禁止范围之内。现行的反卫星技术主要有四种:动能猎杀——发射一枚导弹直接将敌方卫星击落。激光致盲——用设在太空或者地面的激光发射装置"晃"敌方的卫星,使其暂时或永久"失明"。电子破坏——干扰或者破坏卫星上下行数据链,"软招数"可能是黑客入侵,一般而言,这不在反卫星技术讨论范畴之内,虽然最近据说已经有恐怖分子通过25美元一套的计算机黑客软件成功获取了"捕食者"无人机拍摄的照片,图片就是从卫星传输过程中下载的。当然也有"硬招数",就是用电磁炸弹把敌方卫星的电子设备破坏了事。最后,则是被传得神乎其神的"杀手卫星"——发射一颗或者一群卫星,挡在敌方卫星轨道上把敌人的卫星撞毁,或者干脆用航天器上的机械臂把敌人的卫星"抓走"。这种技术可行性使得当年苏联曾经要求美国把航天飞机也算作反卫星武器。

根据萨拉斯瓦特的表示,印度要研究的反卫星技术很可能是动能猎杀或者"杀手卫星"中的一种或者全部。这两种其实差不多,火箭能力、卫星监测能力、卫星机动控制能力构成了其技术基础,既不涉及大规模杀伤性武器,也可以不涉及在天体(在目前的反卫星技术范畴中,指的也就是月球)部署武器系统的问题。这就意味着印度的反卫星武器是不违反《外层空间条约》的条文的,只是与《条约》的精神背道而驰罢了。

萨拉斯瓦特是一位空间科学专家,他和他的机构不可能不知道反卫星技术的敏感性以及公开研制太空武器所带来的国际道义风险。那么为什么他以及和他地位类似、工作性质相近的印度军方人员还要反复强调印度在这个问题上如此咄咄逼人的态度呢?

原因很简单,这番言论原本就不是说给世界各国的太空军事科学家听的,而是印度的中产阶级公众,满足他们日益高涨的"技术民族主义"情绪才是萨拉斯瓦特出此豪言壮语的动机。对于一个正在快速崛起的南亚大国来说,核潜艇、卫星杀手就像皇冠和权杖一样,被当作大国地位的象征。然而,正如拿破仑在加冕典礼上说过的那样,那只不过是"皇权的附属品罢了"。一个国家是不是科技强国，其实看的不是这个国家是否拥有一些亮晶晶的"大玩具"，而是要看它的技术能力的普遍可获得性；发展某种技术也应该先看其必要性如何，而不是看它的成果是否亮晶晶。当然，沉醉在"技术民族主义"中的国家可不只是一个印度。

"亮晶晶"的东西一般来说，都具有另外一种性质，那就是很贵——中国南方的玩具工厂生产的五颜六色的塑料圣诞节装饰品不算。对于防务工业领域的"亮晶晶"来说，还有另外一种性质，即高度地缘政治敏感性，也就是会引起外交方面的连锁反应，并在其他国家产生相应的技术后果。印度是如何解决这两个问题的呢？办法很简单——一如既往地，拿中国说事儿，从而劝服印度公众高兴地为他们根本用不着的杀手卫星埋单。要让别人掏腰包，有什么比吓唬他们更管用的呢？卖保险的和卖救命大力丸的都知道的道理，搞防务技术的自然也不会陌生。

中国幌子还能让印度做到外交上的零风险和零成本。萨拉斯瓦特说"印度的邻国在反卫星技术方面不断取得突破"，这句话是什么意思？印度的邻国当中能独立发射卫星的，就只有中国，更不要说拥有研制太空武器的能力的，拿中国来为印度的军事现代化做借口已经成为了印度的行为习惯。而习惯是建立在行为得到鼓励的基础上的，印度敢于说别人不会说的话，原因就在于这样可以得到鼓励。当年印度核试验之后不久，美国就有人放出话来说核扩散这回事儿，有好的扩散也有坏的扩散。那么现在印度搞太空武器是不是也会有人说有好的太空武器，也有坏的太空武器呢？这简直是一定的。

2010 年 1 月 12 日《东方早报》

新闻背景：2008年11月美国新当选总统奥巴马的"电话外交"吸引了全世界的关注，却在印度引发了争议。印度媒体抱怨说，英、法、德、中、俄等十几个国家的领导人都接到了奥巴马的电话，与他进行或长或短的电话会谈，印度领导人却一直未接到奥巴马的来电，这是对印度的"怠慢"。11月12日上午，奥巴马致电印度总理辛格，终于让印度媒体的怨气有所平息。奥巴马表示，印度－美国的双边关系非常重要。

奥巴马来电话了

辛格总理终于可以不再反复辩解自己是如何在8日那天没能接到当选美国总统奥巴马的电话了，13日清晨在打到印度总理办公室的一通越洋电话中，奥巴马表示美印战略关系"十分重要"，"电话风波"告一段落。

人们无法知道10日获悉奥巴马和巴基斯坦总统扎尔达里聊了10分钟天之后，一直到13日听到奥巴马的声音之前的100多个小时里，辛格总理是否会像印度的许多媒体人一样坐立不安。

实际上，辛格可能完全不介意没有在第一时间听到奥巴马的声音，被美国人重视不总是好事一桩。扎尔达里倒是听到了，但伊斯兰堡可没有理由感到骄傲，而可能是背后一阵阵发凉：奥巴马可是主张直接用武力攻打巴基斯坦境内的塔利班的。真正让辛格总理烦恼的，更可能是自己国内媒体在这个问题上的夹杂不清、没完没了。好在13日的电话总算可以堵住记者和评论员的嘴了。

辛格总理大概没有听过那个刻薄的笑话，就是有人向邻居炫耀自己昨天和村里大户说话的那个。要是辛格知道的话，说不定会用它来比喻那几天里的印度媒体——大户说什么来着？很难说哪一件事情更让印度人没面子，是总理没能在第一时间接到奥巴马的电话，还是大象居然也有猴急得如此狼狈的时候。

奈保尔这样写道："欧洲人心目中的印度式豪华，却显露出印度人面对欧洲时的某种自卑感。"那是几十年前的事情了，照"电话风波"看来，情形并没有多少改变。印度人对获得美国承认、重视乃至尊敬的急切心态和当时的王公们在接待欧洲客人时用花瓣铺地的动机如出一辙。差别只在于上个世纪中叶，印度人还会将这个国家独具特色的贫苦作为印度民族精神富有的象征，而现在的印度，至少是印度媒体却只希望全世界都来承认并尊重这个崛起中的大国。

印度媒体对尊敬是如此渴望，对怠慢是如此敏感，可以说已经有些偏执，并且在事实上影响到了印度和美国的关系——一个如此斤斤计较于面子的国家，给点面子也就够了，更实质的东西还是留给那些更不受缚于面子问题、更不容易被"利益攸关方"之类的漂亮话打动的国家吧，美国人难道不会这么想吗？虽说奥巴马可能没什么外交经验，但想到这一层并不需要在任何一所大学的国际关系学院读过书。

当然，这不是说在国际舞台上，承认和尊敬可有可无，作为软实力的一部分，这些基本上不能用数字估价的东西实际上价值不菲。不过，首先尊敬无法索取，其次获得承认是有代价的，而且越是向别人索取尊敬，所要支付的代价就越高。具体在这个美元目前暂时没什么吸引力的时代，获得美国的尊敬并不十分困难，只要有足够的财力帮助美国渡过难关就行。这也就是何以美国人放下身段，呼吁全世界都来帮忙的原因。

但这件事情——金融危机、20国峰会以及其他必然发生的后续事件——并不意味着美国会真的将对别人的尊敬从此作为处理地球村事务的出发点。全世界都在议论美国式金融是如何糟糕的时候，美国自己在向巴基斯坦提供金融援助的时候还是照样搬出一大堆老套的附加条件来。美国人可从来没觉得自己是要被拯救的，因而，印度的报章也就不应该对奥巴马"十分重要"的表态寄予什么期望。一则印度未必有能力按照美国人的意愿拯救这个世界和它的金融体系，没那么多钱只是原因之一；二则即使印度继续拿出支票簿帮美国的穷人买房子，美国人以及美国政府也没必要感谢印度。

这是因为类似印度这样的国家是一定要出来帮美国的忙的，新德里想让华盛顿承认自己的地位并表示一定程度上的尊敬，就不能袖手旁观。更为重要的是，对于全世界大多数持有美国债券的国家和私人机构而言，不帮美国就是不帮自己，或者说不帮美国渡过难关，就是把自己的财产扔到火里烧。前面提到的"其他必然发生的后续事件"指的就是谁也无法袖手旁观这件事。

　　既然如此,印度人斤斤计较于是否获得了奥巴马的尊敬还有什么意义呢?当然是有意义的,印度媒体要的并不只是美国的尊敬本身,更要让其他国家,特别是其他崛起中的亚洲国家看到印度得到了美国的尊敬。说来说去,还是一个想在隔壁邻居面前更有面子的问题。不过,这么想问题的好像不止印度一个。

2008 年 11 月 19 日《东方早报》

新闻背景：2010年1月8日，在中国深圳开展的打击钻石走私的活动中，警方拘捕了21名印度商人。被扣留的印度珠宝商涉嫌以"携带者"的身份为一个专门从香港向中国内地走私钻石的组织服务。外交部发言人姜瑜14日说，印度驻中国大使馆已经派人前往探视，被扣留的印度涉嫌走私人员的正当合法的权益会得到保护。

印度纪事之小事一件

印度人至今还喜欢问外国人特别是初来乍到的外国人对自己国家的印象如何，我自己就被问到了好多回。符合政治正确原则的答案总是会说的，不过说实话，抵达印度次日凌晨打开电视机之后的一个无聊白天，我对印度，更准确地说对印度新闻界的印象，可实在不方便告诉我们渴望答案的新德里主人。

印度的一家电视台——我要声明，不是所有的电视台——用了几乎整整一天的时间报道21名印度公民在深圳因为涉嫌走私钻石而被当地警方拘留的事件。就在这件事情发生前不久，三名中国公民在印度被警方逮捕，深圳的事情自然引起了印度媒体的许多猜想。这原本不足为奇，然而印度媒体，确切地说这家电视台的叙事方式却让人着实不敢恭维。

首先是连篇累牍地指责中国，从中国的行为有损两国钻石贸易一路上升到中国蓄意破坏中印关系。值得注意的是，"有损中印钻石贸易"这种说法实际上是承认了那21人的确携带了钻石进入中国，只不过在这一行为是否符合中国法律方面，印度媒体进行了有别于中国司法机关的理解。没办法，走私者通常都把自己的行为叫做贸易，这在次大陆也是有传统的。

继而电视台转播了印度外交秘书拉奥琪女士在记者团团围困中对印度驻华代表机构已采取行动的说明。拉奥琪说她已经指示了印度驻华大使，大使指示了印度驻广州总领馆，总领馆派出了领事官员对被羁押人员进行了探视，而拉奥琪在等待进一步报告。印度外交部门的立场称得上具有职业的冷静和镇定，而媒体则表现出了同样执业水平的执拗甚至癫狂，拉奥琪的表态遭到了电视台评论员潮水般的批评。在那一刻，我看到了作为业余电视评论人的自己和印度职业电视评论人之间的巨大"差距"。

不仅如此，整天的涉华报道当中穿插了大量片花，从达赖喇嘛的图片到中国的国庆阅兵，以及没有任何图片只有文字说明的关于中国弹道导弹中段拦截试验的快讯。这种手法在好莱坞或者宝莱坞肯定会被有自尊的导演斥责为老套，在电视上却成了心理暗示的绝佳手段。

不止是这家电视台，许多平面媒体也在那一天加入了讨伐中国的大合唱。不过有意思的是，一天以后便只有少数一两家报纸还在跟踪这件事情，而其他大多数电子或平面媒体对那21个"钻石商人"或者"涉嫌钻石走私人员"的兴趣都消失得无影无踪，算得上来得麻利去得利索。替代的头条包括德里大雾弥漫导致交通瘫痪、印度曲棍球运动员罢训危机化解、孟买警方是否有意宽宥酒后驾车的有钱人等等。印度媒体遗忘"深圳事件"之快让人不由得联想起小孩子——今天闹着要双份的冰淇淋，明天却一口不吃。在24小时内说得那么热闹，其实也是小事一件。

这倒提醒了我们，对于国外媒体的涉华报道进行连续性的研究的确是有必要的。抓住某一篇文章或者某一段报道来控诉外国媒体炒作涉华议题，诸如"外媒炒作中国导弹拦截试验"之类，吸引眼球的效果肯定是很明显的，但不见得能体现媒体的清醒和客观。当然，这并不是在主张不论别人说我们什么，我们都要强调两国友好关系发展的大局。只是我们也得有这样的胸襟和气度，不与只是为了把收视率提得更高的电视台生那份闲气，更不能把自己的品位降低到那个水平上去。

我们不能睚眦必报，不但是因为我们的尊严不允许我们这么做，更是因为我们其实没有睚眦必报。媒体的优势以及因为这种优势而产生出的问题是，没有人能惩罚他们为了商业利益而主张或者反对某种理念的营销手段。将军打了败仗是要受惩罚的（参看考尔），政治家没能预防战争的爆发也是要承担责任的（参看张伯伦），但媒体蓄意在两个民族之间制造矛盾以图用耸动的特别报道拉高收视率的做法却不用承担责任，尽管这同样会导致非常严重的后果。

至少在我们想办法改变"高空坠物共担责任"的法则治理之前——也就是我们有办法把每一个乱扔东西的家伙都找出来施以个别惩罚而不是集体罚款之

前，我们只能忍受别人家院子传来的鼓噪。

客观地说，其实只要我们回过头看看自己走过的路，对印度目前的很多想法、做法也就不难理解了。至少喜欢打听外国人对自己国家的印象这种习惯就并非专美于印度，"五四运动以后，好像中国人就发生了一种新脾气，是：倘有外国的名人或阔人新到，就喜欢打听他对于中国的印象"。鲁迅先生在77年前便曾针对中国人同样的习惯写过文章，名字就叫《打听印象》。

时至现今，哪家中国媒体还有闲工夫打听外国人的中国印象呢？当然也不是没有，只不过这类报道即使在娱乐版上也上不了头条罢了。人们更关心的是名人的私生活而不太在乎他们关于中国到底有什么想法。当然，也还有热心这类问题的普通公众。上海的小宝写了一篇《身为上海人》，说的就是那种"似是而非的沾沾自喜"的"乡村精神"，不过那是很多年以前的事情了，现在我们已经不屑于满足这份沾沾自喜了。

但是，对于那些还在努力追赶我们的其他人来说，对我们心存愿望以及怨望是很正常的。看到中国人就要谈论中印的比较，以及把中印关系当中的任何孤立事件都说成是中国心怀恶意，正是这种愿望和怨望的体现，一枚硬币的两面罢了。对此，我们还是宽容些的好，反正隔着一座大山，我们也听不见，即使听见了，我们当中99%以上的人也听不懂。何必呢？

2010年1月《东方早报》

Chapter VII

第七章 周边国家：中国的参照与镜鉴

亚洲新戏剧

巴基斯坦：煞费苦心维护中国形象

仅仅一年

我为巴基斯坦海军当摄像师

贝·布托走了，穆沙拉夫怎么办？

"俾路支解放军"的算盘

谢里夫要拿谁的未来换总理位

尼泊尔：红旗还能打多久

香格里拉：疲惫的红旗

"雷龙"民主化

准备好了么，普拉昌达同志

虎　殇

新闻背景：2008 年春夏，亚洲国家如巴基斯坦、尼泊尔、韩国、泰国、蒙古等发生了一连串的政治风波。

亚洲新戏剧

在缪尔达尔《亚洲的戏剧》出版到今天的这 40 年来，亚洲不知道上演了多少区域性的、连锁式的戏剧，有喜剧，有悲剧，还有讽刺剧。令人遗憾的是，至少在最近十多年，后二者的比例有所上升。

2008 年春夏，亚洲再一次陷入多米诺骨牌效应，巴基斯坦、尼泊尔、韩国、泰国、蒙古一连串的政治风波，像商量好一样一起涌上亚洲舞台，就连长期以来对政治不稳定免疫的印度这次都未能幸免。这一轮袭击了从东北亚到东南亚、南亚大片地区的龙卷风的漩涡中心是"民主"二字。

巴基斯坦要恢复民主，尼泊尔要向民主进军，韩国人用最"直接民主"的方式反对他们的民主选出的总统，泰国的民主好像又要按下"暂停"键了、蒙古的民主有点血腥味儿，印度嘛？民主身体还好，就是不太愿意工作。

这么多的"民主"问题，难怪有人，比如《新闻周刊》，要给亚洲的民主病下个诊断书了，病因是"民主过度"。药方呢？没有人细说，实际上也无法细说，难道"民主过度"的治疗手段应该就是减少民主了？这可是政治上绝对不正确的事情——在任何国家都是如此，萨达姆当年也曾创下 99% 以上的投票率纪录，以显示其最"民主"。

其实真正的问题不在民主"过度"，恰恰在于民主的内涵中，一些更为重要至少是同等重要的东西却还远远不足，这些亚洲民主缺少的东西才应对这段时期以来的亚洲乱局负责。

新兴或老牌亚洲"民主国家"中的大多数只不过具备了民主的表现，但是民主表现的背后支柱，也就是政治的制度化运行、充分的社会表达以及社会高度一致的基本共识等等却并不牢固。

民主要求健全而有效的制度，使不同的社会诉求能以制度化的形式表达出来。其实韩国、泰国风波的导火索都是再正常不过的政策分歧，却一下子跳过制度内的辩论和检讨,直接诉诸街头政治。制度显然没能在需要起作用的时候挺身而出。至于那些甚至没有获得和韩国、泰国水平相当的制度运行能力的国家来说,这一点就无须赘言了。

民主同时要求充分的政治参与,这一点表面上亚洲是具备了的,大量民众上街,显示出强大的政治参与意愿。实际上这是一种人数可能很多但不一定属于多数派的群体的显性表达。也就是说上街的人很多,但不上街的肯定更多,只不过上街的人对政治的影响更大,仅此而已。

这种政治参与无论如何都是不充分的,人数可能不充分只是一个方面,更重要的是在政治运行的过程中表达并不充分。目前的政治表达完全是一种滞后的反应——事情发生了,人们感到不满,然后上街。如果政治表达真的做到了充分的话,在政策制定前这一问题的可能后果就会因为进行过充分讨论而成为决策者的决策参数,不会因为决策出自关起门来拍脑袋,事后才大呼"没想到"。"没想到"本身便是表达过程不充分的结果。

此外,民主要求社会高度一致的基本共识,这是普遍处于转型期及转型后期的亚洲国家最为缺乏的。社会分歧严重、利益分化明显,这是亚洲和欧美比起来无法回避的先天不足。同样地,这个问题也还存在另一方面,即除了基于利益的分歧以外,民众对国家的地位和方向也存在着严重的认知差异,因而即使在没有重大利益分歧的时候也难以形成共识。

20亿美元的牛肉和韩美同盟哪一个重要?李明博和韩国许多民众的想法显然不一样;美印核协议就意味着印度失去独立自主了吗?国大党和印共(马)的感受显然也不一样,而这两个问题都和美国,也是印韩两国发展最重要的外部因素有关,说穿了,不过是还没下定如何与美国打交道的决心罢了。美国就在那里,实力、意愿等参数都已确定,没确定的其实是这些国家对自己的实力和地位以及意愿的认知。

民主不足也好,民主"过度"也罢,肯定地说,至少是西式民主的亚洲版出了问题。随之而来的问题是如何医治。现在的亚洲,到哪里请医生、买《药典》、找药店?或者就这么对付下去,把这样的民主叫做亚洲模式?

2008年7月10日《东方早报》

新闻背景：2007年巴基斯坦多次发生涉及中国公民的安全事件。2007年8月，中国驻巴基斯坦使馆为此专门组织力量编写了《商旅平安100问》。不过，在同期，《国际先驱导报》进行了中国人的邻国印象的调查，调查显示：相当多的中国网民将"最喜欢的邻国"称号送给了巴基斯坦。而另一方面，再反观中国在巴基斯坦人心中的美好形象，既非浑然天成，更非完美无缺。

巴基斯坦：煞费苦心维护中国形象

巴基斯坦人对中国的深厚感情，来自于中国政府和人民多年来对巴基斯坦的坚定支持。笔者的一位巴基斯坦"忘年交"曾在巴装甲部队服役，时隔近40年，这位老兵回忆起当年驾驶中国59式坦克冲锋陷阵的经历仍非常自豪，并对这种当时价格低廉、质量可靠的兵器赞不绝口。

在中国的邻邦中，很少有国家能像巴基斯坦一样，对中国有着如此长久的真挚感情。中巴"全天候全方位"的友谊绝不是一句简单的口号，至少在巴基斯坦，"中巴友谊比喜马拉雅山高、比阿拉伯海深、比蜂蜜还甜"这句话妇孺皆知。

中巴友谊之树历经半个世纪的风雨依然枝繁叶茂，更多是源于两国人民对友谊的精心呵护。同样，中国在巴基斯坦人心中的美好形象，也既非浑然天成，更非完美无缺。

对于大部分40岁以上的巴基斯坦人来说，中国在上世纪六七十年代巴基斯坦危急关头伸出的援手，成就了中国在他们心目中的美好形象。在战火中成长起来的老一代巴基斯坦人，还用这种凝结着鲜血的感情教育他们的儿女。一位巴基斯坦朋友便曾这样告诉我，她自幼便是在老人们"中国是巴基斯坦最可靠的朋友"的谆谆教诲声中长大，由此萌发了到中国工作的梦想。

这位朋友最终如愿以偿地来到了中国。但在巴基斯坦，真正有机会和中国近距离接触的人非常有限，到过中国并且了解中国的人更是少之又少。在这个有着 1.6 亿人口的国家中,每年只有区区 8 万人有机会来到中国。而中国另一个陆上交通困难的邻国哈萨克斯坦,尽管总人口仅为巴基斯坦的十分之一,年均却有 18 万人次来华。

沟通渠道的有限,使得大多数巴基斯坦人对中国的印象,并不是建立在亲身经历的基础上。中国在他们心目中的形象是美好的,但却因为缺乏实地感受而略显虚幻。

上世纪 90 年代以来,中国与巴基斯坦在民间往来、经济合作等领域的交流呈现增长趋势,两国人民之间的相互了解有所加强。但接触密切的同时,也带来了一些不容忽视的问题。

当中国人的面孔在巴基斯坦依然难得一见的时候,中国的另一个形象已经如水银泻地般遍及巴基斯坦。标有"Made in China"字样的低廉商品,迅速在工业不发达的巴基斯坦抢占了重要位置。这固然丰富了巴基斯坦市场,但也遭到当地一些制造商的反弹。对中国商品的反倾销调查并不仅仅发生在美国和欧盟,巴基斯坦一些工商业联合组织也多次要求政府采取保护性行动。

中国商品的另一个不光彩形象在巴基斯坦同样严重,价格低廉但质量欠佳,在很长一段时间里成为中国商品摘不掉的帽子。曾有巴基斯坦人在得知中国不但能制造汽车,还拥有完全自主的汽车品牌时大感惊讶。因为在当地市场上,中国商品绝大多数都是地摊水平的生活用品和质量不佳的小电器。这种局面随着有实力的中国大型企业进入巴基斯坦并开始本地化进程后,已经有所改观,但彻底改变中国商品的形象,让"中国制造"和"日本制造"一样在巴基斯坦享有盛名,还有很长一段路要走。

随着中国国际化程度的加深,"走出去"不但成为许多企业的发展策略,也成为不少普通中国公民的梦想。大部分在巴的中国人以自己的勤劳、聪明赢得了巴基斯坦人的尊敬,但也有极少数中国人的行为,使中国形象在"具体化"的过程中蒙上了污点。

巴基斯坦是一个穆斯林占总人口 97% 的伊斯兰大国,宗教习俗在社会生活中占据极其重要的位置。而在当地的一些中国公民却没有表现出对此的足够尊重,诸如在行李中夹带酒精饮料等现象屡见不鲜。出于对中巴友谊的维护,巴基斯坦人大多对此都选择了沉默。

此外，还有极少数中国公民怀着不法目的来到巴基斯坦，或者经巴基斯坦前往第三国。最近，巴媒体就报道了这样一则消息：3 名中国妇女被阿富汗边防部门交给巴边防检查站。和其他国家媒体往往热衷于炒作这类新闻不同，巴基斯坦媒体报道此事时异常低调，对这 3 名妇女在阿富汗期间卖淫的行为、目的等只字不提。

巴基斯坦媒体平时并不总是这么克制的，许多媒体在批评政府时言辞激烈，毫无顾忌，但在涉及中国话题时，却往往"自律"甚严。或许，这也从一个侧面表明了巴基斯坦在维护中巴友谊和中国人形象方面的良苦用心。

2007 年 5 月 28 日《国际先驱导报》

新闻背景：2009 年 12 月 17 日，巴基斯坦最高法院在 9 个月前复职的首席大法官伊夫提哈尔·乔杜里的领导下作出裁定，《民族和解令》无效。《民族和解令》是两年前由穆沙拉夫将军签署的法令，赦免了包括贝·布托和扎尔达里在内的 8000 多人。而如今这个新裁定自然危及现任总统扎尔达里的正统性。

仅仅一年

耶稣诞生后第 1294 年，傻头傻脑的隐修士"摩罗尼的彼得"糊里糊涂地当选为教皇切莱斯廷五世，垂涎这一宝座很久的大主教本尼迪克特·加塔尼想办法在教皇的卧室里安了一根管子，每天晚上他都通过这根管子对就寝的教皇呢喃"切莱斯廷，切莱斯廷，放下你的政务吧。对你来说这件事情太大了"。经年累月的心理暗示产生了作用，切莱斯廷五世辞职，取而代之的正是加冕为卜尼法斯八世的加塔尼。

翻出这桩公案的原委是有人现在似乎也需要那根管子的"提醒"，他就是取帕维兹·穆沙拉夫将军而代之的现任巴基斯坦总统阿西夫·扎尔达里。

实际上，在过去的一年里，"放下你的政务"这句话已经以各种不同的方式提醒过这位曾在夫人的政府中出任环境部长和投资部长的总统。统治一个教派林立的、强敌虎视于东内忧滋生于西的、1.6 亿人口的伊斯兰大国，的确超过了只是在夫人遇刺身亡后方晋位人民党两联合主席之一并在次年秋季成为总统的扎尔达里的能力。自 2008 年 9 月算起，仅仅一年多一点点，扎尔达里的人民党政权便已危若覆卵。2009 年诚然是总统先生从政以来最风光的一年，却也很有可能成为他如此风光的最后一年。

2009 年 12 月 17 日，最高法院在 9 个月前复制的首席大法官伊夫提哈尔·乔杜里的领导下作出裁定，《民族和解令》无效。一纸两年前由穆沙拉夫将军签署的法令赦免了包括贝·布托和扎尔达里在内的 8000 多人，保证了扎尔达里能够以清白之身出任总统。而自上个星期四以后，在最高法院看来，总统已不是无辜之人。

　　虽然人民党发誓要保卫自己的总统，但扎尔达里在多大程度上能相信手握行政大权的吉拉尼总理愿意以盟友的身份加入到保卫战当中来呢？至于说吉拉尼会否以部曲的身份请缨参战，扎尔达里就不用指望了。一则吉拉尼本来就不是信德人，当初倘若不是因为要清洗党内元老法西姆的话，扎尔达里才不会让这个其实是纳瓦兹·谢里夫小同乡的旁遮普人上位呢；二则，1973年宪法逐步恢复，巴基斯坦正在恢复传统的总理制，吉拉尼连核武器控制权都拿到了手，凭什么还要冒全身浸湿的危险打捞已经淹没到腰部的扎尔达里？

　　建立在血统论基础上的误信误判几乎可以称得上是巴基斯坦政治领袖的一项传统。阿里·布托误信了齐亚·哈克，以为选一个旁遮普人担任陆军参谋长可以保证那支被普什图人把持太久的军队对自己的忠诚；谢里夫误信了穆沙拉夫，以为出身移民的穆沙拉夫因为缺乏家族根基而比拉卡马特将军更加软弱可欺；扎尔达里也误信了吉拉尼，以为生在拉合尔却加入信德人政治集团的吉拉尼不会像法西姆一样功高震主。误信他人在政治上和在恋爱中可能引起的不幸后果难分伯仲。贝·布托在世的时候对扎尔达里的爱情笃信不疑，全然不介意正是她的丈夫两度让人民党政权轰然崩塌，也是一种令人唏嘘的误信。现在误信的后果轮到了扎尔达里自己承担，佛家怎么定义这种事情来着？

　　当然，客观地说，感慨扎尔达里"遇人不淑"是没有多少道理的。不是吉拉尼不忠于布托家族，只不过那根既能助人爬上政治权力高峰也能避免摔个鼻青脸肿的"油腻腻的木杆"就摆在那里。让吉拉尼如何选择？选扎尔达里，等待吉拉尼的恐怕只能是摔下去。人民党连布托在世的时候都曾两次被旁遮普豪门纳瓦兹·谢里夫赶出总理府，何况是"10%先生"当政的现在。选谢里夫，理论上是不可能的，总理叛党？那不成了足以让人永世不得翻身的大笑话。但既然身居总理高位，吉拉尼就由此获得了第三种选择，一种真正"中间道路"的道路——不为他人做嫁只为自己图功的道路。在扎尔达里和谢里夫之间先充当信使再担任协调人最终成为"利益攸关的"第三方。

　　吉拉尼在3月的"长征"运动期间，短短一个月内完成了这三种身份的转化。那个月里，吉拉尼利用总统出国访问留下的权力空隙——大乱之际不在其位，扎尔达里政治能力的欠缺暴露无遗——摆脱了扎尔达里的羽翼，发出了独立声音。律师长征后，吉拉尼俨然成为和扎尔达里、纳瓦兹·谢里夫并列的巴基斯坦政治三巨头之一。此后数月，在复职的大法官和谢里夫兄弟的配合下，总理逐步削弱总统权力。作为标志性事件，2009年11月，扎尔达里向吉拉尼移交了核武控制权。尽管这一事件并无实质意义，却标志着作为总统的扎尔达里权威的没落和巴基斯坦准总统制的事实死亡。按照吉拉尼总理的表示，巴议会将在近期正式表决是否废除包含总统有权解散国会的宪法第17号修正案，将这一关键权力转归总理。

仅仅一年，扎尔达里王朝已是千疮百孔，怪谁呢，怪吉拉尼为德不卒？怪谢里夫背信弃义？谁都可以怪，但也谁都不能怪。出身豪门家资雄厚，且娶得一位举世无双的夫人，在巴基斯坦这样一个豪强政治主导的社会，扎尔达里不可谓不是满把好牌，依然江河日下风雨飘摇。而穆沙拉夫一介平民布衣入伍却担任"世界上最危险的职务"长达十年。

斯蒂芬·茨威格曾经这样写道："这个半瓶子醋曾擅自闯入不朽者的行列，对此，命运没有原谅他。"茨威格说的不是扎尔达里——作家自杀之后整整14年阿西夫才出生，斯蒂芬说的是小小的法国工兵上尉鲁热·德·里勒。可是不论怎样，里勒上尉总算写出了《马赛曲》。

2009年12月《东方早报》

新闻背景：2009年3月5日至14日，巴基斯坦海军举办了"和平-09"海上多国联合军演。共有包括中美在内的12个国家的海军派舰艇、飞机或特战部队参加了港岸和海上课目的演练。这次演习的主题是和平，突出了海上安全和反海盗、反恐等内容。我作为唯一受邀观摩"和平-09"实兵演练的中国学者，既体会到了巴基斯坦人的信任与热诚，也遭遇了美国大兵的戒备与冷漠。

我为巴基斯坦海军当摄像师

我怎么也没有想到来到卡拉奇几天之后，我的"身份"问题会变得更加复杂，在研究人员、专栏作者之外，又增加了一个新的"职务"：巴基斯坦海军摄像师——当然是客串的。

3月11日，我终于如愿以偿地乘坐巴基斯坦海军航空兵"海王"直升机降落到了巴海军"纳西尔"号补给舰上。舷号47的"纳西尔"是巴基斯坦海军最大的油料补给舰，1987年在中国大连造船厂下水，同年8月加入巴海军序列。"纳西尔"在11日这一天既是巴基斯坦海军11日海上补给演练的主力，也是大型海上阅兵的旗舰。

登舰之前，巴方原本安排了中方媒体报道团的一名摄影师航拍，请我乘同一架直升机为摄影师和飞行员之间的沟通提供便利。客串翻译倒是没有让我感到意外，然而就在登舰后不久，联络官阿西夫上校匆匆地找到了我，说由于承担航拍任务的小型直升机只能乘坐两名乘客，巴方临时决定，索性将全部两名巴方摄像人员全部撤换下来，请我顺带再"客串"一下摄像师，为巴基斯坦海军演习和阅兵式的全过程进行摄像。

我大吃一惊，规模如此之大、层级如此之高——9个国家的20多艘军舰参加的联合阅兵式，巴基斯坦国防部长、三军参联会主席、海军总参谋长均到场观礼——的阅兵式，巴方居然将全部航拍任务委托给两名中国人，而且其中一名从来没有碰过任何专用摄像器材，是不是在开玩笑？

我疑惑地看着阿西夫，然而短短数秒钟后，我的疑惑就变成了感动。阿西夫身后的巴方摄像师把机器塞到我手里，开始简要讲解起摄像要领来。大概是犹豫二字写到了我的脸上，一直在旁边观看的另一名巴基斯坦记者轻轻地说："没关系，就把这件事儿当作我们巴基斯坦人对中国兄弟绝对信任的表现吧。"

就这样，在直升机旋翼发出的巨大声响中，我长达4个小时的客串摄像师工作正式开始。

在拍摄巴海军特种部队SSG队员演练的时候，我这个业余摄像师出了状况，拍摄完SSG队员从天而降的镜头后，居然忘记了跟进拍摄，漏拍了突击作战的几乎全部过程。尴尬不已的我只好向SSG队员求援，头戴面罩的指挥官二话不说，一摆手队员们便重新回到后甲板一丝不苟地将全部突击过程又来了一遍。

后来我才知道，他们对我是在为巴基斯坦海军摄像毫不知情，只是因为我们是中国人，便心甘情愿地在刺眼的阳光下背着沉重的装备再一次奔跑在灼热的甲板上。

补给和特种部队作战演练完成后，海上阅兵开始，20多艘军舰编队航行，我注意到，一艘红白相间的舰只不肯老老实实地待在队列里，左出右进地仿佛在沿着"S"反潜航线航行。莫不成只有这艘船奉行进行反潜演练？我将心中的疑惑说了出来，一旁的一位大胡子巴基斯坦海军少校笑着说："那不是军舰，它是美国海岸警卫队的'博特维尔'号，第一次来参加演习，看起来还不知道怎么保持编队航行呢。"

由于处于国际贸易的重要通道，印度洋已经成为"世界的心脏"。而巴基斯坦在印度洋海事安全形势当中占据着不可替代的战略位置。落实"桥梁"和"走廊"作用，也是巴海军军事外交的重要内容。因此，在历次"和平"军演当中，巴基斯坦都积极斡旋，邀请尽可能多的海上强国派军舰参加。"和平-09"是巴基斯坦在世界海军诸强当中进行协调最成功的一次，原因在于这是第一次中国和美国海军同时派军舰及特种部队参加演练。

令人遗憾的是，并不是所有人都会因此感谢巴基斯坦的良苦用心。

和巴基斯坦对中国绝对信任形成鲜明对照的是，就在几天前我们观摩特种部队演习时，原定要参加演习的几个美国特种部队队员听说有中国记者和军人观摩，居然傲慢地表示"中国人在这里，我们什么都不表演"。而实际上，演练内容不过是所有国家像样一点的警察部队都轻车熟路的简易炸弹拆除而已。

那天烈日灼人，但我在走过倚在椅子上动都不动的美国大兵身边的时候，却感到了"阵阵阴冷"，一艘美国潜艇监测船的名字一下子跳入我的脑海——"无瑕"号。

2009 年 3 月 19 日《国际先驱导报》

新闻背景：当地时间 2007 年 12 月 27 日下午，巴基斯坦前总理贝-布托在该国东北部城市拉瓦尔品第参加集会遭自杀式炸弹袭击死亡，终年 54 岁。巴基斯坦总统穆沙拉夫随后表示谴责，并宣布全国哀悼三天。贝-布托此前流亡英国 8 年，于 2007 年 10 月回国。她的遇刺深刻改变了巴基斯坦的政局。

贝·布托走了，穆沙拉夫怎么办？

"铁蝴蝶"突然陨落，另一个人因此遭受的损失，一点也不亚于贝·布托的家人和人民党，他便是巴基斯坦总统、退役陆军上将穆沙拉夫。

去年 12 月 27 日的一声巨响，葬送了酝酿许久的"穆—贝体制"，而这一体制是巴基斯坦"三驾马车"——总统、总理和陆军参谋长——共管国事的传统格局得以回归的基础。

如今斯人已去，重任在肩的穆沙拉夫却再度陷入了"四战之地"：前有气愤难平、方向不定的人民党，后有乘势而起、欲取布托而成"民主派"共主的谢里夫，左有得意洋洋、蠢蠢欲动的恐怖分子，右有来自大洋彼岸、空前沉重的反恐压力。

人民党根据贝·布托的遗嘱，指定"铁蝴蝶"唯一的儿子、年仅 19 岁的牛津大学新生比拉瓦尔·布托-扎尔达里为党的领袖，其丈夫拉西夫·扎尔达里则以两主席之一的身份为该党"摄政"。尽管人民党为布托家族掌控，但选择扎尔达里掌管人民党，哪怕只是暂时过渡，却也预示着人民党正站在悬崖边缘。

实际上，人民党在遭此大难之后不待擦拭血迹便宣布要参加大选，且要求大选如期举行的关键原因便在于，寄望贝·布托的悲剧能最大限度地凝聚士气并博得民众同情，贝·布托虽然辞世，但为人民党重返政坛搏战的依然是这只"铁蝴蝶"。就像 1988 年她赢得的那次选举应该归功于其父阿里·布托的英名一样。

穆沙拉夫争取与贝·布托的人民党结盟，既是由于人民党与穆沙拉夫素无怨仇且政见相近，也是由于人民党在国内外的强大政治感召力。

然而现在，扎尔达里对穆沙拉夫政府气愤难平，使得穆沙拉夫与之对话的难度大大增加。人民党的前景如何，不但是扎尔达里的问题，更是穆沙拉夫的问题。真正的困局在于，不团结人民党，穆沙拉夫还能争取谁呢？

在稳定局势和反恐中走钢丝说服人民党再度携手也好，合作破裂被迫独行也罢，穆沙拉夫都不得不在稳定岌岌可危的政局和继续推动反恐斗争中找到一个平衡点。

1月2日晚，巴基斯坦选举委员会宣布，由于政局不稳定，原定于8日举行的议会选举延至2月18日举行。而早在此前，人民党即指责巴政府推迟选举是为了帮助政府舞弊。其实，不论是否推迟大选，穆沙拉夫政府都必须想方设法尽快恢复社会秩序，让民众的情绪从贝·布托遇刺事件中平复过来，否则各党在竞选过程中的互相攻讦极易引发大规模政治暴力。

巴基斯坦强力部门已经制定了缉拿布托遇刺案幕后黑手马赫苏德的计划，为了洗清"民主派"对政府的怀疑，也为了给巴民众和国际社会一个"交待"，巴联邦政府必须摧毁马赫苏德网络。但将恐怖分子绳之以法，并不是依靠强烈意愿和坚定决心就可能实现。而且摧毁马赫苏德团伙，意味着在巴西北边境地区大动干戈，军事行动导致西北地区局势伊拉克化的可怕前景，也是穆沙拉夫必须充分估计的。

尽管美国的布什总统和英国的布朗首相均发表了支持巴基斯坦政府的言论，然而对穆沙拉夫反恐能力及"民主诚意"的怀疑和指责仍不绝于耳。

穆沙拉夫任期内巴经济的"黄金10年"很大程度上是依靠西方的援助才得以实现的，如果指望西方继续支持巴基斯坦，就必须满足西方提出的各种要求，并且忍受对巴内部事务的指手画脚。但这既有损巴基斯坦的主权和尊严，同时也将进一步伤害穆沙拉夫在本国的政治威望。

当然，如果穆沙拉夫能于荆棘丛中开出一条道路，巴基斯坦这个多灾多难的国度则有可能就此浴血重生。但即使穆沙拉夫能够带领巴基斯坦暂时渡过难关，也还有一个更严峻也更具决定性意义的挑战在等待着这个国家的1.6亿人民——如何推动巴基斯坦的政治制度化进程，使这个国家走出总是被一个人的命运左右的不幸循环？

2008年1月3日《国际先驱导报》

新闻背景：2006年2月16日，巴基斯坦的俾路支省发生枪击事件，造成3名中国工程师遇难，罪魁祸首是一个名叫"俾路支解放军"的恐怖组织。

"俾路支解放军"的算盘

近年来，在巴的中国援建技术人员多次遭遇袭击，然而肇事者多数敢做不敢当，但2月16日发生在俾路支省造成3名中国工程师遇难的枪击事件却有所不同，一个名叫"俾路支解放军"的团伙事后立即发表声明，对所犯罪行直认不讳。人们不禁要问，所谓"俾路支解放军"究竟是何货色，为什么选中国援建人员下手，他们打的是什么算盘？

巴基斯坦从来不是一个中央政府如臂指使的单一制国家，民族分离主义在巴基斯坦一直大有市场，特别是在人民贫困而资源丰富的俾路支省。从上世纪70年代起，一部分俾路支人决定以武力向伊斯兰堡争取权利，俾路支分离运动开始沾满了无辜者的斑斑鲜血。

2003年年底，一个名叫"俾路支解放军"的武装团伙加入到反政府的血筵当中，这个以曾在海外接受宗教极端主义教育和军事训练，能够熟练使用枪械和爆炸物的青年人为主体的，按照"基地"组织模式建立起来的恐怖组织很快以其心狠手辣、无所顾忌而名声大噪。2004年12月10日，俾路支解放军在人潮拥挤的奎塔市场引爆炸弹，袭击巴基斯坦军队，造成11人死亡，27人受伤，包括一辆军车在内的四辆汽车被炸毁。到目前为止，俾路支解放军已经策划了28起恐怖事件，成为当地居民和外国人员安全的严重威胁。

近年来，随着中国企业走出去战略的实施，中资机构和中国公民的海外安全问题日益引起人们的关注，涉及中方人员的恐怖袭击和治安事件也屡有发生，但多数情况下，肇事者并不是专门针对中国公民，而更类似于"随机选择"，在伊拉克发生的绑架事件即属于此种类型，但在巴基斯坦这个传统上对中国友好的国家，情况却有所不同。

恐怖分子专门选择中国援建人员下手，2月16日的枪击事件距离巴基斯坦总统穆沙拉夫对中国进行国事访问只有 3 天，"俾路支解放军"分明是以中国公民为目标，以破坏穆沙拉夫将军的访问、离间中巴关系为目的。

严格说来，"俾路支解放军"与中国并无直接仇恨，选择中国公民下手最主要的原因在于参与巴基斯坦经济建设的中国公民是"高价值目标"，恐怖分子的战术正符合"攻其所必救"的兵法。"俾路支解放军"的策略是通过恐怖活动迫使巴基斯坦中央政府扩大俾路支地方政府的自治权和对瓜达尔港口建设工程的参与权，他们并不是不要瓜达尔港口工程以及其他中方参与建设的项目，而是要在这些项目中赚取更大利益，因此，破坏俾路支省的开发工程并非分离分子的目的，不过是恐怖分子要挟巴基斯坦中央政府的战术手段。

中方人员因为巴基斯坦中央政府和全国人民对巴中关系的重视、在俾路支斯坦开发建设中的重要作用而成为恐怖分子"理想"的高价值目标。

"俾路支解放军"与活跃在巴基斯坦西北边省的宗教极端势力以及地方武装还存在不同情况。巴基斯坦目前有两大部落群，一个即位于俾路支省东北部、北部、西南部的俾路支部落，另一个是位于西北边境省西南部的帕坦族部落（在阿富汗被称作普什图族），巴政府军清剿"基地"组织残余和外国武装分子的主要作战区域就在该部落区的南部。两个部落区内都有中国工程，都发生过针对中国人员的袭击事件，但事发背景与袭击目的略有不同。曾经在 2004 年藏匿绑架中国工程师的主谋马哈苏德的西北边省普什图人的部族武装"盛产"宗教极端分子，参加"圣战"、塔利班集团的人数颇多，也经常因讲"义气"而帮助"基地"组织和"东突"分子。

而到目前为止，并没有证据表明"俾路支解放军"与"东突"恐怖分子残余相互勾结。俾路支分离分子的恐怖活动更为主要地系于经济要求，而非宗教因素。俾路支解放军不喜欢的，是包括中国人在内的外来投资者和开发者不肯把钱直接交给俾路支人，却只和伊斯兰堡打交道。

然而，在俾路支省开展业务的并非只有中国公司，更多的美国人同样在这片资源丰富、战略位置重要的土地上忙碌着，只不过其中的一些人动机并不单纯而已。出于吸引全球媒体关注从而给伊斯兰堡施加更大压力的目的，似乎"俾路支解放军"更应该选择美国人下手，而之所以该组织在其活动的两年多时间里，一直小心地避开美国人，恰恰证明了美国国务卿赖斯关于"不能一边搞恐怖活动,一边搞政治"的观点是多么昧于事实。俾路支解放军的头头们并非对现代社会完全蒙昧,而是对国际政治的逻辑有着自己独特的理解,他们的恐怖活动就是他们的政治。

巴基斯坦政府多年来一直在争取美国等西方国家将"俾路支解放军"列入恐怖组织名单,但华盛顿始终虚与委蛇。一方面,"俾路支解放军"并没有得罪过美国人,另一方面,一个专门与中国利益为敌的俾路支分离组织暗合了美国人打破臆想出来的所谓"中国珍珠链条"的需要,华盛顿又何必为自己增添一个新的敌人,减少一个可资利用的工具?虽然每一个国家都宣称"恐怖分子没有好的坏的你的我的之类的区别",但国际政治实践却远非如此,这一点,美国人是清楚的,"俾路支解放军"也是清楚的。

明了了"俾路支解放军"等形形色色的俾路支分裂组织的目的以及他们和美国人之间的"默契",便不难认清,中资机构和中方人员在俾路支省等地安全形势的复杂性和所面临威胁的长期性,只要巴基斯坦中央政府不能解决和地方势力之间的矛盾,俾路支省的恐怖组织就仍然会将中国利益视作威胁伊斯兰堡的"高价值目标",同时,只要他们不去捋美国的虎须,就既不用担心被西方势力控制的国际媒体口诛笔伐,也不用担心美国会找他们的茬儿。

但这并不意味着中资机构应当减缓甚至中止对巴基斯坦经济建设的参与步伐,恰恰相反,中资机构更应该在两国政府的有力支持下坚定不移地不断深化参与力度,促进当地经济的繁荣与发展,唯有如此,"俾路支解放军"等使用恐怖手段破坏中巴关系的图谋才无法得逞。

2006 年 2 月 24 日《国际先驱导报》

新闻背景：穆斯林联盟（谢派）的领导人纳瓦兹·谢里夫利用贝·布托遇刺，在巴政坛上掀起风浪，逼迫穆沙拉夫下野、策动大法官乔杜里复职、取消民族和解令等等，在他的倡议下，国民议会对宪法第18号修正案进行表决。2010年4月16日，巴基斯坦国民议会以压倒性多数通过投票，表决通过了宪法"第18号修正案"，对总统的权力进行限制和削弱，而总理成为真正掌握实权的人。而且第18号修正案废除了总理只能连任一次的限制，为将来谢里夫再次向总理宝座发起进攻扫清了障碍。

谢里夫要拿谁的未来换总理位

根据统治旁遮普省的穆斯林联盟（谢派）和扎根西北边省的民族人民党的共同提议，近期，巴基斯坦国民议会将再次试图修改宪法，废除前总统穆沙拉夫执政时期通过的宪法第17号修正案，代之以宪法第18号修正案。

概括而言，新修正案将再次废除巴基斯坦宪法第58条第二款，取消总统解散国民议会的权力，将之转归总理。修正案并将明确规定要追究未来可能的"支持军事政变和颠覆宪法的法官"的法律责任。

在巴基斯坦宪法史上，围绕着第58条第二款的争议，这已经不是第一次了。作为当前巴基斯坦宪法文本的基础《1973年宪法》规定总理是国家行政权力的核心，而总统除了看管国玺之外什么权力几乎都没有。1977年陆军参谋长齐亚·哈克将军政变上台出任总统，终止宪法。1985年哈克决定恢复1973年宪法，但对宪法进行了根本性的修改，通过第8号修正案，不但将任命三军领袖四省省督的权力收归总统，并且规定总统有乾纲独断解散国会撤换总理的权力。这意味着巴基斯坦从英国式的议会-总理制政体转变为法国式的总统制至少是准总统制政体。此后20多年，巴基斯坦在总统制和总理制之间像钟摆一样晃来晃去，陷入了没完没了的自我折腾。

齐亚·哈克将军莫名其妙地死于一箱空运的芒果之后，宪法第 8 号修正案依然被保留了数年，其间先后 4 任政府被总统援引这一修正案解散，直到 1997 年，纳瓦兹·谢里夫总理利用穆斯林联盟超过三分之二的多数议席通过第 13 号修正案，废除了宪法第 58 条第二款，重新建立总理负责制。"好"景不长，两年以后穆沙拉夫将军"反政变"成功，2002 年围绕着第 58 条第二款巴基斯坦再次修宪，第 17 号修正案通过，钟摆再次摆回到了身穿军装的总统一边——直到 2008 年巴基斯坦外交部小小会计的儿子黯然辞职永远离开了总统官邸。

利用贝·布托夫人遇刺卷土重来的纳瓦兹·谢里夫经过了长达两年的筹备——逼迫穆沙拉夫下野、策动大法官乔杜里复职、取消民族和解令等等，终于可以向第 8 号修正案的复活版第 17 号修正案复仇了。在他的倡议下，国民议会即将对第 13 号修正案的重生版第 18 号修正案进行表决，以便彻底恢复 1973 年宪法。

为什么纳瓦兹·谢里夫如此热衷于恢复 1973 年宪法？要知道那部宪法的制定者是阿里·布托——谢里夫家族和旁遮普政治权贵几十年的死对头，巴基斯坦历史上第一个像国王一样行事的总理，他的"一切权力归国会"式的宪法准则不过是"一切权力归总理"的委婉表述罢了，也不见得多么符合现代宪政的制衡原则。

而现在最热衷维护这部宪法的纳瓦兹·谢里夫同样曾是一个国王般的总理，恢复 1973 年宪法，对于这位两度将阿里·布托的女儿赶出总理府的政坛老狐狸来说，其动机同样和忠于民主原则扯不上关系，他的目的就是为了有朝一日重入总理府后能像 1998 年撤换卡拉马特将军那样随心所欲？所谓追究"支持军事政变和颠覆宪法的法官"的法律责任云云也无非是要斩断拉瓦尔品第陆军总部可能的援手罢了。

1973 年宪法有多可爱？或者说有多民主？实在不是一个容易回答的问题。这当然不是说宪法第 8、第 17 号修正案完美无缺，而第 13、第 18 号修正案一无是处。到底是总统制效率高，还是总理制更能体现民主精神，站在不同的角度——确切地说，是觉得齐亚·哈克和穆沙拉夫两位军人总统对巴基斯坦的贡献更大，还是认为不管议会-总理制再虚弱再腐败也好过那一身戎装——自然会有不同的答案。孰是孰非不是一句话两句话能说清楚的，只不过就眼下的形势而论，通过这样一则修正案，所产生的后果绝非仅仅体现在总统和总理的权力关系上面，其历史后果或许即便强悍如谢里夫也是无法承当的。

若想修宪获得通过，仅仅凭借着谢里夫手中的 82 张议员选票当然是不够的，即使加上人民党的 99 张选票也不够修宪最少的三分之二多数（228 票）。谢里夫还需要拉其他党派帮忙，而愿意帮忙的却是代表普什图人利益的、扎根于西北边省的民族人民党，条件是"修宪包"应追加扩大省政府权力、弱化联邦权威的内容。当然，这一条款对于谢里夫来说倒也没什么坏处，他的家族牢牢掌控着旁遮普省，省府扩权对他的弟弟沙巴兹·谢里夫只会有好处，为什么要说"不"呢？

然而，问题在于对于一个正在与日益严重的塔利班化倾向作战的巴基斯坦来说，扩大省政府权力真是好事一桩吗？就在几年前，同一个西北边省政府就曾横生枝节阻止政府军开进部落武装控制区打击塔利班分子，要是白沙瓦的权力更大而伊斯兰堡的权威更小，在未来的西北战场上还会发生什么？巴基斯坦作为一个只有 4 个省外加有可能变成省的"北部地区"（现在叫做吉尔吉特·巴尔迪斯坦）的国家，省府的权力本已经尾大不掉，继续扩权，扩到什么地方去？邦联？不禁让人回想起当年《拉合尔宣言》表明南亚穆斯林独立建国要求时"国"用的可是复数。

为了实现第三次出任总理的梦想，谢里夫到底还要走多远呢？60 多年前，当即将离开次大陆的蒙巴顿勋爵一脸不高兴地和即将出任巴基斯坦自治领首任总督的阿里·真纳先生结束一轮艰苦谈话时，当今英国女王的叔父说："你知道这一职位要你付出多大代价吗？"真纳先生说，"就财产而言或许只要我几个卢比的硬币。"蒙巴顿的话就像一阵寒风——"也许要花掉你所有的财产和巴基斯坦的未来"。对于谢里夫来说，将 17 换成 18 或许也只需要议员们的一次举手，但这件事情的代价真的如此微小？他又要支付多少卢比以及谁的未来呢？

2010 年 4 月《东方早报》

新闻背景：2008年8月，尼共（毛主义）主席普拉昌达当选尼泊尔联合政府总理。2009年5月，因为政府军参谋长任职危机，普拉昌达辞去尼泊尔总理职务。在辞职声明中，普拉昌达表示，尼泊尔出现了总理和总统两个权力中心，他无法继续工作。他还表示，尼泊尔有的政党受到了"外国势力"的影响。此文写于5月普拉昌达辞职前。

尼泊尔：红旗还能打多久

2009年的尼泊尔，尼共［毛主义，作者按：下文简称尼共（毛）］领导人普拉昌达同志已担任了总理。红旗早已插遍了加德满都的大街小巷。笔者于《同舟共进》2008年第6期撰文"尼共（毛主义）：红旗插遍香格里拉"之后，又两次来到加德满都，最近一次在2009年1月。在我造访尼泊尔的短短数天里，遇到了尼共（毛）的共青团组织的集会游行，红旗漫舞，让人感觉回到了那个"激情燃烧的岁月"。然而，在青年们被镰刀斧头旗帜映红的脸庞下面，我却体味到了无法被激情掩盖住的丝丝疲惫和无奈，心里不禁画出一个问号——"尼共（毛）的红旗还能打多久？"

加德满都这座古老城市的大街上，除了偶尔映入眼帘的红旗，一切还是老样子，只是没有人再向国王的雕像鞠躬，纳拉扬希蒂王宫上空飘扬的王旗也不见了踪影。外貌上没什么变化——这是很容易理解的，毕竟新的一页翻开还不到一年；但如果考察这个国家大街拐角或小巷尽头更深更复杂的政治、经济、宗教形势，就会发现在尼泊尔，国王虽已成为历史，但王国似乎依然存在。旧势力、旧习俗、旧制度依然困扰着这个年轻的共和国，普拉昌达的道路依然充满荆棘。

在和尼共（毛）接触的过程中，几乎每个人——上至政治局委员下至普通党员——都强调他们现在面临的最大困难是极度缺乏干部。15年来，普拉昌达领导着他的同道人钻山林走平原，披荆斩棘，练就了一身过硬的游击战本领，培养了一大批善于作战指挥、宣传动员和群众工作的政治军事干部,很多师团级指挥员还不到40岁。然而,在和平建设时期,正规军事指挥员相对缺乏,经济文教卫生等专业技术干部缺口巨大的问题日益凸显。

新政权建立后,许多王国时期的专业管理人员——政府中级官员、公司管理人员、律师甚至教师和医生,或者出于对尼共(毛)的恐惧,或者基于印度教信仰,甚至由于受到印度的"吸引"而弃职出走,尼泊尔面临着严重的人才流失问题。尼共(毛)内部也有人认为,即使是"那部分仍然留在尼泊尔的中上层人士,他们对尼共(毛)并不信任,也不愿意为新政权出力"。

无人可用,在尼共(毛)看来是新政权面临的最大挑战。如果短期内普拉昌达不能招募到一大批专业技术人员,尼共(毛)要想完成自己的"新民主主义革命"几乎是不可能的。这一点,尼共(毛)认识得非常清楚,然而问题的解决绝非朝夕尺寸之功。

客观地说,尼共(毛)是有替代方案的,它并非单独执政,参与政府的还有其他数个长期在议会制度下运作,在中产阶层颇有影响力的中左政党,其中就包括老牌左派政党尼共(联合马列)。这些政党拥有相对充裕的专业技术人员和管理人才储备,虽然比不上代表印度教中上层的尼泊尔大会党,但总比捉襟见肘的尼共(毛)更熟悉城市和现代生活。多个共产党共同组建一个联合政府,这一尼泊尔甚至世界历史上前所未有的政治组合原本为尼共(毛)解决人才问题提供了道路。

然而令人遗憾的是,尼泊尔并没能从国际共产主义运动史上屡次上演的共产党—社会党冲突当中免疫,联合马列和尼共(毛)之间"联合而不合作"的关系极大影响了现政府的运作。联合马列不断指责尼共(毛)的青年组织——共青团——制造针对联合马列党工和支持者的流血事件。在这种气氛下,要求双方做到人才互补是不可想象的。

尼泊尔曾是世界上唯一的印度教国家,印度教寺庙在这个国家有着巨大的影响力,也聚敛了大量的社会财富。与印度关系密切的印度教僧侣虽然没有组织政党,表面上也不参加政治活动,却是"香格里拉国度"任何人都不能忽视的重要政治力量,更是尼泊尔南方邻国对尼进行渗透和控制的关键途径。

不论是从废除种姓制度、实现社会平等的要求出发,还是为了维护国家主权的独立，即使是为了不把自己陷入意识形态自相矛盾的境地，尼共（毛）都必须坚持推进已经主张了多年的国家世俗化要求，废除印度教在社会生活中的特殊地位。但应对这个问题，难度之大，即使是意志坚定的普拉昌达同志也显得一筹莫展。

一位加德满都的医生告诉我，不久前，政府宣布尼泊尔最大的印度教寺庙帕斯帕提那神庙变更住持，破天荒地任命了一个尼泊尔人担任被印度人长期把持的职位。消息传出立即引发轩然大波，总理本人甚至接到了印度教极端分子打来的恐吓电话，还有人威胁要发动"100万"教众包围总理府，最终尼泊尔政府被迫收回成命。对一个寺庙进行人事变动尚且如此，要想改变印度教在社会中的地位，又将有多难？尼泊尔的世俗共和国之路还很遥远。

特莱平原是到处崇山峻岭的尼泊尔仅有的一片平坦地带，也是这个国家唯一富饶的农业区，重要性不言而喻。一位律师告诉我，"没有了特莱平原，这个国家就不复存在了"。然而长期以来，这片丰饶的土地却并不在尼泊尔政府的控制之下，大约400万和印度关系密切的马德西人是这片土地实际上的主人。他们特立独行，不怎么在乎加德满都政府的权威，而出于稳定国家政局的考虑，尼共（毛）却不得不邀请他们的代表政党马德西人民权利论坛参加政府。

更加严重的是，特莱平原面向印度的一方完全处于失控状态，印度人进出尼泊尔甚至不需要签证，而且尼泊尔长期以来也没有在特莱平原建立有效的边境控制措施。这不但对尼泊尔的政治稳定形成了严重威胁，甚至影响到了第三国。2008年北京奥运会召开前夕，"藏独"分子聚集在中国驻尼泊尔使馆门前闹事的照片被许多西方媒体恶意"误读"，引发了中国网民和西方媒体之间的激烈冲突。其实，绝大部分肇事者并不是定居在尼泊尔的藏族移民，而是原本生活在印度，奉了达兰萨拉指令穿越特莱平原进入尼泊尔的西藏"流亡者"。

如今，尼共（毛）对这些人采取了更加严厉的态度，不再只是抓了放、放了再抓，但特莱平原依旧是一马平川。尼泊尔政府受到财力限制和南方邻国的胁迫，依然没有对事关国家生死存亡的粮仓兼要塞实施有效控制，形同虚设的尼印边境为尼共（毛）政权的稳定乃至整个尼泊尔国家的前途投下了巨大阴影。

人才问题、印度教问题、特莱平原问题，这些只是新生的尼共（毛）政权面临的诸多挑战中的一部分而已。"普拉昌达道路"上荆棘丛生，加德满都一天停电16个小时，无可奈何的尼泊尔人开玩笑说，"正像我们的国旗图案那样，太阳和月亮是我们最好的朋友"；大量来自农村的贫民聚集在加德满都市郊，等待着政府兑现耕者有其田、居者有其屋的承诺……问题的清单可以一直开列下去，解决方案却寥寥无几。

上述问题中的每一个都可能影响尼泊尔的未来，然而最为关键的还是尼共（毛）的政策选择以及自身的发展演变。是坚持追求"人民民主政权"，还是接受目前的"联邦民主共和国"；是继续推进土地改革和社会革命，还是与联合马列甚至大会党携手合作建立一个"共产党领导下的资本主义国家"；是勇敢地捍卫主权和领土完整，还是避免惹怒南亚地区霸权引火烧身？普拉昌达要回答的问题，远比他在丛林的时候多得多。

尼共（毛）的答案将决定未来的尼泊尔政局。理论上，尼泊尔政局未来的发展主要有几种可能：（1）尼共（毛）保持执政地位，政党全部或大部分逐步"联合马列化"；（2）尼共（毛）发生分裂，一部继续留在政府执政，大部重回山林打游击，尼泊尔政局陷入动乱；（3）尼共（毛）领导的联合政府被外来势力推翻，"第二次人民运动"以来的成就付诸东流，内战再次爆发。

考虑到尼泊尔的社会经济问题将长期存在下去，而且尼共（毛）主体已经进城，放弃目前的和平道路在党内外国内外都将面临巨大风险，尼共（毛）最可能的前途是大部分"联合马列化"，即逐渐放弃自己的革命主张和暴力路线，成为另一个议会体制内的"民主共产党"。然而问题在于，即使尼共（毛）被成功地"体制化"，但只要超过全国人口80%的农民的土地问题得不到解决，出现其他更强硬更激进的新"共产主义政党"是迟早的事情。尼泊尔的红旗还能打多久，这不仅是个理论问题，更是事关尼泊尔命运的重大现实问题，不但考验着普拉昌达的政治智慧，更考验着他和他的同志们的政治勇气。

普拉昌达总理就要到中国来了，不知道在他离开北京踏上归途的时候，会否对自己的国家、自己的党、自己的事业更加有信心，希望如此。这不仅因为他是现在少数几个我们能在"总理"头衔后面加上"同志"的外国政治家之一，更因为他和他现在仍在孜孜追求平等和正义的同志们代表了这个被种姓制度桎梏了千百年的国度的未来。

2009年《同舟共进》第5期

新闻背景：2008年8月，尼共（毛主义）主席普拉昌达当选尼泊尔联合政府总理。

香格里拉：疲惫的红旗

就在几天前，我再次踏入了加德满都小小的特里不文国际机场。和一年多前相比，"香格里拉的国度"已经发生了翻天覆地的变化。享祚239年的沙阿王朝寿终正寝，尼泊尔成了世界上最年轻的共和国，从前的游击队领袖当上了首相，尼共（毛主义）的镰刀斧头红旗漫天飞舞……

然而，也有没发生变化的，每天长达10多个小时的停电依然如故，世界上水资源最丰富的国家之一的人民仍旧没有干净的饮用水可用，前"七党联盟"的高官谈起尼共（毛主义）来还是一副不屑一顾的表情。尼共（毛主义）执政4个月了，兴奋犹在、激情犹在、斗志犹在，然而，人们却可以从漫天飞舞的红旗中体会到一丝疲惫、一点无奈。

一年前，贾南德拉国王的王旗最后一次从纳拉扬希蒂王宫上空降下之后几天，我在《瞭望东方周刊》上发表了两篇文章，提出了举着红旗进城的尼共（毛主义）亟待解决、至关重要的5个难题。一年多过去了，就现在看来，这些问题一个都没有解决。

政权问题是第一个问题。作为新兴的共和国，尼泊尔的未来还在不确定之中。组建联合政府的两个领袖党派——尼共（毛主义）和尼共（联合马列）——貌合神离、龃龉不断。前者虽然提出要在共产党领导下发展资本主义，但坚持要将尼泊尔逐步由"新民主主义时期"带入"社会主义时期"；而后者认为尼泊尔的共和制度已经实现，呼吁当务之急是防止尼共（毛主义）"废除多党制度、否定民主价值"，没有参加政府的尼泊尔大会党则躲在一边窃笑，看着人类历史上第一个"两共产党掌权"的政府既没完没了地进行路线辩论，又忙着平息在大街上斗殴的双方支持者的怒火。还要再多等待一年，尼泊尔才会正式召开制宪议会，现在的问题是，加德满都的表面平静能否维持到那个时候？

经济和社会问题是第二个问题，尼共（毛主义）此前已经在自己的控制区内完成了土地改革，并向其他地区的农民做出了同样许诺。"第二次人民运动"胜利后，同样参加"人民运动"的"七党联盟"要求尼共（毛主义）将没收的土地发还给从前的所有者，如何处理地主财产问题成了尼共（毛主义）面临的两难困境，要么失信于农民，要么和大会党甚至可能还有尼共（联合马列）翻脸。是继续做普拉昌达同志，还是当比哈尔首相？土地问题已经成为检验尼共（毛主义）执政方略的一块试金石，而目前，尼共（毛主义）执行的还是"没有政策的政策"，根据地被没收的财产没有发还、新地区的土改也没有进行，貌似平稳，却导致了新地区农民和老根据地地主的双重不满。

印度教问题是第三个问题，应对这个问题，难度之大即使是意志坚定的普拉昌达同志也显得一筹莫展。一位在加德满都开设诊所的医生告诉我，不久之前，政府宣布尼泊尔最大最重要的印度教寺庙帕斯帕提那神庙（Pashupati Nath）变更住持，破天荒地任命了一个尼泊尔人担任被印度人长期把持的职位。消息传出，立即引发轩然大波，首相本人甚至接到了印度教极端分子打来的恐吓电话，还有人威胁要发动"100万"教众包围首相府，邻国印度也公开表态反对，最终尼泊尔政府被迫收回成命。对一个寺庙进行人事变动尚且如此困难，要想改变印度教在社会中的地位，又会有多难？尼泊尔的世俗共和国之路还很遥远。

对外关系问题是第四个问题，这个问题说穿了也就是和印度的关系问题，尽管目前双方还都保持着表面上的客客气气，然而，南部特莱平原上印度移民与当地尼泊人甚至尼泊尔政府代表的冲突却一刻都没有停止过，尼泊尔方面没有能力对边界以及边界己方一侧的大片领土实施有效的控制与管理，特莱平原既是尼印两国的火药桶，也是威胁尼泊尔领土完整的巨大挑战。

笔者曾担心的第五个问题，也就是"甲申三百年祭"问题似乎还没有产生，尼共（毛主义）的中央委员虽然穿上了西服打好了领带，但革命者的作风并没有出现明显的蜕变，对自己坚持了10多年的信仰依然表现出坚定和虔诚。当然，这可能和"普拉昌达同志"任首相只有短短几个月有关。

相应地，他的同志们也因此有权获得更多的时间。毕竟，他的事业还很年轻。这一点可以从加德满都大街上举着红旗的尼共（毛主义）共青团团员的脸上清楚地看出来,有年轻人的支持,有年轻的事业,这当然是值得高兴的,同时也未免有些令人担忧。从来没有执政经验的游击队员们是如何认识"政治意味着必要的妥协"这样一句话的呢?他们在妥协和坚持之间找到平衡了吗?

2008 年《同舟共进》

新闻背景：2008年3月24日，不丹举行国民议会（下院）选举，将首次通过选举产生议会民主制下的政府。这意味着不丹的政治体制将由延续百年的世袭君主制改为议会民主制。

"雷龙"民主化

如果61岁的尼泊尔国王贾南德拉此刻能和28岁的不丹国王凯萨尔·旺楚克会面的话，大概长辈会如是告诫新君："殷鉴不远，民主可不是个好东西呀。"在不丹两代国王的不懈努力下，"雷龙之国"的数十万选民就要再次走向投票站，不丹千年历史上第一个民选的国民议会（议会下院）的47名议员将在今天产生。3个月前，不丹第一个民选的皇家委员会（议会上院）已诞生。

当然，两位国王会面的场景永远也不会出现了，首先，尼泊尔和不丹并不接壤且素来不睦，尼泊尔王室不大可能关心不丹朝廷的国祚如何。其次，今年4月，便是贾南德拉陛下不得不告别龙椅之时。一年前尼泊尔皇家警察的皮靴败给了加德满都大街上示威者的草鞋，国王实际上已成为尼泊尔的一个历史名词了，贾南德拉陛下恐怕也没有心情替别人担忧。

最后，而且也是最重要的，旺楚克国王根本不会在乎贾南德拉陛下"龙意"如何。和贾南德拉国王7年前的做法截然相反，不丹王室多年来始终不懈地推动着这个喜马拉雅山小国的民主进程，有时甚至强迫不知民主为何意也对此不感兴趣的臣民接受成为公民的培训——为了完成国民议会选举，早在2007年，不丹就在国王的鼎力支持下举行过投票预演了。

的确，不丹现在引入民主制看起来是有些早。一般来说，只有王室在掉进火山口的时候，才会企图抓住民主化这一绳索爬上去。旺楚克的统治给不丹人带来了南亚很少见的稳定与和平，距离火山口显然还远得很。

不丹的政党也似乎没有为选战作好准备。候选人站在田间地头向民众发表竞选演说，手里连个话筒都没有，标语旗帜就更看不到了。这倒不是参选的两个政党拿不出这点经费，而是压根儿就用不着——反正也没有多少民众愿意放下活计站着聆听候选人的高论。民众对选举的兴致远没有国王浓厚。

不愿享受民主之福的不丹人是有理由这样想的,王国政府是世界上第一个将"国民幸福总值"(GNH)列为施政目标的政权,那已经是30多年前的事了。国王治下的不丹,人民平均寿命达到了64岁,和民主的印度持平;经济增长率达到两位数,居南亚之冠;人均GDP大约为1400美元,是印度的两倍。不丹人有什么理由要改变一个迄今行之有效的制度呢?

答案就藏在不久前禅位的老国王吉格梅·辛格·旺楚克陛下的心中。这位太上皇多次表示自己能保证是一个好国王,但无法保证此后历代国君都是好国王。君主制度好比华丽却易沉的邮轮,民主制度则是普通但不易翻的小船。避免有朝一日的沉没,这正是旺楚克国王们在推动民主化方面走得比自己的臣民还快的原因。

在一个只有4万平方公里且高山林立的狭小地域内发生的事情,照说很难对周边产生重大影响。但是不丹今天的选举却会在整个南亚次大陆的政治发展史上写下重重一笔。不丹民选议会的产生,意味着南亚次大陆全部七国的10多亿人民都进入或者返回了宪政时代。

尼泊尔和不丹两王国正在告别王政,巴基斯坦政党政治再度回归。数百年前,英属东印度公司的小小职员克莱武用大炮奠定了英国人在南亚次大陆的主宰地位,数十年前,蒙巴顿勋爵在新国家诞生的礼炮轰鸣声中黯然离去,结束了英国对南亚的统治,但英国的政治文化却顽强地留了下来,经过60多年的风雨,最终随着2008年3月24日不丹选举的举行,成为次大陆上所有国家共同的政治选择。从廷布到马累,从达卡到伊斯兰堡,南亚的民主拼图终于完成了最后一片。

这当然会让英国人高兴,也会让旺楚克国王感到振奋,但如果不丹王室指望着民主制度来临后,不丹可以继续沿着"国民幸福"的康庄大道一路向前,就未免有些过于乐观了。民主固然可以解决许多问题,但并无人能保证一次民主选举的成功就意味着历史已经终结,永远不会出现反复。

贾南德拉国王的绝对君主制就是建立在德乌帕民选政府的废墟上的。谁又知道出于忠君而走上民主道路的民众到底愿意为保卫和推动民主而付出多大代价呢?民主所需要的可不仅仅是一套制度安排。更为重要的是,即使不丹的民主和国王一样可以享祚万年,谁能保证民主衍生出的政党争斗不成为外部力量干预这个小小国度的武器呢?毕竟,不丹的独立自主在某种意义上来说,是打过折的。

2008 年 3 月 24 日《东方早报》

新闻背景：2008年4月10日，尼泊尔制宪会议选举举行。21日的统计结果显示，尼泊尔共产党（毛主义）在制宪会议选举中赢得的代表席位最多，但未能达到单独组阁所需席位，仍将与其他政党联合执政。普拉昌达率领的尼共（毛主义）曾长期领导反政府武装活动，尼泊尔因此陷入长达11年的内战，直到2006年11月底才实现全面停火。

准备好了么，普拉昌达同志

尼泊尔选举委员会网站的主页上，倒计时钟在不停地跳动着数字，提醒浏览者距离制宪议会选举还剩下多少个小时。香格里拉国度将在超日王历2064年春日进行选举。

在尼泊尔，40多个参选政党几个月来早已把竞选标语贴满了首都的宫殿庙宇和农村的瓦舍牛棚，尼泊尔的国王时代，早在第二次人民运动爆发之时便已经结束，今日的选举只是这场漫长王室葬礼的最后一声号响罢了。

不管以尼泊尔大会党为首的"七党联盟"赢得选举，还是尼共（毛主义）胜出，尼泊尔在大选后走向共和都已确定无疑，"民主共和制"同时出现在双方阵营的竞选纲领中，在将国王驱逐出尼泊尔政治生活这一点上，柯伊拉腊首相和"普拉昌达同志"并无异议。

"民主共和"并非当今尼泊尔两大政治阵营的唯一共识，双方还同时主张共和之后的尼泊尔将成为一个"联邦国家"。大会党的政纲中写道，尼泊尔将成为"多元主义基础上的联邦民主共和国"，"联邦省的划分将以民族一致性、地域自持能力、人口规模、自然资源与发展前景……政治和行政可行性为依据"。尼共（毛主义）则提出，国家将建立"三层政治架构"，即中央、自治的联邦州和地方实体，全国划分为11个联邦自治州和2个次级州，划分依据是"民族构成、地理、语言以及经济自持能力"。

当然，"联邦民主共和国"的共同理想并不能掩盖双方在其他方面存在的重大分歧：大会党主张总统由中央和省议会的议员间接选举产生，而尼共（毛主义）则要求总统直选。

选举方式的分歧背后则是两大阵营对自身力量的估计。大会党谙熟议会斗争，政党组织亦适应议会运作，自然希望行政大权归于议会；而尼共（毛主义）政党组织严密，领袖作用突出，更愿意相信人民在选择领袖时的眼光。

今日的制宪议会选举，将确认国家的联邦民主共和制原则，同时在是实行总统制还是议会制之间作出选择。这些重要问题之外，一个影响更加深远的问题被"悬挂"起来，留到了选举之后：尼泊尔如何消除事实上的两政权并立状态，实现国家政治经济生活一体化。

10多年前，国会议员普斯帕·卡马尔·达哈尔脱下西装革履，换上布衣草鞋，走入丛林，成为了普拉昌达同志。10年时间，尼共（毛主义）由政府眼中的一小撮"恐怖分子"变成了拥兵数万、占地千里的军事－政治集团，控制了全国的大部分农村。

虽然尼共（毛主义）愿意与大会党共商国是，但这并不意味着普拉昌达和他的同志们都已买好皮鞋准备进城做官。他们在农村的成功来自于土地改革，来自于他们给农民提供了一套完全不同于大会党等传统议会政党的政治－经济安排。两大阵营在这一方面的分歧其实远大于他们在总统和总理谁说了算方面的争论。尼共（毛主义）不会轻易放弃自己的农村根据地和基层政权，投票给他们的人民也绝不会让他们这样做。

实际上，"联邦"不过是对现状的承认而已，非如此不能把两个并立的政治实体拉到一个主权框架内，不给尼共（毛主义）根据地的地方控制权，就不会有双方的议员出现在同一座议会大厦内。当然，承认现实，先确认联邦的地方自治原则再来谈如何推行中央的整体政策，总比大家在会议桌上谈不拢重新用大炮来解决好些。

这倒不是说尼共（毛主义）非握着枪杆子不放不可。就算从前的游击队都进了城，只要尼泊尔的土地制度还是过去的老样子，农民们还会找到一个新的"同志"，让已经分裂了无数次的左派政党再分出一个武装派别替他们说话也不是不可能。

2008年4月10日《东方早报》

新闻背景：2009年年初以来，斯里兰卡政府对反政府武装泰米尔伊拉姆猛虎解放组织（猛虎组织）进行了前所未有的大规模军事围剿，最后将普拉巴卡兰及猛虎组织的残余势力围困在斯北部穆莱蒂武地区的狭小区域内。斯里兰卡军方2009年5月18日宣布，猛虎组织的最高领导人韦卢皮莱·普拉巴卡兰及多名高级将领当天被政府军击毙，"军方已收复斯里兰卡全境，所有军事行动宣告结束"。

虎 殇

"猛虎"组织的残余力量被斯里兰卡政府军围困在区区10平方公里的狭小区域内。科伦坡政府终于可以宣布经过30多年苦斗，总算放倒了盘踞在贾夫纳半岛上的那只"虎"。

1972年，当时只有17岁的维鲁比莱·普拉巴卡兰连同其他10多名泰米尔青年建立了名为"新泰米尔虎"的组织，其充满火药味的缩写"TNT"让人对这个组织的宗旨一目了然。1975年，亲科伦坡的贾夫纳市市长成为第一名命丧"虎"口的斯里兰卡政治家。10年之后，"猛虎"组织控制了整个贾夫纳半岛，斯里兰卡北方省这片状如虎牙的狭长地带成为了"猛虎"的巢穴。

1991年，"猛虎"刺杀了印度总理拉吉夫·甘地，只有20岁的泰米尔女青年塔努作为第一名人体炸弹进入了反恐史；1993年，斯里兰卡总统普雷马达萨连同24名保安和平民被炸身亡。在过去的几十年里，斯里兰卡甚至整个南亚次大陆人人谈虎色变。"猛虎"被称为"世界上运作最成功的恐怖组织"，不仅仅在于它是全世界唯一拥有海陆空三维武装力量的反政府组织，更因为普拉巴卡兰的部下打着"伊拉姆秘书处"的旗号已经统治了贾夫纳半岛许多年。

21世纪的最初几年，普拉巴卡兰控制了贾夫纳半岛裂土称王，"猛虎"声威达到顶峰。是"9·11"事件的发生帮助了斯里兰卡政府，科伦坡多年来持续不断但收效甚微的国际游说活动在"全球反恐战争"的旗帜下一举扭转了局面。大多数原本亲泰米尔人的西方国家转变立场，着手限制"猛虎"在泰米尔侨民当中的募集和宣传活动。"猛虎"被斩断了外援，此后数年，不过是普拉巴卡兰率领着自己的人马龟缩在贾夫纳负隅顽抗苟延残喘而已。

2008年下半年开始，先打赢了"外交战"的科伦坡经过长期整军修武，迅速攻入虎穴，作困兽斗的猛虎逐步被压缩到穆莱蒂武的一小片区域。到这个5月，已经没有人再会怀疑科伦坡即将取得"军事战"的胜利了。

大获全胜近在咫尺，难怪这一回科伦坡坚决不给外国的调停者面子。不论是总统在会见英国外交大臣和法国外长时的当面回绝，还是干脆不给瑞典外交大臣发入境签证，斯里兰卡政府传递出的信号非常明确：正如拉贾帕克萨总统所说，"我们没有与猛虎组织停火的计划"。在科伦坡看来，仗是一定要打到底的，不管别人说什么。

科伦坡的强硬自有其道理——30年来，斯里兰卡或主动或被动接受了欧美国家以及自己邻国的数度"调停"，每次都被"猛虎"所乘。

那么，"打到底"是什么意思呢？对于科伦坡，不给普拉巴卡兰一个"终结"，就不能算"到底"。而对于泰米尔分离主义者，普拉巴卡兰完了，高度集权的"猛虎"也就差不多完了。因而，至少在当前，"打到底"的"底"在哪里与普拉巴卡兰的个人命运息息相关。

普氏的命运无非是如下六种可能中的一种：自杀——如希特勒，给在战火中煎熬了太久的泰米尔人和僧迦罗人一个痛快的结局；投降——如贝当，把自己的命运交给凤敌任其摆布；战死——如项羽，大丈夫宁为玉碎不为瓦全，给泰米尔分离主义留下一个感召后人的传奇；逃跑不成被抓获——如萨达姆，结局参看第二个选项。

对于斯里兰卡政府来说，上述四种可能固然有差别，但都可接受。普拉巴卡兰的其他两种可能性可就完全不同了。其一，逃跑成功，藏匿在贾夫纳半岛继续与政府军为敌——如此斯里兰卡便无法宣布战事"到底"，仗还得接着打。其二，逃跑成功，转移到第三国——对于斯里兰卡政府来说，这是最糟糕的结局，意味着要和化身为"流亡领袖"、"人权斗士"、"自由象征"的前恐怖分子头目进行长期的胜负难定的外交斗争，军事战的胜利化为乌有。

或许正是出于担心两种可能性之中的随便哪一种成为现实，斯里兰卡政府才对所有的调停要求不屑一顾。在普拉巴卡兰已经被团团围困的情况下接受调停，只会对普拉巴卡兰有利。

这在科伦坡看来，是清楚而明白的，同样清楚而明白的是，100多年前欧洲诸强主宰世界的时候，没有他们的"同意"，世界上"连一次炮击都不会发生"。现在世界已经变了，他们能依靠什么迫使国土面积不过6万平方公里、人口只有2000万的小小斯里兰卡接受他们的"好意"呢？靠拒绝提供援助，靠表示失望，还是靠《纽约时报》空洞得近乎无聊的所谓"把交战双方领袖都送上战争法庭"的威胁？靠什么好像都不怎么靠谱。

2009年5月6日《东方早报》

第三篇　崛起发展篇

第八章　社会病：发展过程中的问题

第九章　爱国主义与民族主义

Chapter VIII

第八章 社会病：发展过程中的问题

不能总是比大

厕所这问题

美国神话之后是中国神话吗

燃烧的现代化

高飞的技术民族主义精灵

把真相摊在阳光下

被贫困，还是被富有

"云媒体"时代的挑战

奔跑不能迷失方向

我们为什么会受骗？

社会富贵病怎么治

瞒，骗，还是忘了告诉你？

历史的背影不可删除

权力的二次污染

自我迷恋的"毒源"

长子们，拿出点儿大哥样

> 新闻背景：今年中国GDP真的能赶超德国吗？——这是整个2007年下半年中国上下一直在期待答案的一个焦点话题。2007年7月19日，中国国家统计局公布的经济数据显示，2007年上半年，中国GDP增长率为11.5%。很多分析人士预计，如果全年保持此增速，2007年底，中国将取代德国成为仅次于美国和日本的全球第三大经济强国。中国舆论由此掀起了一股热切期盼之声。

不能总是比大

据说"2007年中国取代德国成为全球第三经济国已无任何希望"，原因在于欧元对美元的升值速度远远超过了人民币。而且"如果欧元继续跑赢人民币，则2008年中国第三经济大国之梦还要延后"——花旗银行的人这么说。

耐人寻味的是，这件事情不论是在德国还是中国，都没有太多人注意。对于德国来说，因为欧元高速升值没什么好高兴的。普通的德国人固然可以因此买到更便宜的商品——这样说的意思是不算飞到美国的机票钱，但德国企业对非欧元区的出口也因此面临极大的挑战，毕竟大多数人的购买动机与冯氏电影中"只买最贵，不买最好"的那个精神病有所区别。更重要的是，德国人早就不跟别人比数量了。

比较本来便是人类的天性之一，而且没有人真的愿意给别人当绿叶作陪衬。中国人尤其如此，尽管我们总是把谦虚和内敛当作自己的美德，然而我们却未必担得起这个名声。看看没完没了的各类"10大"、"10佳"、"10强"评比便知道我们并没有那么淡泊名利；想想我们的孩子还在幼儿园便开始制作简历，便不难体会我们这样一个民族是多么在乎"比较"这回事儿。然而在没能跑赢德国这件事情上，我们的反应却出奇的平静，似乎和德国比而输之倒没什么了不起。

可以将我们的淡然处之归因为首先这个命题本身不一定成立，不过是币值换算的数字游戏而已，就像此前的中国与意大利之间的比较一样；其次，这很可能只是暂时现象，德国的 2.38 亿欧元并非高不可攀。然而，这些只不过是表明原因，更为重要的是经过 30 年的改革实践，我们现在已经知道，比选择谁作参照物更重要的问题是选择什么作参照系。

30 年前改革开放刚刚启动的时候，我们总是和自己比，用 20 世纪 80 年代初的中国和 50 年代去比，像个在墙上划道道的孩子一样比自己又长高了多少。固然这种纵向比较是为了振奋民族精神，其实也是没有办法的事情。那时候我们对外边的世界知之甚少，甚至不太知道应该比什么，而且确实没什么好比的，比我们还困难的国家数量实在有限。即使是现在早已消失得无影无踪的民主德国，也远非我们能比得了的，那个时候和联邦德国比，实在是有些自不量力。

上世纪 80 年代末到 90 年代中，我们不再满足于和自己比，持续 10 年的高速增长使我们有了和别人比的一项资本——比速度，那个时候尽管我们依然没有资格和德国之类的国家比总量，然而一则我们已经超过了许多其他人，二则正在以前所未有的速度追赶那些领跑者，对"8%"这个数字的崇拜便始于斯时。不过，与别人比速度也只能勉强算得上横向比较，因为我们仍然是在比谁更快长高，而不是谁长得高。

进入 21 世纪，仅仅比速度已经不能让我们感到自豪，中国开始真正和别人横向比较，而且是和世界经济的第一集团比。我们既然已经超过了老欧洲除了德国以外的所有国家，德国成为我们的参照系也就是顺理成章的事情了。

从纵向到横向，尽管由于汇率的变动，和德国比，我们暂时还处于下风，然而进入争夺探花的行列本身便足以成为我们的骄傲。

不过就在这个时候，我们发现原来别人早就不再比这个了——人家关心的是质量，而不是数量。正因为如此，对于在后边紧紧追赶的中国，德国并没有感到太大威胁。就质量——不论是经济增长的质量，还是普通百姓的生活质量——而言，德国人显然还没有必要担心被中国超越。我们即将超过的不过是他们不太在乎的数量而已，增长指数对他们已经无所谓了，他们看重的是"幸福指数"。

和胖子比高、和高个比胖是没有意义的，所幸现在我们也已经知道这一点。

10年前曾有人将中国的经济奇迹归因为"增量改革"战略的实施,即不问三七二十一,先把蛋糕做大再说。这在当时肯定是对的——现在也不能说不对,然而只比别人的蛋糕大已经不够了,还要考虑我们是不是用比别人用了更少的面粉、更少的燃料,还要想着明天我们是不是也能做出这么大的蛋糕,而不是今天就把家里的所有面粉都扔到锅里去。

从和自己比,到与别人比,30年来参照物的变化,固然是一件颇为可喜的事情,然而更可喜的是参照系的变化。虽然我们在新的参照系下面所处的位置并不比30年前旧参照系下的位置好太多,中国仍然是一个依靠数量取胜的国家,然而只要我们知道应该转换参照系,在新标准下重复一遍30年来的奇迹便不是不可能的。

从这个角度来说,花旗银行专家的话说得有些过时——今年还是明年超过德国,有什么要紧呢?当然,花旗银行的专家不是唯一需要换换脑筋的人,我们当中也不是所有人都明白比大比多已经不再是游戏规则,否则就不会有人愿意出钱修几十公里长的水泥龙,或者放几千米长的炮仗了,什么时候中国人不再用这些来申请吉尼斯世界纪录,那个时候新的参照系才算站得住脚了。

2008年1月22日《东方早报》

> 新闻背景：2008年7月17日联合国公布了一个关于全世界厕所问题的报告。事实上，发展中国家之所以不是发达国家，不仅是因为造不起航天飞机和导弹防御系统，还因为发展中国家的相当一部分人口根本没见过什么是抽水马桶。

厕所这问题

2008年是"国际环境卫生年"，这是由联合国和世界卫生组织在去年11月21日确定的，那一天刚好在当年的"世界厕所日"之后两天。

"世界厕所日"？不是开玩笑，这个日子和"世界读书日"、"国际禁毒日"一样严肃得不得了，甚至意义更加重大——无论是文盲，还是文豪，是缉毒警察，还是瘾君子，都不能不去厕所，而且每天都要去。仅此一点，便足见厕所的重要性了。

然而遗憾的是，根据联合国上周四公布的报告，厕所是一个实实在在的"大问题"：每天全世界有25亿人没有干净的厕所可用，其中12亿人只能在天空的注视下解决自己的生理问题。仅在南亚次大陆就有7亿多这样的男女老少，大部分在印度。

这可真够自然主义的，是吧？什么样的田园风情画愿意展现这一部分内容呢？实际上，这一"不文明"现象的普遍存在已经让在地面照得出人影的五星级卫生间中如厕的"文明"行为变成了宗教意义上的一桩罪恶。

不能说国际社会对这个问题漠不关心，联合国、世界卫生组织以及许多国家都为向贫苦人民提供清洁环卫设施付出了巨大努力，只是似乎无论怎样努力，成就总比挑战小而已。

就纯粹的数字来说，这一点是很难理解的。因为在中国青海偏远的大通县，用300多万元人民币修建了无害化卫生厕所3695座，受益人口达1.74万人，平均每人成本仅为172元人民币，才20多美元。按照这个数据计算，为全球25亿人提供清洁环卫设施，总共需要投资500多亿美元。这个数字只相当于2007年美国军费开支的1/10都不到。

早在冷战时期，我们就常听人们说，要是把造一枚导弹的钱省下来就够全世界的穷人如何如何的。但是，这种道义上很高明的说法实际上却是不折不扣的白日做梦。因为没有一个国家的政府会允许自己的军队把钱花在给别国人民修建厕所上，而且他们的作为或者说不作为是有道理的——清洁厕所不会比国家安全更加重要。那些负责制订国家安全政策的人尤其会这么想，当然原因不只是他们都已经有清洁厕所可用了。无论如何，指望着世界各国政府从别的地方挪出一笔预算来解决这个问题实际上是不可能的。

此外，就算地球上任何一人距离某一清洁厕所都不超过 500 米的奇迹出现，也不意味着这个问题得到了彻底解决。厕所维护起来是需要追加投资而且不怎么可能产生回报的。那 12 亿"自然"到了极致的人所生活的社区拿什么支付这笔开支呢？要知道他们的烦恼可不止这一件事情呀。

由此看来，厕所还会继续作为一个同样是全球化的问题存在下去，有些让人感到悲观。然而这就是现实。一个厕所问题，至少会告诉我们两件事情：

第一，发展中国家之所以不是发达国家，不仅因为我们造不起航天飞机和导弹防御系统，还因为我们中的相当一部分人口根本没见过什么是抽水马桶。想到这一层，包括中国和印度在内的所有"新兴大国"或许还是更谦虚些好。当然中国的情况要好于印度，东亚人口当中只有 3% 没有厕所可用，而南亚是 48%，但就是这 3%，考虑到人口的绝对数值以及中国人在全部东亚人口中所占的比例，也不是一个可以忽视的小问题。

第二，要解决这个问题，还得依靠发展中国家自己。洞爷湖发生的事情很感人——有钱的国家纷纷表态要解决环境等问题。厕所问题和全球变暖问题之间还存在着极大区别：前者只是发展中国家的问题而已，而后者不但主要是发达国家造成的，而且也会使发达国家自身受害。因而，或许发展中国家可以指望一下发达国家在全球变暖问题上提供资金和技术扶持，但不能指望太多。他们给的资金从来都不多，而技术大多是要钱的，并且还很贵。

而厕所问题，发展中国家要想指望发达国家来帮忙，那可能真要等到美国五角大楼不知道拿数千亿美元干什么用那天了，毕竟发展中国家的穷人没有厕所可用不会成为发达国家选举中的一个话题。正应了那句很阴损的话——厕所，总是要亲自去的。

2008 年 7 月 22 日《东方早报》

新闻背景：金融危机一年间来，中国经济的一枝独秀也引发了中国神话论之风劲头十足，此风当然也吹向了2009年9月召开的达沃斯论坛。不过，在此论坛上遭忽悠的中国人不妨将眼光投向彼论坛——世界经济论坛，在真实的数据里找寻正确的方向。

美国神话之后是中国神话吗

20世纪初，英国和老欧洲大陆曾风靡过一本关于世界大战如何不可能爆发的著作。作者的立论是由于欧洲各国之间的经济联系是如此紧密以至于任何一个国家都不可能冒断绝与其他列强贸易的风险而投入战争。这本洋洋巨著出版后仅仅1年，第一次世界大战爆发。这本书和它的作者从此成为人类那段辛酸历史中少有的引人发噱之处。

一年之前，全世界也曾流行过相当多的学术或通俗著作，阐释美国的金融衍生产品如何强大如何开创了全球经济新纪元。这些著作如今的命运恐怕不会比一战前那本倒霉的预言书好太多，获得再版的可能性同样微乎其微。

金融危机一周年了，和次贷等金融衍生品一道被埋葬的是美国经济模式的神话。现在已经没有多少人还能自信满满地鼓吹美国模式的正确性，遑论唯一性。然而对具有普遍意义的模式的追求仍是我们这个物种的思维惯性之一。特别是在普遍恐慌的气氛下，对美国神话替代方案的找寻与渴望更被赋予了额外的心理安慰功能。于是，随着美国模式神话的沉沦，中国模式神话在世界的东方冉冉升起。在一些人——最近的一位应该说是达沃斯论坛的当家人——看来，中国神话正在准备完成对美国神话的替代。

可是，让我们仔细地探寻一下这个中国神话的真实吧。在《世界经济论坛2009-2010年全球竞争力报告》中，综合排名全球第29位的中国在全部110项排行细目名列全球首位的只有1项，前10位的只有6项。而对于一个国家的未来具有决定性影响的教育和创新能力方面，中国分别排在第61位和第26位。促成中国排名逐年上升的主要原因仍是我们市场规模的不断扩大。越来越大显然不是一种模式，充其量是某种模式的一个结果。

这当然不是主张中国不应该强调自己的模式，甚至唱衰中国模式这回事，因为中国的的确确地走出了一条不同于西方的道路。然而，中国模式不是、至少现在还不是对主导全球经济秩序半个多世纪的美国模式的替代方案。不论是从我们现有的实力而言，还是我们发展道路的独特性而言，都是如此。现在还不是谈论我们的道路是否已经成为或者能否应该成为别人的模式的时候。

金融危机的确改变了我们许多——我们购买汽车的习惯、我们对舒适住房的理解等等，但有一点是还没有发生改变的，那便是由美国最多再算上欧洲来掌控全球经济并进行定义的这一基本生态。奥巴马刚刚批准了轮胎特保案即是一个例证，美国在高喊应对危机的国际合作同时依然高高抡起了保护主义的大棒。匹兹堡峰会即将召开，美国和老欧洲他们数月前在伦敦没有找到办法，但是不是一定意味着现在已经轮到了我们——中国、印度、俄罗斯和巴西以及其他呢？

在回答这个问题之前，至少有一个问题是需要预先澄清的：他们是真找不到办法，还是装着找不到办法来让我们多出钱？

在金融危机一周年之际，或许我们更应该居安思危，而不是被一个新的泡沫迷糊了，让一个新的神话忽悠了。危机尚未过去，中国尚需努力。

2009 年 9 月 14 日《国际先驱导报》

新闻背景：2009年11月13日，成都市金牛区城管执法局对其认定的"违章建筑"进行强拆，为了阻止拆迁，唐福珍在楼顶天台自焚。唐福珍，女，金牛区天回乡金华村人，曾被区委妇联评为女性自主创业模范，2009年11月29日晚11时许，医治无效死亡，当地政府将其自焚事件定性为"暴力抗法"。

燃烧的现代化

自焚的唐福珍在医院挣扎了16天，还是死了。

那栋她试图用生命保卫的"违法建筑"如今仅余残迹，用不了多久就会消失得无影无踪。成都城北大天污水处理厂将会"正常运行"，金新路也会"全线贯通"，唐福珍的房子给"当地群众的生产生活和交通出行带来不便"的局面将一去不返。

就算这些金牛区政府的上述自辩理由既冠冕堂皇又言之有据，人们还是会不禁问一句"值得吗"？用生命换来的"正常"还能算是正常？诚然先哲有云"不语怪力乱神"，但金牛区政府难道真的一点都不担心某个坊间传说会从此徘徊在污水厂上空？比如说走夜路时会看见一团刺眼的火焰在街边升起？

当然，21世纪了，现在没有多少人还相信我们敬天法祖的传统，更别指望用这种涉嫌迷信的东西吓唬住那些拆迁公司和他们的幕后主使了，因为他们有一个可以横扫一切的理由——现代化。

小区开发、道路升级、工业园建设，这些年来，打着现代化旗号的大规模建设在中国的每一个城市和乡村方兴未艾。漫天尘土中高楼大厦拔地而起，尽管很多困守蜗居的老百姓只能望楼兴叹；厂房林立，拯救世界经济的奇迹就在机器轰鸣中照进现实，尽管我们也因此使自己成为了排放巨头。

金融危机期间，我们被很多国家看做是拯救经济的救星，甚至在电影中，"中国制造"已经成了人类的最后希望。然而，现实中的"诺亚方舟"并非建立在喜马拉雅山麓，而是诞生在响彻九州的机器轰鸣声中。

没有人反对现代化，除了那些一厢情愿幻想在古老东方保持千年田园牧歌传统的欧洲养老金领取者（或者说是领取养老金的欧洲），但是问题在于我们究竟要一个什么样的现代化？在我们的现代化之路上，要拆掉多少栋房子？破坏多少亩田地，要有多少个唐福珍被碾在"前进"的车轮下？

上海、南京、青岛、赤峰，从金融中心到三线城市，不止一个成都的现代化进程因此而蒙羞，用"自我劫持"对抗暴力拆迁不起源于"暴力抗法"的唐福珍，也很难说会结束在"处置失当"的钟长林。唐福珍不是"前进"的落伍者，而曾是当地招商引资的楷模。这可真应了那句俏皮话"长江后浪推前浪，前浪死在沙滩上"，"前浪"尚且如此，那些在死水微澜中沉浮的平头百姓又当如何——深更半夜被"拆迁公司"破门而入，架起来扔到大街上？难道我们要的就是这样的现代化？

更为重要的是，用这样的方式我们能实现现代化吗？试图用一句"处置失当"开脱责任的金牛区政府懂得什么叫做现代化吗？他们知道用错误方式是不可能解出正确答案的吗？他们是觉得用 170 万补偿款拆掉价值 800 万的房子是一笔划算的买卖，还是觉得靠暴力就可以保证人民的"正常生活"？再说一句诛心的话，谁能保证他们的目的真的是为了当地人民的福祉？

我们要现代化，我们希望拥有现代化的道路，现代化的污水处理厂，但我们也要一个现代的法治社会，要拥有尊重人民生命权利的城管执法局及其背后的公共权力，我们要一个知道自己的前进需要代价并且敬畏这种代价的现代化进程。

再过 20 年，不会有多少人还记得唐福珍，大天污水厂可以夜以继日地为一个清洁的成都服务，然而，万一锦官城的孩子们问起这座现代化污水厂的来历，我们这些大人可该怎么回答呢？

2009 年 12 月 7 日《国际先驱导报》

新闻背景：2009年12月26日，武广高速铁路开通运营。

高飞的技术民族主义精灵

一个精灵，技术民族主义的精灵，在发展中国家上空徘徊。

828米，迪拜塔不是东京电视塔，用不着再追加高度以防被广州电视塔之类的后来者超越；反卫星武器，印度国防首席科学家说印度卫星和火箭技术已经进步到可以开发卫星杀手技术；武广高铁，到底是飞得太低还是跑得太快，这并不是辩论的焦点，卖得是否太贵才是；还有连接日本韩国和中国的海底隧道，还有，还会有……

曾经有一家著名的体育用品品牌的广告语是"我能！"这句振奋人心的二字箴言对于阿联酋、印度、中国以及其他许许多多发展中国家来说，早已不止具有奥林匹克意义。追求更高更快更强的赶超思想深深地浸透在我们这些曾经的落后民族的血液当中。

"技术民族主义"（Techno-Nationalism），用美国太空专家琼·弗里泽-约翰逊的话来说，也就是国家"用技术来塑造高度感和力量感"正在成为发展中国家的思维定势。这已经不是什么新现象了，包括我们在内的发展中国家不断用让西方人瞠目结舌的技术奇迹证明自己的现代化成就，就像100年前西方人在他们之间进行的相互证明以及向东方世界所作的炫耀一样。风水轮流转，现代技术加东方财富让我们越来越扬眉吐气，东方的楼越来越高越来越亮，东方的车越来越大越来越快。现在还有什么人记得多伦多电视塔、纽约帝国大厦的高度呢？

尽管技术民族主义并非冷战后新兴工业国家的专利，更不是谁发明了汉字的无聊辩论，而是工业文明以来人类久已有之的观念，而且曾为推动人类的技术进步作出了重大贡献。然而，20多年来技术民族主义在发展中国家的大行其道与技术的功能性本质却距离越来越远，技术奇迹逐渐成为了一种炫耀，一种象征。技术这一现代化的工具变成了现代化本身。不止一个发展中国家拥有了现代化的某些象征就以为跨入了现代化，就俨然成为了一个大国一个强国。在追求更高更快更强的过程中，我们"忘记"了发展中国家和发达国家的差别不在于谁能建起迪拜塔，而是谁的技术更具有公众可获得性或者说普及性。

技术的要义在于，不断让过去只有极少人能享有甚至是仅存在于少数人幻想当中的科学奢侈走入寻常百姓家。发达的定义是让亨利八世和大明成祖嫉妒现在的一个普通上班族。

这个定义意味着在追求技术进步的过程中应该坚持的一项标准是，看某项技术能否最终身价降低到普通公众能够承担的标准。当然这并不是说航天员在很长一段时间内只能是极少数人的职业，就不应该发展太空事业，载人航天科技在其他领域的衍生应用早就走入了千家万户，实际上，航天恰恰是最具公众可获得性的一项先进技术。不过，反卫星技术不在其列，这是因为第一它并不先进，已经有40多年历史了；第二它很危险，一定会引起地缘政治和技术连锁反应；第三它没有任何公众可获得性，也并不会为国家安全作出多大贡献，因为一个敢于动别人卫星的国家自己的卫星一定也保不住！

或许有人会争辩说，技术给一个民族带来的心理激励作用同样具有极强的公众可获得性，因而只要我们的公众超过半数因为某项成就而自认为已经成为强国的大国民，这项技术投资就是值得的。

这种技术民族主义的似是而非的论调恰恰是发展中国家应该要提防的陷阱。我们没有那么多钱花在巨大的心理激励实验上，我们更应该集中精力让技术女神从神坛上走下来，而不是奉献更多的香火去膜拜她。在现代化道路上，我们同样应该应用短板定理——现代化水平的高低不是由最长的那块桶板决定的，哪怕这块板可以高到800米或者快到时速300公里，而是由最短的那块桶板决定的，也就是我们的民生产品质量、居民实际生活质量、社会管理质量、法制建设质量……

当技术民族主义精灵高飞制造出一种梦幻的强国色彩时，我们应当回想起拿破仑那句著名的对皇冠权杖的定义——它们不是"皇权的象征"，只不过是"皇权的附属品"。一个新工业强国好比拿破仑，技术犹如无上的帝国权力，而高塔高铁不过就是炫目的皇冠。

2010 年 1 月 15 日《国际先驱导报》

新闻背景：2010年3月17日《中国经济时报》刊发记者王克勤经长达半年的调查取证采写的，题为"山西疫苗乱象调查"的深度报道，称近百名儿童注射疫苗后或死或残，怀疑与大量疫苗高温暴露有关。山西省卫生厅回应称报道基本不实。3月21日，卫生部8人专家组抵达山西协助指导当地开展调查工作，次日山西省委宣传部召开的新闻发布会为时10分钟基本维持山西卫生厅的说法。

把真相摊在阳光下

有的时候经过了一些事情，行走在阳光下也会变成一种折磨。我们不知道山西交口县回龙乡的那位两个孩子的父亲每天早上是怎样面对刺眼的阳光的。"我的大儿子碰上问题疫苗，小儿子碰上毒奶粉"，这是一份怎样的苦楚悲凉。这位老乡和我们每一个普通的父亲一样，原本只是希望给孩子一个健康安全的成长环境。

阳光是无辜的，它不知道连续几个月的照射会让西南五省赤地千里，它也不知道那些个小小的安瓿只要接受它的温暖哪怕短短一天，原本用来预防疾病的疫苗就会变成致命的毒药。山西的近百名孩子在接种了疫苗后非死即残。

当然，或许这一切可能只是那个叫做王克勤的记者编造出来的，可是人们会更愿意相信他，而不是那些把前来反映问题的孩子家长推倒在地的人的说法。3月22日，山西省卫生厅用了10多分钟召开情况说明会。即使王克勤发表的是满篇瞎话，然而，面对近百名孩子长达3年的伤痛、百余个家庭余生的苦痛煎熬，用几百秒钟的官样文章来应对就足够了吗？

或许山西卫生厅的确有可供自辩的理由，又或许假以时日事情真相不像我们群情激愤时所认定的那样，但无论如何，一场官员和记者都认为"不可以这样子"的情况说明会只能被认为是又一次地方政府危机公关的失败。而这样的失败人们早已见怪不怪了，如果不是因为这一次受害者是百多个天真烂漫的孩童,滔滔舆情是什么滋味山西地方官员还未必能尝到呢。

时至今日,很多人还是孜孜以求地要在这种事情上创造奇迹,捂盖子依然是不少地方部门惯用的手段——需要说明一点,惯用并不等于善用。捂了三年,还是要被翻开来晒在阳光下,何必呢?

重视舆情欢迎监督这样的话说了好多遍,"谘诹善道察纳雅言"这样的古训背了好多年,武乡侯说过的"这么简单的道理"怎么就是搞不懂。难道一票官员还顶不上一个诸葛亮?当然,那些在镁光灯前露了一下脸的大员及胥吏的"愤怒"是可以理解的,因为他们很可能并不是疫苗事件的直接责任人。即便如此,这也不成为当一切水落石出之后淡忘他们的理由。

不久前因"十不知"而名满天下的某局长已经下马下课且复下岗,咎由自取人心小快辩无可辩,但其实此公还算得上"诚实",至少态度上要比横位怒目训斥记者"礼貌些"的某大人"老实"些。或许是因为"十不知"自知矿难已发丢官罢职在所难免底气已泄,而另外一些人与疫苗事件之间绝对清清白白,自觉受了记者的委屈,勃然一番原本也是可以理解的。

但发话者难道不记得每个小学教师都教过"不知道别瞎说"吗?一边是命在垂危的孩子,伤心欲绝的家长,白发人送黑发人的沉痛,那黑发甚至还只是胎发,用什么样的言论能说服人们"没有聚集反应"?就像再怎么动听的辞藻也无法让我们相信"睡觉""喝开水""躲猫猫"都是非常危险的事情一样。

我们要建立行之有效的监督机制,这套制度不但要能够有效地管住罪恶之手,也得管住妄言之口。在法庭上公然扯谎叫做妨碍司法公正,在人民面前顾左右而言他又该叫做什么?胡锦涛主席指出媒体要"在弘扬社会正气、通达社情民意、引导社会热点、疏导公众情绪、搞好舆论监督和保障人民知情权、参与权、表达权、监督权等方面发挥重要作用"。然而,我们的一些本应为人民服务的地方政府、公共部门却视人民的知情权、第三方的监督权为无物。

温家宝总理曾引用过王安石的一句诗"不畏浮云遮望眼",是的,在阳光注定要照到的地方,任何掩饰都是更明显的暴露,不过是一线浮云,其诡谲奇异只会使公众的注意力更加集中到浮云下面暗藏的污垢上去。

截止到本报发稿时,消息传来,山西省政府专门就疫苗事件召开记者会,并紧急组成专家组对有关儿童的病例进行逐一分析,以进一步明确其病例是否与接种疫苗有关。而 23 日下午，受害孩子的家长向警方报案，要求查出对他们进行短信威胁的人……

但愿疫苗事件的真相尽快摊在太阳底下，但愿权威第三方乃至司法问责尽早介入，但愿屡屡受到拷问的医疗监管能够发展健全。

但愿近百名孩童的生命代价能够唤醒一部分沉睡的良知。为了孩子，不要让疫苗事件一次次不了了之，毒奶粉的罪恶一次次重演。

2010 年 3 月 26 日《国际先驱导报》

新闻背景：印度中央政府计划委员会委托的一个独立调查机构修改了经济参数，使得印度的贫困线以下人口（BPL）增加了几乎整整1亿，贫困人口比例骤然增加到37%以上。

被贫困，还是被富有

贫困在我们这个星球上的任何一个国家里都是普遍现象，按照诺贝尔经济学奖得主麦克法登的说法，人类还没有发明可以平均分配财富不让穷人产生的制度。这很遗憾，但事实就是如此。不过，事情的积极方面是自20世纪以来，地球上的绝大多数政府都把消灭至少是减少贫困作为自己最主要的职责之一。尽管人们早已认识到均贫富的乌托邦性质，然而这一点丝毫也不会影响到减贫的道义高尚性和政治必要性。

尽管如此，在如何减少贫困方面，各个政府采取的策略或手段却相去甚远。最近从喜马拉雅山南边传来了一条耐人寻味的消息。印度中央政府计划委员会委托的一个独立调查机构按照政府意愿通过修改参数使得印度的贫困线以下人口（BPL）增加了几乎整整1亿，贫困人口比例骤然增加到37%以上。自1970年代以来印度"穷人"不断减少的趋势一夜之间被终结。就数字而言，曼·辛格率领的国大党政府一下子使印度减贫斗争的成果倒退了十几年。

为什么作为经济学家的辛格要把9000多万印度人重新归类为"穷人"？原因在于新公布的《印度食物安全法》要求政府以优惠价格（不到市价的一半）向贫困线以下家庭每月出售35公斤大米或小麦。修改贫困线指标显著增加了印度政府的预算负担，同时也显著减轻了2000多万户印度低收入家庭的财务支出。当然，此举绝非印度政府有钱没地儿花，而是因为一年来印度粮价上涨速度过快，按照旧标准已经脱贫的那部分低收入人群恩格尔系数重新变大。

然而，无论如何，人们都要钦佩印度政府至少在这件事情上的诚恳态度，以及从中折射出的在减贫问题上严肃认真不搞"政绩工程"的立场。让一亿人"被贫困"是需要政治勇气和财政实力的。10年来印度已经习惯了"崛起"的美誉，承认自己国土上将近四成人口生活在贫困线以下，这对于印度政府来说并不容易。此外，为解决"被贫困"的这部分人口，印度政府所要支付的经费远远超过全体政要向各自选区的穷人派发粮食红包的费用，而公共关系效果其实是一样的。

无独有偶，喜马拉雅山的这一边也采取了同样的政策。中国住建部频出组合拳打击投机性住房的同时，相当多的地方政府在中央政策的指引下，正在大力加强针对所谓"夹心层"的保障性住房的建设。许多有条件的地方也正着手逐步扩大社会福利体系的覆盖范围和保障力度，从医疗城乡一体化到养老保险标准的逐步提高，再到户籍制度在用工及福利领域作用的下降，中国的社会保障体系建设在努力使绝对贫困人口下降的同时，也在向提高"夹心层"民众的生活水平方面倾注更多力量。

有人将对他者的帮助分成两个层次，即"一等关切"和"二等关切"，如果说前者意味着拯救一个饥肠辘辘的孩子，需要100美元，而后者则意味着使大量民众生活的困顿在程度和范围方面均有所改善，可能需要100亿美元，并且被帮助者人均还得不到100美元。这个数学模型最恰当不过地说明了"一等关切"和"二等关切"之间的关系。"一等关切"要让某些具体的儿童不至于因饥馁而夭折，从而可以通过孩子重现的笑脸而让我们的良知获得平静，但其实并不需要社会支付更多成本。相比之下，"二等关切"着眼于让更多的人享受到经济发展和技术进步带来的好处，看不到任何戏剧性效果，而任何政府，不管多么财大气粗，其成本都不是可以忽略不计的。但是，让大多数人享受到发展成果却最终能让我们所在的城市和乡村的大街更加宁静。

对于印度和中国这样的"崛起"国家来说，认识到这二者理应享有同等地位是非常重要的。首先，逢年过节给"五保户"送去一桶油、200块钱固然也能帮助一些具体的不幸者，但绝不是解决贫困问题的最佳方案。况且，如果能让更多的中低收入阶层民众生活压力更小，显然会使这部分人——无论如何，这部分人肯定是任何转型社会的多数——的创造力得到更多发挥机会，从而使他们也能从社会保障体系的受惠者成为施予者，最终有利于特别不幸的那部分人。最后，更加关心改善刚刚脱离了贫困线的低收入阶层的生活，甚至使他们"被贫困"，还可以防止一个社会陷入"被富有"的浮华和虚荣当中。毕竟，一个"被富有"的社会,往往也是一个暗流涌动的社会,这样的社会,表象上,甚至是事实上的高效率并不会自动修正在文章最前面提到的人类的那个"智力"缺陷。

2010 年 4 月 29 日《国际先驱导报》

新闻背景：2010年4月29日，中国国务院新闻办官员表示，截至目前，中国网民人数达到4.04亿；互联网普及率达到28.9%，超过世界平均水平，使用手机上网的网民达到2.33亿。

"云媒体"时代的挑战

几天前，有关部门发表信息称，中国网民总人数已经超过4亿，其中手机上网人数在2亿以上。看到这条消息，不由得想起了网民们一度奉为经典的《大话西游》里面唐僧的一句台词，"好大的一朵棉花糖啊"——4亿人组成的一朵媒体云，能不大吗？而这朵云已经形成并快速覆盖在受众、传统（主流）媒体以及媒体监管部门的头顶。

在百度上搜索"云媒体"三个字，只有区区4500条结果，而且绝大部分链接都是无关信息甚至是垃圾信息。新时代的到来总是这样的，它在发出第一声啼叫的时候并不会有多少人明白这是一个时代的开始，直至多年以后人们的记忆里，那声啼叫才会被记录为石破天惊的呐喊。"云媒体"这个自"云计算"引申出的概念——就像六七年前的"网络民族主义"一样——很快就会让我们见识到它的威力，实际上云媒体时代早在这个概念被提出和论证之前就已经到来。

云计算的概念是透过网络将庞大的计算处理程序自动分拆成无数个较小的子程序，再交由多部服务器所组成的庞大系统经搜寻、计算分析之后将处理结果回传给用户。透过这项技术，网络服务提供者可以在数秒之内，达成处理数以千万计甚至亿计的信息，达到和超级计算机同样强大效能的网络服务。而云媒体的革命性质其实远远超过了云计算所提供的平台本身。

所谓云媒体时代就是依托互联网形成的信息提供者和信息接收者的一体化时代，任何人都能向网络发布信息，而网络则能自动将有关信息进行整合分类，并实现信息的交叉处理，在公开辩论的情况下达成社会共识，从而为接收者提供从背景到过程再到周边参考信息以及主导性结论的完整信息链。

我们早已进入了互联网时代，云媒体时代和互联网时代之间尽管没有明显的时间界限，但网民数量的剧增还是为人类从互联网时代向云媒体时代跨越提供了从量变到质变的推动。长期以来，互联网一直在被以管理传统平面及广电媒体的方式管理着，但随着网民人数的几何式增长，传统的管理方式在效果上已经不可能达到目的，其曾经"有效"的时期实际上也只不过是推迟了云媒体时代的到来，而不可能防止云媒体的最终降临。

主流媒体在互联网时代之前曾长期垄断了信息的发布功能，尽管这一特权在互联网时代已经被削弱，但真正被颠覆还是在云媒体形成之后。主流媒体曾经可以轻易地凭借着自己的技术和制度优势将网络信息斥之为不经验证的、个人感受的、片面的以至于虚假的，但现在云媒体的每个单元都获得了强大的信息获取和验证能力——这要感谢手机上边那个小小的摄像头，获取第一手信息的可能性远远大于主流媒体。对于受众来说，第一手信息在可信度方面意味着什么是不言而喻的。

而且云媒体下信息提供者几乎不可能是单一的，这就意味着信息会反复遭到其他提供者的交叉验证，从而使得云媒体时代下说谎成为一件非常困难的事情。云媒体信息真实性的增强对主流媒体的"权威性"构成了巨大的威胁，而这恰恰是主流媒体之所以成为主流的关键所在。

其次，主流媒体的另一项主要本领是塑造"主流"观点。而这一地位也会随着云媒体的到来而遭到动摇。话不说不清、理不辩不明，主流媒体作为信息发布者，在提供辩论平台方面存在着巨大欠缺，而这恰恰是云媒体的最长项。曾有人质疑互联网辩论的严肃性，或许是的，但只需要通过简单的反垃圾留言过滤插件将所谓"顶"、"沙发"之类的无意义跟帖过滤掉，人们很容易发现主流价值观依然具有强大的生命力，很少有什么网络辩论最后形成的是乖张怪异的论调。

无论是涉及天下兴亡的国家大事还是有关某人不适当裸露身体的花边风月，社会共识在网上和网下的一致性是相当高的，并不存在网络民意和社会风尚的严重背离。当然，网络民意可能很直接，但主流媒体语言下的社会风尚可能也很虚伪。谁更受公众认可，其实很难说。至少，为网络民意的"导向"问题而夜不能寐有些杞人忧天，相应地，由此而强调主流媒体的地位理由也就略嫌不足了。

　　那么，这是不是所谓主流媒体即将没落了呢？恰恰相反，在一个云媒体时代，拥有更强大技术资源和信息处理能力的主流媒体能有更大作为，只要它们肯放下身段，不再摆出唯我独尊的教训人口吻，承认自己也不过是媒体云中的一小朵。这一小朵就会比一个个水分子发挥更大的作用。如何才算是承认自己并非媒体权贵呢？只要做到不说假话不说废话，也就是说人话说真话。

2010 年 5 月 6 日《国际先驱导报》

新闻背景：2010 年怪事横生：这边厢"杀人犯"赵作海坐牢 11 年后"死者"突然出现；那边厢竟也有人闯进幼儿园见人就砍；有的官员斥责媒体到底为谁说话；有的地方争当西门庆故里……

奔跑不能迷失方向

互联网时代的"坏处"之一是人们无法再闭上眼睛假装身边的世界无限美好：有人会丧心病狂到对懵懂幼童举起利刃，有人会半夜明火执仗把别人房子拆成一片白地，有人会一本正经地用"拆错了"为前一伙人辩护，有人正在偷偷摸摸地向卖给别人的食品当中添加他们自己绝对不会吃的东西，还有人言之凿凿供认杀死了的受害者会在 11 年后"转回"故乡……难怪有人说如今是一个"大家都有病"的时代。

我们犯了什么病？信仰缺失？道德沦丧？精神空虚？拜金主义？都对，但为什么我们会犯这些病？我们不是礼仪之邦吗？我们曾经有过坚定的信仰、崇高的道德、不屈的精神，我们崇拜的是不爱财的文官、不怕死的武将、为民请命的读书人、舍生取义的大英雄。怎么现在从我们嘴里冒出来的却全是"为谁说话论"、"水黑论"、"拆错论"，还有"抓错论"？

即使乱云飞渡一如现在，我们的孩子也是这么念书的：大成至圣先师云"君子不成人之恶"——就是不要帮黑心的地产商辩护；亚圣曰"幼吾幼以及人之幼"——也就是说别用刀砍人家的小孩。可是我们这些大人又是怎么做的呢？圣人有云，"非其鬼而祭之，谄也"，媚都谄到西门庆身上了，我们主宰的这片土地距离礼仪之邦的确远了些。

无可否认，30 年前当我们迈步开始奔跑的时候，我们身上背负了太多太重的负担。为了跑向一个美丽的目标，我们在整整 30 年当中几乎一刻都不曾停歇过。为了能跑得快些再快些，我们不断地卸下包袱，然而有些重量对于一个民族能够脚踏实地是必需而至关重要的，扔掉了最基本的良知和最厚重的传统，我们不再是有目的的快跑，而是无方向的飘飞。

任何人都不可能在连续奔跑30年后心理和生理都还能一如平时。血压升高、心跳加快、呼吸急促，意识判断力也随之下降，这就是我们这个民族眼下的病症，常年的快速奔跑使得我们产生了巨大的精神压力：有人凭借着跑在别人前面而沾沾自喜保持表面上的理性，而实际上无时无刻不在恐惧着后来者的追赶以及先前被他们超越时无情踩在脚下的失败者的抱负；有人为了跑得更快些而大把大把地服用兴奋剂并且把因为不良反应而产生的呕吐物连同药品包装一道扔进我们的河流湖泊；更多的人则眼看着别人一路绝尘而去心中愤愤不平，其中有些人如同患上了"旅途性精神病"转身拿起了菜刀匕首……

"想用适得其反，用爆发，用一个恶劣的最坏的结果，用杀人，用血流成河，来证明错不在自己，把责任都推到对方和世界身上。"这段话像不像某个幼儿园凶手的心理素描？像，但不是，这句话出自几年前的刘震云小说《我叫刘跃进》第28页。小说家言，其精准的预见性却不禁令人毛骨悚然。

曾经有一种说法是，一个社会只有其大部分成员都生活在紧张状态下，经济发展才有效率，因为各种层次的生活压力会使人不得不为了保住或提高社会地位而努力工作，从而提高整个社会的竞争力。理论上很对，但由于全社会范围不分男女老幼的集体紧张会导致怎样高昂的社会支持成本？计算的时候可别忘了把学校门口头戴钢盔配备催泪瓦斯的警卫算上。

30年的高速奔跑后，中国人的"民族集体紧张"是在为经济发展提供动力还是造成阻力已经成了个值得探讨的话题。

有人曾经用压力转移来试图解决紧张焦虑的问题，也就是为全民族因为高速奔跑而导致的紧张情绪找到外部指向目标进行宣泄，就像当年的德国和日本。后来的事情，世界史记载得很清楚了。我们显然不可能重复那条必然导致灾难的老路。而且由于我们的"崛起"是建立在外部环境友好这一假设前提上的，我们不可能通过引发外部冲突否定这一前提而保持目前的"崛起"战略。

那么我们便只能尝试进行自我诊疗。而要实现自我诊疗，首先就要承认我们自己出了严重问题，承认"大家都有病"，而不能再继续粉饰太平，躲在社会形势总体良好之类的漂亮话儿后面自欺欺人；更不能讳疾忌医，用环境成本巨大的所谓经济增长成就来沾沾自喜。面对多达三分之二的社会底层（也就是倒丁字型社会结构的那一横），喋喋不休我们的生活是多么的幸福，那不但是一种虚伪，更是一种残忍，而这种残忍几乎注定是要引发反弹的。

只有我们坦率地承认我们的发展已经失去了方向感，我们正在毫无目的地快速飘飞，我们才能镇定下来，为自己重新定位，为发展重新确立目标。我们得知道一个民族的每一天和每一个人都同样重要，一个人更不能成为另一个人的垫脚石，今天更不是用来给明天当祭品的！

我们要摸着石头过河，我们更得扛着石头过河，因为那石头上有我们的孩子，有我们的祖先，还有我们的尊严。

2010 年 5 月 20 日《国际先驱导报》

新闻背景：把自己包装成"中医食疗第一人"的张悟本称自己的食疗方法治愈了糖尿病、高血压、心脏病甚至红斑狼疮等疑难杂症。2010年2月做客湖南卫视《百科全说》节目后，其知名度迅速提高，一度成为京城最贵中医。《把吃出来的病吃回去》一度成为全国畅销书。

书中宣扬的"绿豆治百病大法"引发市场绿豆涨价。后食疗理念遭到专家质疑。其本人自称的"中华中医药学会健康分会"理事、"中国中医科学院中医药科技合作中心"研究员称号，被上述两家单位指认子虚乌有。

我们为什么会受骗？

用吃不死人治不了病的绿豆和茄子骗人的张悟本是可恨的，那么多人轻易就被这个"无本"郎中骗到是可气的，而时至今日几乎没有人相信张悟本会是最后一个被曝光的江湖庸医则是可悲的。

张神医被褫去华衮之后，公众自然要问是谁该为"绿豆保健"这样一出闹剧兼悲剧负责，贪财无良的张神医本人，还是毫无操守的大众媒体，抑或尸位素餐的监管部门？其实，真正应该反思的正是我们自己。

北方有一句俗语正好可以用在张神医案例上，叫做"吃一百个豆不嫌腥"，用来描述那些总是在同一个地方跌倒的人。这些年来，我们到底出过多少个江湖骗子？恐怕谁也说不清。游方郎中里面有土产的标榜祖宗神方的、有舶来的兜售玄妙科技的，五花八门不一而足，但其手法却万变不离其宗，无非是鼓吹用简单得不能再简单的发明或发现攻克了正规医术常年无法解决的疑难杂症，突破了现代科学的边界解开了人类健康的密码。解放前北京天桥卖大力丸的扎个宽腰带瓮声瓮气地吆喝着表演刀枪不入的神功，现代的江湖术士却是在镜头前一个个温文尔雅道貌岸然，但他们之间到底能有多少区别呢？

在现代科学与传统文化的双重包装下，经过江湖郎中的如簧之舌，红高粱、紫茄子、白开水、绿豆子皆可入药均具神效。结果就是芸芸众生不论学位高低财富多寡居庙堂或者处江湖都犹如过江之鲫一般纷纷投在各路"名医"门下，只为了求得一张祛病健身的"良方"，哪怕方子上写的不过是些茄子绿豆也如获至宝地捧回家中遵照执行。

如果说被骗一次是天真，被骗两次是轻信，被骗了这么多次，难道是因为习惯了？倘若如此，这该是我们民族多么可怕的一种习惯！而为什么我们居然会有这样的习惯？就根本而言，排除了科学常识的缺乏；再排除正规医疗保健系统的缺陷——诚然，这将是一项很大的排除，必须承认，我们的医疗资源好的太贵而便宜的又太差，可供老百姓选择的实属有限；恐怕还有一个原因要向我们这个民族的整体心理意识去寻找。

我们总是说勤劳是中华民族的传统美德，用勤能补拙是良训、一分辛苦一分才来教育我们的孩子，但如今我们表现出的却是对走捷径、抄近道的强烈偏好。我们在理性上明知道健康的体魄只能靠适当锻炼和均衡饮食获得，却迷信能把"吃出来的病吃回去"之类的胡言乱语，觉得喝一碗绿豆汤这样一个简单动作就能解决生老病死的大问题；我们在理性上明知道任何一项经济活动都不可能让所有的投资者全体暴富，我们却如醉如痴地全民炒股，结果全民被套牢；我们在理性上明白要想人前显贵就得人后受罪，想成"角儿"只能靠清晨站在料峭寒风中吊嗓子摆云手扎马步，却纷纷投身快男超女指望着靠荒腔走板的嗓子几张尺度豪放的照片一夜成名——管它成的是什么名。

为什么我们会如此相信自己能靠走一条没人走过的小路抄到别人前面去？为什么我们不再相信成功只能靠恒心与毅力获得？这实在是一个很难回答的问题，可能是因为过去30年我们跑得比什么人都快，让我们对自己的体力信心满满；也可能是因为我们长期沉醉于"中国人全世界上最聪明"这样一种听上去很鼓舞人心实际上没有任何实证甚至稍嫌种族主义的传说，觉得别人要辛苦一辈子而我们只要努力一分钟；还可能是因为我们的确看到了一些人靠着抄近道跑到别人前面，便觉得自己也能并且应该依样画葫芦——至于这条近道是不是意味着作弊我们并不介意。

在对自己速度、智力的自我崇拜以及在此基础上产生的对逃避规律的信心的驱使下，我们开始寻找神话，如果找不到，我们就自己制造一个。中国这30

年快速奔跑就被很多人有意无意地当作了一个神话。旁观者看着我们的最近30年惊呼"这是个神话",作为一种修辞方式,我们能够理解,甚至可以感到高兴。但是我们不要忘了,这30年的奇迹恰恰是我们脚踏实地汗流浃背一步步跑出来的,不仅没有走捷径,而且绕了很多弯路,也和神话没有任何关系。何况我们现在能不能算得上成功,其实还很难说。所以,还是让我们继续脚踏实地别相信什么神话了,要知道,一则神话是人类童年时代的产物,而我们已经长大了;二则鬼话也都是披着神话外衣的,比如说神医们的满篇鬼话。

2010年6月3日《国际先驱导报》

>新闻背景："宁愿坐在宝马车里哭泣，也不愿坐在自行车后笑"成为2010年语不惊人誓不休的"经典语录"。来自北京的平面模特马诺在江苏卫视《非诚勿扰》里的言论，令人们无法接受的似乎不是早已有之的"拜金主义"，而是如此赤裸裸的公开的拜金。

社会富贵病怎么治

"富贵病"，30年前的中国没有多少人会担心这类病，而后来随着物质生活越来越富足，担心得这类病的人越来越多。通俗地说，这类毛病就是人吃多了大鱼大肉，患上了高血压、高血脂等等。

现如今，"社会富贵病"也已成了一个全民现象，连面朝黄土背朝天了五千年的农民都不能免疫。

在我们这个社会普及的"富贵病"，呈现出五花八门无奇不有的症状：这个社会的儿童不推着童车去玩耍而拽着拉杆箱去幼儿园学外语练提琴、少年长大了以后不要当科学家而要当贪官、青年"宁愿坐在宝马车里哭，也不愿坐在自行车后笑"、中年花上几十亿忙着争夺哪里才是大流氓和大圣人的故乡、老年则去生吃茄子猛喝绿豆汤……

这些症状虽不能说全部属于我们这个民族，却多数专属于我们这个时代——一个"大家都有病"的时代。

我们社会患上的也可以被称为"富贵病"，正是因为几乎所有奇谈怪论的背后都可以闻到金钱的味道。然而，我们能把教育失败、法治缺位、道德崩溃、贫富悬殊、文化畸形等等都算在金钱账上吗？

其实，财富以及对财富的追求并不是所有这一切光怪陆离的幕后推手。一个人想变得富有，这原本不是毛病；一个社会的多数成员想变得富有，同样不是毛病，而是社会前进的动力。逐利的欲望作为人性最本质的组成部分之一蕴含着巨大的能量，没有这种欲望以及对逐利欲的鼓励，任何社会都会沦落为失去了燃料棒的核反应堆，冰冷而毫无生气。一个不鼓励其成员变得更加富有的社会所能产生的怪力乱神其实一点也不会输给今天的这个时代——我们也曾经历过一个那样的时代，而且距今并不遥远。

我们的病因并不是由于这个社会存在着巨大的逐利欲望，而是因为我们对这种不久前被唤醒的欲望完全不作约束，默许甚至鼓励这种欲望的指向成为这个社会衡量一切的唯一标尺。

当财富成为唯一可计量的标准时，所有人都会开始奢望凭借着财富取得高于其他人的地位，包括社会尊严和政治权利。这才是我们真正罹患的重病——"因富而贵病"，太多人想当富豪而太多富豪想当贵族的病。

我们不能反对提倡富有，但我们必须反对因富而贵。我们是人民共和国，在这个国家，人或有贫富差异但不应有贵贱分别；在这个国家，允许有富人不许有贵族，否则我们的市场经济就只能沦落为赤裸裸的强盗经济。

我们如何才能做到这一点？靠教育民众？可是我们的学校到处都打着培养"精英"、"淑女"和"贵族"的旗号；靠弘扬道德？可是我们的地方政府不惜用40亿来给一个880年前的老夫子祝寿，让这位夫子的"存天理灭人欲"变成了一面酒肆招牌；靠健全法制？可是我们的法官在忙着用法律武器为自己争取当兼职煤矿老板的利润。

之所以这一切都靠不住，是因为很长一段时间以来，我们太多地方太多部门的公权力习惯了对财富奴颜婢膝！

当我们的地方官开始公然在大街上刷下类似"谁和招商引资为难就是和全县人民为难"的标语时，所有的怪现象就都不难解释了。选择了站在财富一边的公权力保证这个社会多数成员利益的可能性能有多大——哪怕公权力在为财富保驾护航时打着的是维护人民利益的旗号？

我们要治富贵病，只能从切断富和贵的关联入手，而做到这一点，首先取决于我们的公权力。我们的公权力要像保护富人一样保护穷人，也要像保护穷人一样保护富人。不保护富人，我们的富人会带着他们的财富离开这个国家，不保护穷人，我们的富人和他们的财富早晚有一天会被愤怒的穷人所吞没。

归根结底，公权力是裁判而不是球员。我们的社会也和足球场上一样，要想有干净的球员，必须先有干净的裁判。

2010年6月17日《国际先驱导报》

>新闻背景：2010年上半年，煤矿事故频繁登录各大媒体的头条，平顶山煤矿事故、王家岭煤矿事故……成了困扰中国煤矿业发展的头等大事，而对此痼疾，一些地方官员却依然在习惯性的欺瞒中得过且过。

瞒，骗，还是忘了告诉你？

一位心细的妻子在丈夫钱包里发现了"来源不明"的50块钱，丈夫说："发票中奖，我忘了告诉你。"这个理由显然是成立的。但如果不是50，而是500，对于大多数工薪阶层家庭来说，丈夫的行为就很难用"忘了告诉你"来搪塞了，而是已经涉嫌"瞒"，即把事实真相隐藏起来不让别人知道。倘若丈夫明明拿了1000块花红，却告诉妻子仅得了500，这就不能只是用"瞒"来描述其行为的性质，"骗"才是更合适的定性。

为避免引发争论危害家庭安定团结的大好局面，我们并不推荐家庭主妇兼职福尔摩斯。不过，走出家庭小天地，放眼社会大环境，讨论一下"瞒"、"骗"以及"忘了告诉你"之间的关系还是很有必要的。既是因为类似的行为在我们这个对诚信已经很陌生的社会当中越来越常见，更是因为其中的界限越来越难以分辨。

现在会说"忘了告诉你"可不只是想存一点私房钱的男人们，地方官员也会"忘了告诉"纪检部门自己的老婆孩子已经移民加拿大了；航空公司会把航班延误的一部分乘客拉到宾馆然后"忘了告诉"他们，另一部分拒绝去宾馆的乘客不久后已经起飞了；也有不说自己"忘了"的，核电站会说发生的事故很轻微，根本没必要告诉别人。

我们并不是说这些"忘了"或者"没必要"背后都有什么不可告人的动机，的确可能是忘了，或者确实根据有关规定"没必要"。然而我们也经常发现很多"忘了"的情况经过公众对知情权的不懈追求，会让我们看到"瞒"甚至是"骗"这两个字。

比如说煤矿所在地方的安全主管会在矿难发生后倾向于首先选择三缄其

口，然后再百般抵赖，实在顶不住了才表示出了一点问题，最后则不得不承认问题很严重声称要严肃处理。但往往到了那个时候，自己也会被列入"严肃处理"的行列当中。这个过程要多长呢？从两个月（平顶山煤矿）到五年（大同煤矿）不等，也许还有更长的，只是人们没发现。

"忘了"原本是人之常情，只是现在有些人的记性实在太差，"忘了"的事情实在太多，人们才开始怀疑原本没有主观故意的"忘了"，正在成为主观上很故意的"瞒"甚至很恶意的"骗"的开卷语。相当多的地方政府部门和工商企业在发生某些会导致有些人"下马"另一些人"进去"还有一些人先"下马"再"进去"的事件后，第一反应不是上报，甚至不是提供救助，而是先瞒再骗，能瞒多久瞒多久能骗几个算几个。"堵住！"——可不是堵住矿井地下喷涌而出的水，而是知情人的嘴，甚至还要蒙上受害人家属的眼睛。

愚弄公众正在成为或者说已经成为很多地方官员和企业老板的惯性思维。这样的事情发生多了，在公众看来，"忘了"、"瞒"和"骗"之间的关系也就模糊起来，一个社会的诚信体系随之轰然倒塌，而且砸了在许多无辜公众的头上，包括得肺病的、喝牛奶的、打疫苗的、下矿井的……

对于老板们来说，"忘了"是正常的，"瞒"和"骗"倒也不足为奇。老板们的不诚实是可以用风险分析模式解释清楚的。瞒住了骗过了，万事大吉；就算被戳穿了，反正自己经营的也不是什么百年老店，老婆在美国儿子在英伦情妇在澳洲，狡兔三窟，何必考虑瞒骗会不会影响企业的信誉，只要东窗事发之前甚至之后来得及跑路就行了。

而对于某些政府官员来说，逻辑其实是一样的，特别是那些所谓"裸官"们。但是，有些政府部门甚至也养成了集体瞒骗的习惯就让人有些费解了。

近些年来不断有地方因为担心伤害投资环境影响社会稳定而要"以大局出发"决定不让公众知道某些事情，可能其中有那么一次两次的确瞒过去了，但支付的是政府公信力不断下降的代价。

那些地方政府可能并非存心骗人，其动机也和留一点私房钱大有不同，不过这并不能使这种"善意"的瞒骗和医生拒绝向心理脆弱的病人透露真实病情等同起来。因为：第一，政府无权不信任自己的公民；第二，怀疑是可以累积并且扩散的，一旦人们开始怀疑某个地方政府对某件事情的说法，就很难不让他们开始怀疑这个地方政府的全部政策、行为及解释甚至开始质疑整个公权力体系;第三,常识告诉我们,诚信不可透支,而透支诚信的后果有多严重,童话《狼来了》早就告诉了我们。

2010 年 6 月 24 日《国际先驱导报》

新闻背景：语文教材的"改革"，删除大量经典文章。

历史的背影不可删除

《背影》因为父亲违反交通规则穿越铁道而被建议从课本中删除，《鲁提辖拳打镇关西》因为过于血腥暴力而被建议删除。上网用"课本"加"删除"联合检索一下，搜索结果居然达57万条之多，我们的语文课本看来是得改改了。

当年清朝学子蒋衡有感于西安碑林《开成石经》出于众手，书杂又失校核，"慨然以为《十三经》自任，凡八十余万言，阅十二年而成。装潢成三百册，五十函"。如今《十三经》石刻有些字句虽已经湮没在历史的尘埃中，但蒋衡总算尽了一个读圣贤书的士子的责任，名垂千古万世敬仰。

时至今日，语文课本——推而广之，中国的任何一中学课本，都早就没有了《十三经》的权威和神圣，只不过是用来保证国民教育依法完成的必备工具罢了。动一下课本实在算不上什么惊天动地的大事儿，建议增删无非是动动嘴皮子而已，谁都不太可能因为对语文课本的内容变动产生过影响而像蒋衡一样在历史上给自己找到一页安居。可偏偏就有许多人愿意在课本上动脑筋打主意语不惊人死不休，于是《背影》、《鲁提辖》纷纷成了读书人奋力而向的"死老虎"——朱自清先生早已仙逝，施耐庵更是作古太久，谁都不会起来再和某教授某学者计较自己作品进入语文课本的资格问题。

其实，倒是不必太在意这些发自"民间"的刀斧铿锵声，甚至不必去追寻作论者到底是出自何种动机。对于明眼人，一看就知道必然胎死腹中的所谓"学术"建议，严肃地讨论始作俑者到底是出自学术良心还是别的什么东西，实在没什么必要。老实说此类见解，最大功效恐怕也只能是让作者的名字以一种不太令人愉快的方式被更多人记住罢了，而且还是暂时的。唐僧教导我们说："悟空他要吃我，只不过是一个构思，还没有成为事实，你又没有证据，他何罪之有？"

我们真正要担忧的是那些已经从课本中消失的文章以及更为重要的，这些文章消失的原因。在某些地方，民间传说《牛郎织女》因为存在诱惑蒙童早恋之嫌已经被从小学课本中删除；在更多地方，报告文学《包身工》也从中学教材中消失了，原因没人肯说，也亦发令人猜疑。

难道说，从什么时候开始我们面对自己的孩子已变得如此没有自信？有人居然怕他们读了鹊桥相会就去拉邻座小女生的手以及其他？又或者，有人居然怕他们看到了包身工"芦柴棒"的故事就能联想到，那个在被诱骗到山西黑砖窑里的、又被包工头强迫劳动和殴打致死的农民工刘宝？

我们是如此热爱自己的孩子，以至于我们想让他们在与世隔绝的真空无菌状态下成长。我们是如此傲慢，居然认为我们有能力让孩子们只看见我们希望他们看见的东西，我们又是如此胆怯，居然不敢面对课本那薄薄的几百页。无论是需要大张旗鼓论证其删除主张的"专家学者"，还是不置一词就可以让课本翻天覆地的公权力，种种表现折射出的都是同样的怯懦。

我们对现实社会必然存在的某些弊端的担忧甚至导致我们在踩到历史投下的背影时都心惊胆战。只不过到底让我们害怕的是孩子们，还是我们自己？而我们又是如此愚钝，居然忘记了在网络时代孩子们学习信息获取新技术的能力远远超过我们这些已经不记得自己当年的中学语文课本都写了什么的"大人"。

修改课本，有本事改得成的或许是想帮忙，只能动动嘴皮子的只能算是帮闲。我们当然要给孩子们营造一个没有疾病的环境，但这只能从控制疾病着手，而不是把我们的孩子们关在玻璃房子里面不让出去。我们是应该多读读文言文了，至少应该把《周子通书·过》列入中学教材，因为周敦颐在里边说了"今人有过，不喜人规，如讳疾而忌医，宁灭其身而无悟也"。

2010年7月8日《国际先驱导报》

> 新闻背景：2010年7月3日，福建省上杭县紫金山铜矿发生铜酸水渗漏事故，9100立方米的污水顺着排洪涵洞流入汀江，导致汀江部分河段污染及大量网箱养鱼死亡。污染事故发生在7月3日，而直到7月12日，上杭县政府才正式通报这一事故，瞒报9天。

权力的二次污染

福建上杭紫金山铜矿污水池的渗漏至少造成了两起污染，一起污染的部分受害者是滚滚流淌的汀江水、沿岸的千万百姓以及大小养鱼场里面的378万斤鱼，另外一起污染的则是民众的受害者耳朵甚至智商。

紫金矿业有关高官表示，是因为担心引起当地民众恐慌，才未及时披露事故信息，"维稳为重"，好高尚的理由！为了"维稳"，连上市公司的最基本行为准则《证券法》都可以置之度外，紫金矿业宁愿去承受肯定高达数亿元之巨的罚款。在商不言商反倒管起了本该当地政府部门负责的安定团结问题，看来公司总裁罗映南不该因为违反《证券法》和《污染防治法》而受到制裁，反倒由于具有非同一般的"大局观念"而应该得到表彰。

或许正是因为有了罗映南的"高风亮节"，才有了上杭地方政府的"慷慨大度"。上杭的公权力动用数以千万计的公共财富以每斤6元人民币的价格向水产养殖户收购死鱼，然后深埋作无害化处理。让我们如何能不钦佩上杭地方官的"以人为本"呢？上杭官员的迅速行动安定了养殖户的民心，也体现了对纳税大户龙头企业的保护，一举两得，应该算得上是地方政府应对工业污染导致生态灾难的范例了吧。

接下来，公众甚至还听到了上杭县防疫站副站长关于"毒得死鱼的水对人无害"的高论。这番高论让我们对污染者和公权力关于汀江污水的所有表态都产生了怀疑并在怀疑之后出离了愤怒。

不知道傅副站长喝不喝汀江这条他自己的母亲河的水，但我真的很想像美国电影《永不妥协》里面朱莉娅·罗伯茨扮演的艾琳一样倒上一杯"出现一点点颜色"的水请副站长同志品尝一下。他敢在父老乡亲面前端起水杯吗？

这两天，越来越多的具体信息被披露出来，紫金矿业和上杭政府官员之间的灰色利益链条逐渐清晰，傅副站长之流以及当地诸多位更高权更重的公仆令人瞠目结舌的言论也随之变得容易理解，无非是被铜金污染了的公权力的行使者在为污染者摇唇鼓舌罢了，只不过其开脱之辞实在过于拙劣才沦为对公众的二次污染的。

上杭官员和紫金矿业之间被生生演成一场闹剧的双簧会怎样收场其实不难想象，打着"维稳"旗号试图将当地群众和全国全世界投资者的利益对立起来的把戏，终究是不会有人买账的。差别只是紫金要失去票子而官员会丢掉位子。事情到了这一地步，似乎重新回到了人们早已熟悉的地方污染事件的"正常轨道"——污染事件发生，企业宣称怪天怪地就是不怪我，地方政府官员出面辟谣兼"维稳"，公众舆论大哗，调查随之展开，然后真相大白，原来是公权力中的少数人被黑心商人收买，再然后就是一批企业停产整顿一批官员应声下马，事件随之平息，直到某某人易地做官的消息再次稍微刺痛一下我们已经有些麻木的眼球。紫金矿业的逻辑似乎也在朝着这个方向发展。

然而是不是每一起污染事件都是因为污染者在污染山川河岳之前首先污染了公权力的代表者和行使者？倘若如此，问题倒似乎简单了许多——我们防止环境灾难的努力便等同于抓公权蠹虫的除虫行动。但是，恐怕全国上下大量"金山银山"染黑"青山绿水"现象的背后并不只是公权力的某些行使者的贪欲在作祟。

实际上，染黑了碧水抹黑了蓝天并不只有那些和污染者沆瀣一气的国家蠹虫，还有——甚至可能更多——真的相信"水黑论"的公仆。他们或是要保增长从而保稳定，或者是图政绩进而图官阶，未必都在某矿某厂兼了那么一官半职，却和那些脏了手的官员一样听任污染者为所欲为。

当年抛出"经济越发达水越黑"的海口市水务局符副局长抛出的"水黑"高论和傅副站长的"铜说"虽说有几分神似，但其实并不是一回事儿。透过傅同志之"雷"，让人闻到了上杭地方政府在处理紫金灾难时处处以"铜"为先的那股子铜臭味儿——那股子味道是很刺鼻的，因而至少在理论上容易消除，而符同志之"雷"，人们感受到的却是地方公权力在不作为并且懒得为自己不作为找借口的黑色幽默。这等舌灿莲花的土偶木梗清除起来可就没那么容易了。

就在这两天,大连的船漏了1000多吨油,而千岛湖水混进了数不清的废矿渣。若是这两地的官员也和上杭诸公们一样手脚不干净,事情倒好办,国有国法,各得其所,也只好各安天命。但倘若他们的手没那么不干净呢?倘若这两起污染事件只是纯粹的自然灾害或工业事故,也就是无心之失呢?我们还要不要一查到底毫不姑息?这事儿说起来还和做起来一样容易吗?但愿吧——以那池有点甜的湖水的名义。

2010年7月22日《国际先驱导报》

新闻背景：中国发展出了可能是全世界独有的自信。这种自信正在成为我们这个民族血液中本来没有的自大和自傲，正在像毒品一样逐步侵蚀我们的理智，污染我们的内外环境。

自我迷恋的"毒源"

　　改革开放30年的巨大成就，在使我们享受到了前所未有丰富的巨大物质财富的同时，也几乎不可避免地让我们沾染上了前所未有严重的"骄"、"娇"二气。

　　我们不再"谦虚"——首尔算什么？东京又怎样？连纽约巴黎都快输给咱们的北京上海了，至于罗马和莫斯科的幽远风情，算了吧！我们才不在乎呢，其实连西安和昆明都拆了重建一遍在我们看来也没什么。

　　我们不再"含蓄"——即使是我们在为"和平崛起"辩护的时候，亦往往是照本宣科把"中国还是一个发展中国家"之类的理由念上一遍，别人有没有听进去，我们不知道，好像也不太在乎。

　　我们也不再"容忍"——谁敢批评我们，我们就算不当场翻脸，也会在国内媒体上刊登大段文章指责别人发出"反华"妄言。

　　别人说我们咄咄逼人动辄"展示肌肉"，我们说别人不承认我们已经崛起这一既成事实；别人说我们战略意图不透明，我们说别人搞不懂什么叫作"韬光养晦"；别人说我们应该更加注意环境问题，我们说别人刚污染完了地球就来对我们正当的发展权利指手画脚实在虚伪……近年来我们已经养成了这样一种思维定势：全世界都在误读我们。

　　诚然，在中外互动中，"外面的世界"既无知有时也确实充满恶意，但我们自己真的毫无问题吗？就算我们在意图上确实毫无问题，态度上呢？我们多数情况下的态度对于我们澄清别人的误读是起积极作用还是产生消极影响呢？要消除别人故意或者无意的误读，用更高的调门回击是不是最好的方式？

　　当然，这绝不是说我们在面对非议非难乃至刁难时应该沉默不语或者笑脸相迎，我们应该勇于发出声音，敢于面对争执，乃至善于"以牙还牙"，比如在南海问题上，当我们面对两个从前不共戴天的敌人的联手发难时，毫不含糊地回应就是我们最好的甚至是唯一的选择。

但是我们也要看到，多数情况下，我们在应对外界的误读时表现出了前所未有的强硬，而这种强硬的背后是我们在30年高速发展后形成的对自己独特性的心理认知。悄然间，我们对自己主要成就的自信逐渐变成了对全部变化的自信，甚至是自我迷恋。

在国内，我们认为能够靠警察和拆迁队同时保证社会稳定和经济增长，我们相信我们的环境和资源能够无限制地为经济奇迹提供物质基础，我们甚至相信会毒得死鱼的水对人无害。我们开始相信自己是独特的——既然只有中国能在30年里创造出如此令人震惊的经济成就，那就一定存在着我们现在只是还说不清道不明的"中国模式"。

相应地，在国际舞台，我们大力宣扬中国能实现和平与崛起的并行不悖，甚至开始执拗地要别人放弃"强者必霸"的逻辑，改信我们的善意——尽管400年来的国际关系史记录的是全然不同的内容。

实际上，我们实现"崛起"的方式并不特殊——我们没有发明经济特区、没有创造出服务外包、没有首创强政府强市场的二元模式，连搁置争议共同开发也不是我们在历史上最先提出的。今天中国赖以成功的许多东西别人早就提出过，只是我们做得"最好"罢了。而这个"最好"实际上既隐藏着巨大的社会不稳定因素，也是建立在高昂的环境成本上的。

我们的"独特性"并无多少实际支撑，而我们却发展出了可能是全世界独有的自信。这种自信正在成为我们这个民族血液中本来没有的自大和自傲，正在像毒品一样逐步侵蚀我们的理智、污染我们的内外环境。今日中国社会内含的许多"毒"实际上就是由于我们自以为的"独"造成的。

我们在心理层面认为自己是独特的，但实际上我们所走过的道路相较他者并不特殊，我们不断扩展的利益也要求我们用和别人相去无几的手段进行维护。认知和现实的差距导致我们在面对质疑时更不愿意用客观的事实说明和耐心的逻辑阐释来澄清，而往往倾向于强调自己的特殊性从而导致在获得心理满足感的时候失去了外在说服力。

然而，这只是"独"之"毒"的一个方面而已，很可能还不是影响最深远的方面。我们对自身独特性的迷恋正在使我们养成凡事都要走捷径的习惯。既然很多事情"只有中国人才能做得到"，那么就意味着我们能避免曾经并在继续困扰别人的许多问题，别人为现代化而支付的代价我们可以不付、别人不堪重负的环境成本我们可以满不在乎、别人遵循的地缘政治逻辑我们可以超脱其中、别人说出来大家都不相信的主张我们却相信我们说出来以后大家都会相信——仅仅因为我们是我们，而不是别人。

要治疗这种"毒"其实并不困难，只要我们肯承认自己并不独特：别人做不到的事情，有些我们能做到，比如我们能修起三峡开通天路，有些事情我们也做不到，比如我们无法在超越环境承载能力的条件下实现"保8"，我们也无法在贫富分化超越公众忍受力的情况下维持社会稳定。

归根结底，我们也不过是地球上的一个国家罢了。我们可以自信，却不能自大，或许面对其他地球村成员，我们有时候难免自大一点点——考虑到实力对比和发展趋势，这种"自大"或者说过于自信的基础并不全然虚妄，但我们在面对自己脚下的大地和身边的同胞乃至人类发展的规律时，却来不得任何一点自大。我们必须尊重规律，承认中国的发展在任何时候对内对外都是有条件的，我们对内不可能无条件地透支社会和自然成本，也不可能对外无条件地同时追求崛起与和平。

2010 年 8 月 6 日《国际先驱导报》

新闻背景：水费、电费、煤气价、汽油价、柴油价，许多地方公共必需品价格一路飙升，而且所谓听证会早成了走过场。

长子们，拿出点儿大哥样

据报道，近日江苏宣布将从 2011 年起首次开展蔬菜成本调查，建成从菜地到菜篮子全过程监控体系，"势必找出是哪只手推高了菜价"。监控体系如期建成以后，江苏的升斗小民再进菜市场的时候就会知道应该把怨气撒在种菜的、倒（卖）菜的、运菜的还是卖菜的身上。

菜价高企的原因的确有必要调查个清楚，好歹让食菜者的钱包缩水缩得明白些。不过，我们也希望主管部门能对其他许多也在勇攀高峰的消费品价格来个彻底的成本调查，特别是水、电、煤气、取暖煤、汽油、柴油等公共必需品。

一段时间以来，和全国菜价一路飘红相映生辉的是许多地方公共必需品价格的小步快跑。涨了水费涨电费、涨了油价涨气价，逢涨必听还是逢听必涨的制度层面争论，都已经不再引起人们的关注，大家担心的只是下一项涨价的公共必需品会是什么。和菜价上涨不同，关于公共必需品价格上涨的争论中，人们几乎不会听到游资两个字。这是因为在中国，绝大多数公共必需品仍然是由号称"共和国长子"的国有大型企业提供，在这些企业凭借着制度和财力优势，在小打小闹的游资面前当然信心十足。

"长子"有信心，这当然很好，不过，当他们在召开听证会时摆出涨价理由时也是一副信心十足的样子可就不太好了。有公共必需品提供企业给出的涨价理由当中居然包含了天然气管网漏损造成成本增加。尽管最终通过的方案中基于这一理由的上涨因素被排除，然而安知道这不是企业为了迫使公众接受上涨计划故意放出的烟幕弹？这套喊价伎俩原本就不只有要在 G20 上讨论经常性账目限额的美国才会。

菜价上涨，我们要找出谁是幕后推手。一旦找出来，这只手一定倒霉。同样的逻辑和做法也应该适用在公共必需品价格上，而且考虑到公共必需品的不可替代性质和往往属于国有大型企业专营的特点，对其进行成本调查的力度应该更强才是。不可替代性质使得其价格变动对消费者的心理冲击更大。我们不是酷嗜泡菜的韩国人，口味没那么单一，但天然气可没有那么多种味道供我们选择！

而对由"长子"们提供的产品进行严格的成本核算，更能显示政府对所有的"孩子"一视同仁的平等心。不能让人们误以为，有关部门狙击菜价过快上涨的热情高于控制公共必需品价格，是因为在菜价上涨环节当中，公营企业的获利空间较小，政府通过税收等手段实现的财政收入增加有限，而公共必需品价格的变动恰恰相反。

固然对这种武断的推论可以争辩说，造成菜价高企的运输成本上升诸因素中，汽柴油调价的作用不容忽视，而能源企业在这其中分得了不少甜头。因此不能说菜价升高和"长子"们无关，因此政府治理菜价时"长子"们一点亏都不会吃。

但是问题在于，第一，用行政手段调控菜价对汽柴油价格形成倒逼的可能性到底有多大？第二，汽柴油价格推高菜价不恰恰证明垄断企业的贪婪对纳税人的生活已经形成了无孔不入的影响吗？说到底，"长子"们不能在享受国家政策以及年终报告业绩时才是"长子"，在为消费者减缓焦虑的时候甚至还不如起五更爬半夜的菜贩吧？《前出师表》里面说"宫中府中，俱为一体；陟罚臧否，不宜异同"，同样地，央企民企油商菜贩，也都是我们社会主义市场经济的建设者，一样"不宜偏私，使内外异法也"。

发改委强调要采取四项措施应对物价上涨，第一是发展生产，重点是发展农业生产，保障粮食、生猪等农产品的供应。第二是通过物资调配、进出口等调节手段来保障供应。第三是加强市场价格监管，防止游资进行炒作。第四是对低收入群体予以适当的补贴，使其生活水平不因物价上涨而降低。我们希望这最后一项既要落到实处，还能不至于沦为地方政府应对涨价的所谓"民心工程"。可千万别觉得给了低收入群体一点补贴，就可以随便涨价了。那样的话，很可能导致许多刚刚摆脱低收入的"被中产阶级"再次回到他们原来的出发点。

而且我们还希望，有关措施能加上第五项，那就是我们的"长子们"拿出点儿大哥的样子来,当不当得成最盈利企业没那么重要吧?有了大哥们的率先垂范,谁还怕"蒜你狠"+"豆你玩",那个时候升斗小民都信心十足地说"想当'糖高宗','苹什么'"?

2010 年 11 月 19 日《国际先驱导报》

Chapter IX

第九章　爱国主义与民族主义

爱国主义也分新旧？
网络民族主义吹响新号角
爱国主义的大脚印如何走到今天
每一个中国人都是当代英雄
文化突厥的幻梦
"东突"、"藏独"轮番变脸

新闻背景：2008年拉萨"3·14"严重暴力事件发生后，相当多西方媒体对事件的真相进行了肆无忌惮的歪曲。根据"版面需要"恶意剪裁新闻图片等一些低劣的把戏被中国网民在第一时间戳穿了真相。在真相面前，一些西方媒体不得不慨叹于中国的"新爱国主义"。

爱国主义也分新旧？

身处大西洋两岸的随便哪一个城市，打开电视、翻开报纸、登录网络，要想不看到西藏、奥运圣火等字眼是相当困难的。在替达赖之流张目的弥天大谎、为圣火传递遭遇阻挠的幸灾乐祸的文字和语言铺天盖地之时，《华尔街日报》的一篇文章颇有些卓尔不群。

这篇发表于4月初的文章抛弃了"谎言重复一千遍就是真理"的把戏，老老实实地探讨了一个对西方、对中国都十分重要的话题——中国民族主义的根源在哪里？

文章承认"将中国的民族主义态度统统归结为国家宣传的结果"是错误的，并在此基础上提出了两个疑问，其一，"对于外国人来说……中国的爱国主义是否会累积成为对他们这些国家的敌对？"其二，"又是谁来决定这种感情呢？"

感谢《华尔街日报》，没有像BBC一样把圣火护卫者说成是"暴徒"，而对抢夺圣火的恶棍视而不见；感谢《华尔街日报》，没有像CNN一样把恶意剪裁新闻图片解释成"版面需要"；更应该感谢《华尔街日报》的是，文章承认了中国人——以及海外华人对"3·14事件"的反应是一种"爱国主义"，而没有将这种情绪及基于这种情绪的行动贬斥为"民族主义"，文章还恳切希望中国的"新爱国主义映照出一个自信民族"。

一家西方的主流大报能在"民族主义"和"爱国主义"之间选择后者来定义中国人的感情是很不容易的。这倒不是说"民族主义"本身有什么见不得人之处，实际上即使在西方语境下，民族主义作为一个正面词汇——比如科索沃阿尔巴尼亚人要求独立的民族主义——也不比其作为负面词汇——比如塞尔维亚人维护国家统一的民族主义——的时候少。只不过国际话语霸权，也就是从BBC到CNN的众多媒体十字军，在谈论中国的民族主义时，从来都是将之当作骂人话的。

这就好比一件普通的红衣服，别人穿穿没什么，中国人穿上就马上有人跳出来说，"他穿了件红衣服"，然后一个高人说，"他居然穿红衣服，真是太难看了"，另一个高人说，"他竟然穿红衣服，真是太不文明了"，又一个高人说，"他果然穿红衣服，可见不是好东西"，如此等等，直到中国人自己也觉得红衣服难看，不文明，不是好东西为止。在对中国民族主义的众口铄金当中，《华尔街日报》能换一个正面得多的词汇来描述同一件事情实在不容易，的确值得感谢。不过感谢之余倒也有两个问题打算探讨一下。

第一，如果说中国的所谓"新爱国主义"应基于"不仇恨"，那么是不是说"旧爱国主义"或者说民族主义就是仇恨的结果了呢？谁说中国以前的爱国主义或者民族主义就是仇外了？

这倒不是重弹中国人民最宽宏大量、最以德报怨、最海纳百川的老调——据说当年印加人是这样的，可他们已经是一个历史名词了，而且其成为历史的原因就与这三个词有关。只不过每一个到过中国的外国人以及每一个到过外国的中国人都很清楚，今天的中国和中国人实在很难和仇外二字沾上边，学外语都来不及呢。

第二，中国人的爱国主义新与旧和"命令"有关系吗？一个提出"和谐世界"外交战略的执政党会煽动本国民众的民族主义情绪吗？

由此看来，《华尔街日报》好像也不怎么值得感谢了。不过我们并不认为那篇文章企图诱使中国人接受潜移默化，同意"新爱国主义"应该不接受"命令"、应该"不仇外"——包括不仇从残疾人手中抢夺圣火的外籍流氓和公然扯谎的外国记者。这倒不是说文章一点可疑的味道都没有，只不过其实《华尔街日报》没必要这么做。要是他们也存心不良的话，和别人一道扯谎更容易，效果也不见得差。

当然，"新爱国主义"概念也非毫无意义，这次全球中华儿女同心反击"藏独"捍卫国家，至少前所未有地迫使一些撒谎的家伙承认自己没说实话。这是新的一步，我们衷心希望还有第二步、第三步。

2008年4月17日《东方早报》

>新闻背景：5年前，《国际先驱导报》曾撰文称网络民族主义掀开了中国民族主义的新篇章。5年后的这个春天，中国网络民族主义则在虚拟空间中完成了真实的嬗变。

网络民族主义吹响新号角

拉萨"3·14"严重暴力事件发生后，从第一时间设立网站反击西方媒体的偏见和歪曲，到走上街头用血肉之躯护卫熊熊燃烧的奥运圣火，阳春三月，海内外千千万万普通的华人在互联网的帮助下，不约而同地用行动向全世界展示了什么是中华民族的真正民意。以至于一些西方媒体不得不承认，"中国的民族主义不仅是一种自上而下的爆发"，而且是一种普遍存在于中国人当中的"新爱国主义"。

大约5年前，《国际先驱导报》曾撰文称，网络民族主义掀开了中国民族主义的新篇章，预言"网络是中国民族主义的一个新起点，而不会是终点"。而这个春天奏响的乐章则以三个"前所未有"证实了当年的判断，中国网络民族主义在虚拟空间中完成了真实的嬗变，吹响了前进的新号角。

"3·14"事件发生后，相当多西方媒体对事件的真相进行了肆无忌惮的歪曲，用心之险恶、态度之傲慢尽显无遗，同时显露出的还有其手段之拙劣。将尼泊尔和印度警察说成中国公安，将急救车说成囚车，撒谎者欺骗公众的方式竟然如此简单，因此才被中国网民在第一时间戳穿了谎言。

垄断了电视、报纸等传统媒体的西方话语霸权没有意识到，互联网对传统传播方式产生的颠覆性冲击并不只发生在欧美，同样发生在中国。此次中国民族主义的勃兴，正是借助了互联网这样一种革命性的传媒手段和通讯工具，创下了中国民族主义的三个"前所未有"。

第一，地域之广泛前所未有。从北京到旧金山，从伦敦到巴黎，全世界的华人华侨在如此之短的时间内整合资源，不仅突破了西方主流媒体的语言封锁，还成功发动大规模反击，既在网上戳穿西方媒体的谎言，也在现实中将少数"藏独"分子挥舞的破布淹没在五星红旗的海洋当中。互联网作为一种低成本的通讯工具，发挥了决定性的作用。没有互联网的帮助，素不相识的华人华侨发起纵横千万里的一致行动是不可想象的。

第二，观点之一致前所未有。此前，海峡两岸的中国人以及海外的华人华侨，在互联网上同样能感受到自然疆域和行政权力的分隔与分化作用。尽管大家对中国话题的关注程度不分伯仲，然而观点往往相去甚远，网上骂战几乎成了全世界随便哪个中文论坛的常态。而这一次，全世界华人的声音却惊人得一致。这表明，在涉及国家和民族根本利益的问题上，华夏儿女是能够形成高度共识的。

第三，效果之显著前所未有。尽管不是所有扯谎的西方媒体都能迫于中国网民的压力改变自己的态度，表示歉意的更是少而又少，然而能让"西方媒体向中国民意低头"本身，已足可称为中国网络民族主义发轫以来里程碑式的成就。中国网民利用互联网的不可垄断性对西方媒体实施监督，对语言弱势民族如何突破西方话语软霸权具有示范作用。

应该看到，此次全球华人的同声同气绝非一夜之间如梦方醒，取得这三个"前所未有"是中国网络民族主义长期孕育和发展的结果，具有清晰的历史继承脉络。网络民族主义5年来的演变历程可以分成如下三个阶段：2003年到2005年为第一个阶段，这一时期的网络民族主义主要是针对国内外发生的一些伤害中国民族感情、影响或者可能影响中国民族利益的事件作出防卫性反应。这时期的网络民族主义外部指向性明显，且几乎所有诱发的刺激性事件都和日本有关，如日军在华遗留化武、日本首相参拜靖国神社、京沪高铁计划等等。

2005年到2007年为第二个阶段，这一时期网络民族主义突破了传统的防卫性思维，开始对崛起的中国进行文化上的重新定位。与传统文化符号在中国社会大行其道同步，网络上也出现了大量确立中国文化标志的尝试，其中"汉服运动"颇具代表性，这种原本小众的运动在2005年随着"中国汉服网"等专门网站的成立，迅速传播开来。虽然对其评价褒贬不一，但是他们试图竭尽所能在全球化时代为中国确立文化坐标的尝试却是真诚的。

2007年以来，网络民族主义进入了第三个阶段，网民的目光开始落在中国以外的事情上，阿富汗的韩国人质、美国的桥梁倒塌等事件成为网民关注的焦点,并将这些发生在他者身上的事件折射到自身进行思考。

从表面上看,奥运前夕,爱国情绪在网络内外的全球勃发源于西方媒体对西藏问题的肆意歪曲和反华势力对奥运会的图谋不轨,仍然具有"刺激-反应"模式的特征。但实际上,2008年的大地春雷却不是对网络民族主义第一个发展阶段的简单回归。之前的三个阶段为此次行动完成了思想整合,创造了技术条件,提供了组织平台,这才有了这一次网络民族主义从虚拟空间到真实世界的升华。

在网络民族主义的演变过程中,唯一不变的是他们固有的强烈使命意识与责任意识。不管别人如何评价,网络民族主义始终认为自己对中国的命运负有不可推卸的责任,这是其不变的精神内核。不论是对西方媒体颠倒黑白的"破",还是对自身文化符号的"立",都紧紧围绕着这个核心。

而且,经过5年时间的涤荡,虽然依旧如初生之时一样壮怀激烈,但热血沸腾早已不复为网络民族主义的全部。和5年前比起来,网络民族主义信心更强、更加理性务实、更加讲求方式方法。一个足以证明中国网络民族主义日臻成熟的明证是,不论是围绕着"3·14"事件真相的网上辩论,还是保卫圣火安全的街头集会,华夏儿女始终保持了高度克制,言行有理、有利、有节。网络民族主义在这次全球大行动中表露的拳拳报国热忱当然令人振奋,行动过程所展现的成熟睿智更加令人欣慰。

当然,中国网络民族主义还只是个刚刚走出懵懂的少年,处于成长期,伴随着青春期特有的躁动不安,也面临着许多艰巨的挑战。首先,中国民族主义——不论网上还是网外——仍"破"多"立"少,能够对外部世界的恶意发动反击,但还没有为全民族提供价值基础;其次,中国民族主义的声音仍然微弱,在与西方话语霸权的博弈中仍旧处于下风,西方媒体在一轮谎言被戳穿后迅速转移战场炮制出新的谎言而不担心继续丢丑,就是国际话语平台依旧不对等的证据之一;再次,中国网络民族主义的整合程度仍然不高,泥沙俱下良莠不齐的局面依旧存在,"杀光"、"灭绝"之类的噪音时有所闻。

但是,我们不能因此否定网络民族主义,网络民族主义存在的种种问题是与其终极关怀对象——中国——所处的发展阶段相吻合的。正处于战略机遇期的中国需要以百年来从未有过的视角重新认识世界,中国对自身的定位、世界对中国的认识以及中国与世界的关系都处于不断调整与磨合过程中，中国在世界确立自己的新坐标不可能一蹴而就。在这种前所未有的历史变革面前，网络民族主义，以及任何一种社会思潮，其完成扬弃、发育成熟都同样不可能一蹴而就。当然，被时间雕琢得更加八面玲珑，期待成为沙龙中精致圆润的装饰品，从来也不是网络民族主义的归宿。

2008 年 4 月 14 日《国际先驱导报》

> 新闻背景：2008年北京奥运会举世瞩目，它不仅是衡量中国综合国力的一个重要指标，也是外界观照中国人心灵世界的一个窗口，更成为折射一个国家国民的最基本情感——爱国主义的绝佳镜子。

爱国主义的大脚印如何走到今天

场景1：韩国举重运动员李培勇第三次出场时，受到全场观众雷鸣般掌声的鼓励，因为他是在腿部严重受伤的情况下坚持出战的；

场景2：中国运动员朱启南在为自己"失去"了金牌而落泪时，全场观众用欢呼祝贺他为祖国"赢得"了银牌；

场景3：北京奥运会没有仿效悉尼为运动员提供免费的安全套，也没有人理会报道此事的某家海外知名非八卦媒体。

这三件事情本没有什么直接关联性，但却可以组成用来观察奥运会、观察这个夏天的一面三棱镜。透过这面镜子，我们看到了另一面奥运金牌在闪闪发光——不是张艺谋导演赢得的那面开幕式金牌，也不是中国运动员们赢得的那些金牌，而是中国的观众、志愿者获得的金牌。这是因为中国人将"我们"的爱国主义和地主之谊完美地结合在一起而获得的，其背后则是开放、宽厚和自信，也就是一个成长中的大国成长中的爱国主义精神。

奥运会之所以受到万众瞩目，最为重要的一个原因就是，奥运会永远和国家的荣誉联系在一起，从而成为折射一个国家国民的最基本情感——爱国主义——的绝佳镜子。

而在第29届奥运会上，中国人的爱国主义表现得淋漓尽致且有理有节。前面提到的三棱镜如果和过去对比一下，能更加直观地体会到这一点。就在几年之前，在中国举办的男子足球亚洲杯决赛赛场上，中国人热情地为本国球队加油，几个斗胆为日本加油的观众差点遭到了网络上的"人肉搜索"。当然，为本国球队加油无可厚非，实在是再自然不过的事情，但能为自己的对手喝彩鼓劲更彰显了一种难能可贵的大度和宽容，体现了竞技体育最可宝贵的"费厄泼赖"（英文 Fair Play 的音译，意为公平竞赛）精神。李培勇便在北京享受到了体育的至高精神境界。在今天的北京，为外国选手加油不会再被认为是"崇洋媚外"了。要知道，李培勇可是中国运动员夺冠的最大拦路虎。

不过毕竟还没有到四海一家的地步，中国的观众当然更希望为自己的运动员加油。中国人仍然将体育作为爱国情绪的最佳载体之一，但早已不是唯一载体，而且早就能够区分国家荣誉与国家尊严之间的区别，做到爱国主义和"费厄泼赖"的兼容。

在开放和宽容间学会自信。既然奥运会是世界的，就意味着也是"他们"的，那就总有习惯、风俗和认知差异的问题，但是这并不意味着什么都要顺着"他们"。一家媒体在照例批评完北京的天气、空气和中国民众的士气之后，大概是觉得还需要点别的新意，于是开始将澳大利亚和中国作比较。于是我们便看到了前面的第三个场景。

真正值得高兴的不是奥组委没有跟从这个所谓的"国际化"，而是面对责难，中国人选择了不予理会。这种自信的沉默远好于自我辩驳，实际上是在告诉对方：不要无事生非，我们没空搭理你。

从对海外兵团的冷淡甚至敌视，到对竞争对手充满"费厄泼赖"精神的尊敬，而不问他们是否曾是我们的同胞，他们的国家是否就在不久之前还曾冒犯我们；从对自己运动员的苛求甚至责骂，到给予出战不利的健儿们毫不吝惜的掌声；从把"国际化"挂在嘴边上，到能够准确地识别出什么是诚挚的建议、善意的批评，什么是恶毒的咒骂、傲慢的偏见……应该承认，2008年北京奥运会上中国人的爱国主义更开放、更宽容、更自信，最为重要的是，更与中国今日的地位相适应。

从某种意义上而言，7年来奥运会在中国走过的历程，也折射了中国人爱国主义和民族精神的成长历程。

最初，我们努力地改变自己，以实践对世界的承诺，取得别人的信任。我们曾经以为只要改变了自己，就可以达成相互间的理解。当这个目标未果后，我们开始向全世界展示自己的变化，去澄清误解、消除敌意。我们终于认识到，要想实现一个和谐的世界，至少是举办一次成功的奥运会，仅仅改变自己是不够的，还要改变别人。这个春天之后，全世界的华人都自发地行动起来，去展示对祖国的热爱和对奥运的诚意。这一次全球炎黄子孙的同声一气,的确影响甚至改变了"他们"的看法。

我们改变了自己,也部分地改变了别人,但我们不可能全部改变我们自己,也不可能改变所有的别人。这个中国人自我认知的新阶段,在奥运会上得到了集中的体现:我们希望大家能够和谐共处,但不会为了这个目标不惜一切代价。从改变自身,到争取别人承认我们的改变,再到宠辱不惊地走自己的路。中国人的自我认识在完成了这三个阶段的同时,锻造了成熟的爱国主义所必需的精神内核。

然而,如果没有这些年来走过的历程,就不会有今日的宽容与开放。正如奥运会开幕式上那29枚巨大的焰火脚印一样,中国人的爱国主义也是一步一个脚印日臻成熟的,要是我们当年不曾狂热,今日的宽容便成了冷漠,要是我们当年不曾愤怒,今日的开放便可能是懦弱,要是我们当年不曾坚持,今日又何来自信?今日的中国为今日的中国人提供了精神上保持开放、宽容和自信的物质条件,而保持我们的精神则将使这个国家向前走得更远。

70多年前,鲁迅先生曾说"费厄泼赖"应该缓行,他从来也没有说不该实行。奥运会来了,且让我们的爱国主义更多些"费厄泼赖",且让我们狂欢去,因为这是我们应该得到的。

2008年8月14日《国际先驱导报》

新闻背景：谨以此文献给新中国华诞六十周年。

每一个中国人都是当代英雄

关于1949年以前的历史，我们这个民族拥有的更多是集体记忆。在数亿人的集体苦难当中，每一个人的不幸都是相似的，每一个人的心中都弯着一眼泪泉。因而当那个秋日，一声"中国人民从此站起来了"传遍五湖四海的时候，4亿多人自然而然地将这种集体记忆以及将之洗刷干净的愿望凝聚成了我们民族的时代共有相貌。此后数十年里，随便哪个摄影师都能拍出一张中国人的标准像来——我们的过去太过沉重以至于只有将自己融化在群体中才能承担起这份重担。我们的名字是集体的"中国"，而不是一个个"中国人"。

而60年后的今天，任何一个摄影师都无法再用一张胶片来告诉世界什么是"中国人"。前30年集体积淀，近30年个人勃发，让我们是如此不同：我们听京剧看芭蕾吃蜗牛读哈耶克穿阿玛尼；我们主张全球化要求捍卫民族产业；我们反对美式价值观喜欢好莱坞电影；我们网上冲浪徒步旅行；我们让孩子上贵族学校用外语读孔孟诗书。那个从精神到行为高度统一、蓝灰黑主导一切的时代再也不存在了。

人民共和国60年，中华民族5000年，悠悠岁月我们从来没有这样自相矛盾过。但就是这种自相矛盾赋予了我们多姿多彩的生活，色彩斑斓的意识。整体划一的集体印记正离我们远去，我们的个体形象从未如此鲜活。但这种鲜活在让我们享受无与伦比眩晕美感的同时，也产生了一个困惑——这个时代，谁能代表我们的形象？

其实，我们每一个人都有一张中国人的标准照——你就是一个再标准不过的中国人，你就是中国。

把一面五星红旗裁成13亿份，即使是飘扬在天安门广场上的那一面，你所得到的那一份也得用显微镜来显示。我们每一个人在国旗上的位置都是如此渺小，但如果没有我们，这面国旗便毫无意义。

我们每个人都是五星红旗的一部分，我们每个人都是一面五星红旗。国家的每一点进步都有我们的汗水和智慧，国家的每一次沉痛记忆我们都难辞其咎。我们发射卫星，遨游太空，改良水稻，征服南极，但我们也大炼钢铁，制假贩假，污水横流，矿难频发。然而，不要因为祖国繁荣昌盛而骄傲自大，不要因为祖国不尽完美而嘟囔抱怨。因为你的祖国就是你，你的每一天都在塑造国家未来，你的每一个表情都是国家形象。

在1978年，你是小岗村的那几十名村民，只想让老婆孩子吃顿饱饭；在1983年，你是背着大包小包辗转奔波的小商贩，只想实现那个美丽得有些不切实际的万元梦想；在1998年，你是满身泥泞躺在江堤上的战士，只想要一夜酣畅睡眠；在2004年你是郝劲松，只想让列车员给你拿一张一块五毛钱的发票；在2009年你是张海超，只想弄明白自己的肺越来越衰弱到底是怎么回事。

你不是邓稼先，不曾以一名科学家的冷静去完成拥抱死亡的壮举，只为了实现两弹一星的强国梦；你不是黄继光，不曾用一个青年的满腔热血去洗刷一个民族百年来积贫积弱任人宰割的耻辱；你不是雷锋不是焦裕禄，你没那么伟大；你不是许海峰不是张怡宁，五星红旗不会因你而升起。

但你和他们中的每一个人都一样，拥有中华人民共和国公民这样一个共同的身份。在这个身份下，无论身处异国他邦还是乡土一隅，你随口吐在马路上的每一口痰液都让你和你的国家蒙羞。在这个身份下，无论你是要人显贵还是普罗一员，你在大街上拾起的每一片纸屑都让你和你的国家分外美丽。是的，你只是凡人，但就是你，在每一个平常日子里，用微不足道的力量推动着时代。中国人，你的每一滴汗水都让中国为你自豪，也让其他的你为这个劳动着、变革着的祖国感到骄傲。

你是伟大的雕塑师，民族的新形象正在你的手中一点点浮现——她是什么样子，在你，只在你，完全在你。你的精神就是这个国家的精神，你的个性就是这个国家的集体形象。你是勇者，你的国家就战无不胜；你是智者，你的国家就高山仰止；你是仁者，你的国家就万古流芳。

在这个日子里，且让我们举杯敬我们自己——我们每一个中国人都是当代英雄。

2009年9月28日《国际先驱导报》

> 新闻背景：新疆发生"7·5"打砸抢烧暴力犯罪事件之后，2009年7月12日，土耳其发生了万人规模的反华大游行，土耳其总理埃尔多安甚至宣称该事件是"种族屠杀"。

文化突厥的幻梦

离开土耳其回国已经有几年了。除了偶尔到北京的伊斯坦布尔餐厅回味一下土耳其酸奶和烤肉的味道以外，这个远在亚洲那一端的"突厥人的国度"离我的生活是越来越远了。关于土耳其，有些记忆已经模糊，但有几件小事却一直留在记忆里，没有被时间掩埋。

在我的知识范围内，土耳其中东科技大学的奖学金制度大概是最独特的了。这所大学向外国留学生提供奖学金不仅仅根据学生的成绩，还要考虑"血统"：来自"突厥国家"的学生可以获得额外优惠，甚至免费入学，而奖学金很少延及"非突厥国家"。据一些留学生告诉我，不少土耳其大学都是如此。

不知道这几年他们是否还延续着这套和欧美"民主国家"的政治正确观念不太一致的做法，考虑到这几年执掌安卡拉政权的一直是埃尔多安的正义与发展党（AKP），估计他们主动作出调整的可能性不大——什么时候加入欧盟反正遥遥无期，安卡拉没必要急着"全盘欧化"来讨好那个"基督教俱乐部"；而且在土耳其留学的欧洲学生寥寥无几，欧洲人自然也就没什么热情来揪土耳其教育部的小辫子。

理论上，向什么人提供多少奖学金是一国的大学或者教育主管机构自己的事情，原本无可厚非。然而耐人寻味的是，这套制度居然和中国也有关系。土耳其的一些大学在中国留学生这个目录下面又划分出了更加细致的子目录——来自新疆的维吾尔族和哈萨克族学生被划分到了"突厥学生"的行列里，和"突厥国家"的学生同等待遇。不只对中国如此，中亚"斯坦"共和国的学生也被土耳其重新分了类，来自"突厥国家"的俄罗斯裔学生可享受不到任何好处。

奖学金制度的背后，隐藏的是土耳其建国 80 多年来一直不便公然宣之于口却始终挥之不去的泛突厥主义。

阿塔图尔克·凯末尔在奥斯曼帝国的废墟上建立土耳其共和国时，这位突厥人的"国父"敏锐地注意到了新生共和国隐藏的最大危机，那就是这个国家的身份认同问题。此前数百年，奥斯曼帝国一直自诩为全球穆斯林的祖国，突厥人的民族认同感被隐藏在宗教情绪当中。大战之后，继续将伊斯坦布尔作为伊斯兰世界的中心既超越了战争中遭受重创的土耳其人的能力，也不符合凯末尔对年轻共和国的未来设计。

凯末尔生在萨洛尼卡，受的是西式军事教育，对土耳其人的文化象征，诸如阿达纳的"转舞"之类根本不感兴趣，这位 1916 年的"伊斯坦布尔大救星"对杯中之物还有着相当高水准的鉴赏能力，全然不在乎这是教义所禁止的。在凯末尔的蓝图中，宗教在世俗主义的土耳其共和国是没有任何特殊地位的，放弃美轮美奂的伊斯坦布尔，选择封闭的安卡拉作为新国正是出于避免和奥斯曼帝国朝廷紧密联系在一起的宗教势力干预国政的缘故。

80 多年来，凯末尔的世俗化在军队刺刀的保护下茁壮成长，如今成为今天土耳其立国的两根柱石之一，当年伊斯兰世界的中心现在已经成了全球最灯红酒绿的城市之一。

然而，任何国家都是需要给自己一个心理定位的，失去了世界穆斯林的共同祖国这样一个地位，土耳其自然需要另一套文化体系作为替代，泛突厥主义作为一种大民族主义思潮随即成为许多土耳其人的心理支柱。凯末尔认识到了土耳其共和国国小力微自保有余扩张不足的弱点，在任期间拒绝了泛突厥主义的诱惑。

然而，遗憾的是，不是此后的每一代土耳其领导人都能认识到这一点，在一个 80% 以上的人民认为本民族文化是全世界最伟大的文化的国度，拒绝大民族主义甚至比拒绝宗教还要困难。这个数字是我的一个外国朋友告诉我的，我的切身经历也告诉我，就算不够精确，也相差无几。从某种意义上而言，这个数字构成了泛突厥主义、土耳其大学独特的奖学金制度的心理基础。土耳其人无法成为伊斯兰世界的领袖，就梦想着成为全世界突厥人的领袖。这在民族文化心理学的范畴下，是完全可以理解的。

问题并不在于土耳其人不可以有这样的雄心壮志,而在于,第一,并没有一个从天山到博斯普鲁斯海峡的"突厥世界"的存在,土耳其愿意加强和其他"突厥国家"的文化联系,有些被安卡拉认定的"突厥国家"却并不买账,还是留在土耳其夙敌俄罗斯的势力范围内,并没有因为土耳其的格外热情而倒向安卡拉。土耳其的做法多多少少显得有些自作多情。

第二,土耳其根本没有能力建立一个"突厥世界",这个国家自己还在苦苦挣扎要加入欧盟,遑论成为另一种"独特文明"的全球引领者。其实,这一点土耳其人非常清楚,他们的"突厥情结"很多时候不过是说说而已,和他们的总理在电视镜头下与以色列领导人激烈争辩是一个道理。那一天之后埃尔多安被许多土耳其以外的伊斯兰国家的民众奉为英雄,但实际上,安卡拉和特拉维夫的关系却相当密切,以色列人很清楚土耳其的真实立场。"泛突厥主义"的另一种表现还不如总理级别的外交演出呢,仅止于搞一些小动作,比如给"突厥学生"多点奖学金,或是豢养些丧家之犬,如此而已,当不得真的。

2009 年 7 月《东方早报》

新闻背景：2008年是"藏独"、"东突"等反动分子嚣张演出的一年。2008年3月14日，拉萨发生了打砸抢烧严重暴力犯罪事件。这是由达赖集团有组织、有预谋、精心策划煽动，境内外反动分裂势力相互勾结制造的。"藏独"分子还不断干扰破坏2008年进行的北京奥运圣火传递。2008年1月，恐怖组织"东突厥斯坦伊斯兰运动"头目买买提明·买买提下达了"针对北京奥运会进行恐怖袭击"的指令。

"东突"、"藏独"轮番变脸

1979年中国的改革开放刚刚起步，那时已经在海外漂泊了整整20年的十四世达赖喇嘛·丹增嘉措42岁，他做梦也不会想到之后30年他自己的家乡青海和邻近的西藏自治区会发生如此翻天覆地的变化，他的所谓"事业"则将随着中国的不断强大不可逆转地走向衰落。而那一年艾山·买合苏木15岁，还呆在自己的新疆疏勒县老家，20年后，这个蛮横的少年以一种可耻的方式进入了中国历史，而他永远都没有机会看到自己背叛了的祖国在30年后是什么样子。

一个是西方世界热捧的"活佛"和诺贝尔和平奖获得者，一个是被国际刑警组织列入红色通缉令的恐怖组织"东突厥斯坦伊斯兰运动"的创办人，他们都是威胁中国领土完整和国家统一的分裂势力的代表，他们还都得到了中国境外势力的支持。

改革开放30年，和平稳定30年，但绝不是太平无事的30年。实际上，"东突"和"藏独"变脸也变了30年，从"人民起义"到"圣战"、从"独立"到"自治"、从恐怖组织到"人权斗士"，变的是脸孔，不变的是分裂祖国的险恶用心，还有他们背后那只若隐若现的黑手。

新中国成立至上世纪70年代末，新疆曾经保持了相当长一段时间的和平与稳定。改革开放后，随着国内外交流的加强，"泛突厥主义"、宗教极端主义等再次从境外流入新疆，蛰伏多年的"东突"势力试图迷梦重温。苏军侵阿战争的爆发，"圣战"被镀上了一层玫瑰色，暴力随即成为那个时代的"东突"分子能够设想的唯一选择，艾山·买合苏木等人便是在这样的氛围下成长起来的"新一代东突领袖"。

20世纪80年代，"东突厥斯坦燎原党"制造了"5·27"喀什武装暴动，90年代以来，新疆连续发生了1990年"4·5"巴仁乡反革命武装暴乱；1996年沙雅"7·15"暴狱事件；1997年伊犁"2·5"打砸抢骚乱等一连串恐怖事件。一时间天山南北似乎变成了"东突"分子的战场。然而，好景不长，在中国执法部门的严厉打击下，先期从事恐怖活动的"东突"分子很快或被击毙、或被抓捕、或逃亡海外。

1997年以后，"东突"分子在海外重新集结，得到"基地"组织的庇护，在阿富汗建立了若干训练基地。这一时期新疆虽然恢复了和平与安宁，但暴力恐怖的阴云却在阿富汗上空不断凝结，对中国边境地区的安全造成了重大威胁。2001年"9·11"之后，美军攻打塔利班政权，"东突"分子被编入塔利班武装驱赶到战场上和美军交手。

和其他在阿富汗和巴基斯坦部落区活动的许多外国武装人员不同，"东突"分子根本不遵守自己的宗教习俗，笔者曾经前往巴基斯坦边陲重镇白沙瓦，即使是那里的思想极端保守的部族人员也语带鄙夷地对笔者表示："这些'东突'分子喝酒、赌博、不祷告，根本不是穆斯林，更不是圣战者。"

"9·11"之后，为了避免成为全球反恐战争的众矢之的，"东突"势力逐渐开始强化文的一手，试图淡化自己的恐怖组织色彩。

实际上，"东突"势力一直分为两大派别，一派是新中国成立之后便逃往海外的老牌"东突"分子，大多藏匿在土耳其，以老伊萨为代表，得到了土耳其退役将领白根等人的支持，以"基金会"、"文化协会"的合法面目从事分裂活动；而另一派则是20世纪80年代后崭露头角的艾山·买合苏木等暴力分子。

"武斗"派原本对"文斗"派并不怎么心怀敬意，但现在兵败如山倒，只好向财力更足实力更大的后者寻求庇护，并且开始更注重博取西方支持。

于是"东突"势力频频在国际舞台上亮相，企图将中国反"东突"从国际反恐斗争中剥离出来，不但在美国成立了所谓"东突流亡政府"，企图把热比娅打造成"又一个达赖"，还在大本营土耳其频繁作秀，最主要的一招就是纠集一伙人到中国驻土外交代表机构门前示威。

笔者便曾亲身经历了数次这样的"抗议"活动,几十个老弱病残猥集在使馆门前,挥舞着几面蓝色的"东突"旗,叫喊口号。一位曾在中国驻土耳其使馆工作多年的外交官向笔者介绍说:"这些人时不时来闹事,闹腾上个把小时后,跑到餐馆大吃一顿,再从组织者手中领上一点现金便作鸟兽散。"

迎合西方的香格里拉情结和"东突"的暴力恐怖比起来,"藏独"集团由于有了达赖这件漂亮的外衣,显得"温和"许多。然而,"藏独"势力并不是一开始就鼓吹非暴力的。

上世纪六七十年代,在美国中央情报局的策划和资助下,"藏独"势力曾接连不断地招募训练武装人员向西藏渗透,从事暴力活动。这一套招数玩了几十年,中央情报局失去了兴趣,达赖集团也换了主张。达兰萨拉发现原来达赖喇嘛的那身袈裟和那副眼镜,比辛辛苦苦训练出的武装分子,更能煽动西藏境内的少数僧众,也更能迎合大多数西方民众心目中的香格里拉情结。

几十年来,年岁渐长的达赖几乎走遍了全世界,每到一处,他都既与"要人"交往,又向普通民众"布道"。一位练瑜伽的美国朋友曾对笔者说:"在我死之前一定要去印度见一次达赖。"像她这样的西方人不在少数。

台湾"国立政治大学"副教授、"蒙藏委员会"前任委员长张骏逸这样评价达赖喇嘛:他"马不停蹄地在西方世界游说布道,虽然他每次演说的内容大同小异,可每每座无虚席,盛况空前。他宣扬的佛法,不过是一些最基本的启蒙知识,却都被笔录成书,一版再版,充斥西方的书市"。

有了达赖这个"金字"招牌,"藏独"集团一直以来就惯用软硬两手,既不放弃使用暴力,也不关闭和中央接触的大门,能赖则赖,痴人说梦地企图和中央"谈出个独立来"。

1979年改革开放启动,中央对达赖政策也进行了一定调整的,双方自1959年达赖出逃以来的首次接触便始于该年。从1979年8月到1980年9月,在中央政府的邀请下,达赖喇嘛先后派出了三批参观团和两批亲属回国参观,双方的接触逐步增加,趋势一直持续到1987年。

1987年,不满于双方接触进程缓慢的达赖集团开始频繁制造事端。

达赖集团一方面炮制了所谓"五点计划"和"斯特拉斯堡七点新建议",

同时，从1987年9月到1989年3月，共在拉萨挑起18次示威骚乱。1989年北京发生政治风波、1991年苏联解体，达赖集团以为中国政府极可能无法应对种种复杂的局面与挑战，于是公然倒向西方社会。

直到21世纪初年，达赖的健康每况愈下，他开始考虑自己的身后事，重新提出了与中央政府的和谈要求。自2002年至今，达赖已派遣特使与中央政府举行了6次谈判。然而，达赖集团始终没有放弃变相"藏独"的所谓"中间道路"主张，这是谈判失败的根本原因。

另一方面，激进的"藏独"分子开始对达赖路线表示不满，认为这种"和谈"并无助于推进"藏独"。于是，就在北京奥运会召开前夕，西藏发生了"3·14"骚乱。为了胁迫尽量多的僧众参加暴乱，"藏独"集团进行了周密的准备，一位喇嘛事后回忆说："我们的庙里来了一些从印度来的喇嘛，是达赖的'代表'，他们要我们上街，我们不想去，他们就破口大骂。"

事实上，今后西藏分裂势力将采取何种宗旨与措施？"藏独"集团在国外到底积累了何种潜在能量？至今依然是个未知数。

中国下一步的反分裂斗争，既要应对有形的达赖集团、"东突"分子，反击他们的文武两手，而且，如何应对他们背后"无形的手"也是一个重大挑战。

2008年12月29日《国际先驱导报》